KB106582

이 책에 쏟아진 찬사

겉은 화려해 보이지만 다양한 이해관계자들 사이에서 성과를 지속해야 하는 엄청난 압박 속에서 외로운 사투를 벌이는 사람이 바로 CEO이다. 이들은 자신이 CEO로서 무엇을 해야 할지, 어떻게 다양한 문제를 해결해야 할지 누구에게인가 터놓고 도움을 받기 어렵다.

이 책은 'CEO가 되려면 무엇을 준비해야 할까', 'CEO가 되면 무엇을 해야 할까', '퇴임과 그 이후의 경력은 어떻게 준비해야 할까'까지 CEO의 준비부터 끝까지 전 과정에서 필요한 실제적인 사항을 다룬다. 일반적이고 당위적인 사항을 이야기하는 것이 아니라 마치 경험 많은 멘토가 옆에서, 숨겨져 있지만 솔직하고 실제적인 솔루션을 말해주는 듯하다. CEO들뿐 아니라 조직을 책임지는 리더들에게 추천하고 싶은 책이다.

—신수정, KT Enterprise 부문장, 《일의 격》 저자

처음 CEO의 자리에 올랐을 때 '이 책에 담긴 14가지 진실'을 알았더라면 얼마나 좋았을까. 도전적이고 매력적이지만 때로 좌절감을 안겨주는 리더의 직책에 관한 진실, 대부분의 사람들이 간과하지만 CEO의 뜻을 지속적으로 펼쳐나가는 데 꼭 필요한 지식을 다룬 멋진 책이다.

—래리 컬프H. Lawrence "Larry" Culp Jr., 제너럴 일렉트릭 CEO

많은 사람이 힘들게 얻은 지식을 갖고 C레벨에 도달한다. 하지만 이것만으로는 충분하지 않다. 성공적인 CEO는 기업, 교육, 비영리 단체에 상관없이 조직의 중요한 과제를 지속적으로 완수하기 위해 다른 사람들에게 언제, 어떻게 동기를 부여할지, 무슨 일을 왜 해야 하는지를 알아야 한다. 이 책에서 데이비드 푸비니는 연구와 강의에서 얻은 지식과 CEO들이 시행착오로 고통스럽게 얻은 지혜의 간격을 탁월하고, 단순하고, 흥미롭게 이어준다. 최고의 기업과 대학에서 얻은 다양한 경험에 기초해 풍부한 증거를 제시하는 이 책은 예비 CEO와 경험이 많은 CEO가 필요한 지식을 효과적으로 습득하고 일상적인 업무를 개선하도록 도와줄 것이다. 확실한 필독서다!

—데버라 주얼 셔먼DEBORAH JEWELL-SHERMAN, 교육학 박사, 하버드 교육대학원 교수

위험을 최소화하고 영향력을 극대화하길 원하는 신임 또는 예비 CEO들의 필독서. 데이비드 푸비니 교수는 30년 이상 CEO들과 함께 일한 경험을 활용하여 구체적이고 현실적인 CEO의 삶, 그리고 매우 실제적이고 통찰력 넘치는 조언을 제공한다.

—허버트 졸리Hubert Joly, 전 베스트 바이 이사회 의장 겸 CEO

《C레벨의 탄생》은 공기업이든 예술 단체든 조직의 리더가 맞닥뜨리게 되는 현실적인 고민과 문제에 대처하는 생산적인 방법을 제시한다. 신임 CEO를 위한 리더십 가이드로 실제적이면서도 긍정적이고, 심지어 매우 타당하다.

—메러디스 "맥스" 호지스Meredith "Max" Hodges, 보스턴 발레 상임 이사

이 책은 미국의 가장 유명한 기업에서 일하는 CEO들의 개인 집무실로 독자들을 데리고 간다. 거기에서 리더의 취약점은 물론, 변화를 만들고 성공을 이루는 방법에 대한 실용적이면서도 매우 인간적인 통찰을 보여준다. 이 책은 이론서가 아니라 현실에 관한 책으로 리더라는 자리에 오르지 않으면 알 수 없는, 힘들게 얻은 지혜를 담고 있다.

—브라이언 맥그로리Brian Mcgrory, <보스턴 글로브> 편집자

《C레벨의 탄생》은 MBA와 미디어에서 들을 수 있는 '이론'이 아니라 리더십의 이면, CEO의 진짜 현실을 보여준다. 나는 군대, 대학, 기업 등의 조직에서 다양한 리더십 문제를 경험했는데, 이 책이야말로 모든 유형의 리더가 배워야 할 중요한 교훈이 담겨 있다고 확신한다.

—제임스 스태브리디스James Stavridis, 미국 해군 제독, 전 NATO 최고사령관

실제적이며 통찰력 있고 매력적인 책이다. 푸비니 교수는 오랜 시간 컨설팅을 하며 지켜봐온 '무대 뒤' 리더의 모습, 즉 CEO가 수행하는 일상 업무의 복잡함과 어려움을 매우 생생하게 알려준다. 그는 모든 유형의 리더에게 강력하고 시의적절한 조언을 제시한다.

—더그 파커Doug Parker, 아메리칸 항공 전 CEO, 이사회 의장

C 레벨의 탄생

HIDDEN TRUTHS

Copyright © 2021 by David Fubini

All Rights Reserved.

Authorised translation from the English language edition published by John Wiley & Sons, Inc.

Responsibility for the accuracy of the translation rests solely with Gilbut Publishing Co., Ltd

and is not the responsibility of John Wiley & Sons, Inc.

No part of this book may be reproduced

in any form without the written permission of the original copyright holder, John Wiley & Sons, Inc.

Korean translation copyright 2022 by Gilbut Publishing Co.,Ltd.

This translation published under license with John Wiley & Sons, Inc. through EYA(Eric Yang Agency).

이 책의 한국어판 저작권은 EYA(에릭양 에이전시)를 통한 John Wiley & Sons, Inc. 사와의
독점계약으로 (주)도서출판 길벗이 소유합니다. 저작권법에 의하여 한국 내에서 보호를 받는
저작물이므로 무단 전재 및 복제를 금합니다.

좋은 관리자에서 탁월한 경영자로

C레벨의 탄생

데이비드 푸비니 지음 | 안종희 옮김

WHAT
LEADERS
NEED TO HEAR
BUT ARE
RARELY TOLD

David Fubini

더퀘스트

나는 CEO가 되는 법에 대해 힘들게 배웠다. 다나허^{Danaher}를 거쳐 제너럴 일렉트릭^{General Electric, GE}의 리더를 맡고 나서야 선명하게 알게 된 것 같다. 허탈하게도 데이비드 푸비니^{David Fubini} 교수는 내가 어렵게 알게 된 그 비밀을, 그 진실을 미래의 리더와 CEO가 빠르게 깨닫고 쉽게 적용해 자신의 역할을 수행할 수 있게 도와준다.

　다나허와 GE, 두 기업에서 CEO로 활동하는 중간에 하버드 경영대학원^{HBS}에서 학생들을 가르칠 기회가 있었다. 그때 데이비드를 만났다. 우리는 조직행동과 리더십에 관한 입문 강좌, 기업 임원을 상대로 한 전략 실행 수업을 함께 진행했다. 그러면서 나는 데이비드가 어떤 사람인지 잘 알게 되었다. 그는 CEO들을 깊이 이해하고 있었다. 35년간 맥킨지에서 리더십 컨설팅을 하며 수많은 CEO들과 교류해왔기 때문일까, CEO 직책과 그 이면에 일어나는 상황을 너무나 확실히 알고 있었다.

솔직히 말하자면, 나는 경영 컨설턴트에 대해 어느 정도 경계심을 품고 있었다. 제삼자의 객관적인 시각을 통해 기업의 중대한 문제를 인식하고 대응하는 것도 유의미하다. 하지만 기업 스스로 그 문제를 발견하는 통찰력을 기르고, 문제에 대처할 수 있는 역량을 구축하는 것에 비할 수는 없다. 데이비드는 그런 생각을 단번에 바꿔주었다. 제삼자의 시각은 새롭고 유용한 사실을 깨닫게 해준다. 결정적으로 애초에 인식의 필요성을 느끼지 못했던 중대한 문제에 접근할 기회를 제공한다.

또 데이비드는 겉보기와 다른 CEO 역할의 이면을 보여준다. CEO들이 직면하는 현실, 일상적인 과제, 그 직책에서만 경험할 수 있는 최고와 최악의 상황 등에 대해 유익한 이야기를 들려준다. 이런 점에는 그의 조언은 전통적인 경영 컨설턴트와 상당히 다르다. 새로 임명된 CEO나 리더들의 도전에 대한 개인적인 카운슬링에 더 가깝다.

리더의 직책에 무엇이 필요한지 제대로 이해하기 위해서는 이 책에서 제시하는 14가지 진실을 아는 것이 필요하다고 데이비드는 확신한다. 내 경험에 비추어봐도 그렇다. 처음 CEO의 자리에 올랐을 때 내가 '이 14가지 진실'에 대해 알았더라면 얼마나 좋았을까.

나는 글로벌 과학기술 기업 다나허에서 분권형 리더십 형태를 확립하고, 인재 고용과 훈련에 많은 역량을 집중하면서 다나허가 큰 성공을 거두는 데 기여한 여러 정책을 시행했다. 이를 위해 취임 전부터 필요한 계획을 많이 준비했다. 그럼에도 불구하고 CEO에 취임하는 순간 시간이 매우 촉박하다는 것을 깨달았다. 정말로 취임 순간부터 쫓기기 시작했다. 이사회는 신임 CEO 임명이 옳다는 것을 가능한 빨리 확인하길 원했고, 월스트리트 애널리스트들은 우리가 어떻게 변하는지 예의주시했다. 직원, 납품업체, 다른 이해관계자들은 나의 일거수일투족을 관찰하고 분석했다.

새로운 리더 역할을 위해 열심히 준비하고 노력했으나, 실전에 뛰어들고 나서야 비로소 싸움의 전체적인 국면이 눈에 보이기 시작했다. 제한된 실행 시간(그것도 공표된 시간보다 더 촉박한 기한), 전임자에게 인계받은 부족한 인력과 자본 같은 것들 말이다. 기업의 개선과 변화를 추구하기 위해 끝없이 노력해야 한다고 매일 되뇌었다. 그때마다 이런 질문이 머릿속에서 떠나지 않았다. '그런데 어떻게 하지?'

데이비드가 이 책에서 강조하는 '준비된 리더'는 당시의 나처럼 부임 초기 몇 주 또는 몇 달 사이에 리더의 직책을 제대로 수행하고자 하는 리더에게 꼭 필요한 통찰과 조언이다. 그리고 너무나 현실적인 그의 조언들 중 내게 진실로 와닿았던 몇 가지를 여기서 전하고 싶다.

조직 내 다른 사람들로부터 고립되는 것을 경계하라. CEO는 엄청난 역량을 미치는 결단을 해야 하는 상황에 자주 직면하지만, 결과를 함께 책임지는 사람은 거의 없다. CEO는 고립되고 불안한 상태로 이런 상황을 맞이할 수 있다. 나는 이런 어려움에 대응하기 위해 나를 중심으로 팀을 만들어 다양한 시각과 폭넓은 의견을 들었다. 아울러 진실을 말해주는 사람들을 찾는 노력이 중요하다는 것을 배웠고 좋은 점과 나쁜 점을 동시에 고려하는 문화를 만들었다. 이것은 책상에 앉아서 실행할 수 있는 것이 아니다. 많은 곳을 '여행'해야 한다. 고객과 가장 가까운 직원들을 직접 만나고, 내부인뿐 아니라 외부인들과도 대화를 나눠야 한다. 데이비드의 조언대로 나는 매일 '똑같은 메뉴를 먹지 않으려' 노력하며 다양한 의견과 정보를 얻고자 했다. 이런 접근방법은 다나허에서도, 지금의 GE에서도 중요하게 행하는 내용이다.

어렵지만 이사회와 동반자 관계를 형성하라. 나는 GE, 티 로 프라이스^{T. Rowe Price}, 글락소스미스클라인^{GlaxoSmithKline}을 비롯한

다양한 기업의 이사회 일원으로 일했기 때문에 신임 CEO들이 이사회와 교류하는 일에 대해 얼마나 어려워하는지 안다. 이사회는 1년에 대략 여섯 또는 열 번 정도의 회의를 개최함에도 불구하고 성급하게 다른 관점과 비판을 CEO에게 제시한다. 아울러 신임 CEO는 상급자가 한 명에서 여러 명의 이사로 늘어난 과도기를 헤쳐 나가야 한다. 신임 CEO에게 '이사회'는 그야말로 '과제'와 같다. 하지만 데이비드의 조언처럼 CEO가 이사회와 진정한 동반자 관계를 형성하면 비할 데 없이 소중한 관계가 될 수 있다. 이사들의 다양한 경험과 지혜, 그들의 귀중한 전문가 네트워크, 솔직한 피드백은 다른 어떤 사람에게도 얻을 수 없기 때문이다.

리더에게 겸손은 당연히 중요하다. 그것도 상당히 중요하다. 하지만 리더가 진정으로 기억해야 할 것은 겸손이 리더 자신이 행하는 것으로만 이뤄지지 않는다는 것이다. 다나허에 취임하자마자 내가 행한 첫 조치는 내 후임자를 논의하는 것이었다. "이봐요, 우리는 방금 당신을 임명했습니다." 이사들이 깜짝 놀라며 말했다. 하지만 이것은 기업의 지속적인 성공을 위해 CEO가 해야 할 매우 중요한 과제다. 데이비드는 CEO가 적절한 퇴임 시기를 아는 것, 후임자 선임에 대한 책임 역시 매우 중요하다고 지적한다. 다나허의 이사회가 다수의 CEO 후보자를 갖고 있었기 때문에 나는 기업이 지속적인 변화를 추구해야 하는 시기, 즉 새로운 안목을 가진 새로운 리더십이 필요한 때라고 평가한 바로 그때 다나허를 떠날 수 있었다.

하버드에서 학생들을 가르칠 때 한 학생이 내게 물었다. 다나허에서 얻은 명성에 안주할 수 있는데도 GE CEO의 자리를 수락한 이유가 무엇이냐고. 나는 그 학생에게 대답했다. 리더로써 내가 가진 역량과 전략을 펼치는 또 다른 도전을 원한다고 말이다. 이 책은 그런 이들을 위한 것이다. C레벨 리더들에게 진정으로 도움이 되는, 이론과 현장의 균형 있는 내용을 위해 데이비드는 자신의 연구뿐 아니라 실제 기업 내부자들의 시각을 더해 면밀히 정리했다.

이것이 이 책이 가진 최고의 미덕이다. 도전적이고 매력적이지만 때로 좌절감을 안겨주는 리더의 직책에 관한 진실, 대부분의 사람들이 간과하지만 CEO의 뜻을 지속적으로 펼쳐나가는데 꼭 필요한 지식을 다룬다.

당장 이 멋진 책을 읽어보라. 그러면 새로운 통찰을 얻게 될 것이다.

래리 컬프 H. Lawrence "Larry" Culp Jr. (GE CEO)

약 35년간 맥킨지에서 컨설턴트로 일하면서 나는 CEO들이 가장 어려운 과도기를 헤쳐 나가고 리더로서 직면한 여러 도전 과제를 해결하도록 도와주었다. 그들은 여러 가지 중요한 사안에 대해 결정을 내려야 한다. 기업 일부를 매각하거나 다른 기업과 합병하는 문제, 기업 전체를 과감하게 재조직하는 문제, 전략적 시장을 대대적으로 변경하는 문제, 고객·이사회·주주들의 요구에 대응하는 문제, 그리고 정부, 인구구성 변화, 문화적 트렌드와 같은 비시장적 영향에 대응하는 문제 등.

이 모든 상황은 엄청나게 복잡하며 항상 위태롭다. 그들의 결정에 따라 기업의 유산, 일자리, 매출액, 투자, 경력, 개인적인 평판, 주식 가치가 좌우된다. 이러한 기업 운영에 대한 보상은 크다. 하지만 이따금 CEO로서 감내해야 하는 '다양한 리스크'가 그 보상을 훨씬 뛰어넘을 때가 있다. 그리고 그 리스크는 커리어와 명성, 입지와 평판에 관한 것뿐 아니라 그들의 일상과 삶, 관계, 심리, 스트레스 등을 포함한다. 그렇다. CEO는 단연코 힘든 직책이다.

이 책은 리더로서 성공하기 위해 필요한 기본적인 리더십 원칙은 물론 리더가 되면 일상적으로 맞닥뜨리는 다양한 도전까지 포함하여 '알려지지 않은 진실'을 리더에게 전하고자 쓰였다. 놀랍게도 이런 숨은 진실이 리더의 성공과 실패를 가르는 결정적 요인이 된다.

현실과 이론은 다르다

맥킨지를 거쳐 현재 HBS의 교수인 나는 경영 관련 도서나 논문에서 리더에게 제시하는 조언들을 너무나 잘 알고 있다. 안타깝게도 이런 자료들이 어느 정도 한계를 가지고 있음을 인정하지 않을 수 없다. 어떤 저자들은 흥미로운 통찰을 제시하지만 이상적인 관점에서만 바라보곤 한다. 그 결과 CEO들의 일상적인 삶, 즉 내가 직접 목격한 그들의 현실과 실제적인 측면들을 반영하지 못하는 것 같다. 고위직들에게 주어진 다양한 의제, 많은 상황에 내재된 드러나지 않은 문제들, 여러 이해당사자의 상반되는 요구들, CEO 직책이 주는 격렬한 스트레스 같은 것들 말이다. 이런 내용은 흔히 책, 논문, 전임 CEO의 고상한 연설에서는 찾아볼 수 없다. 이런 자료의 저자들은 리더(또는 리더십 문제)가 이상적인 기업환경에서 존재하는 것처럼 다루기 때문에 문제 분석과 그에 따른 해결책이 실제적이지 못하다.

또 이런 저자들은 기업 리더들이 계속 직면하게 되는 도전 과제를 놓친다. CEO와 임원진들은 아무리 성과가 탁월하다 해도 위험한 상황이 닥치면 매우 인간적으로 반응한다. 명확하고 신속한 의사결정을 요구하는 상황 속에서 이런 인간의 본성이 계속 압박을 받으면 형편없는 의사결정 프로세스와 나쁜 습관이 발현한다. 나는 매우 똑똑한 기업인들이 감정적인 의사소통 때문에 끔찍한 결정을 내리는 상황을 수도 없이 목격했다.

《C레벨의 탄생》은 비즈니스 세계에서 한 인간이 자신에게 주어지는 크고 작은 압박과 책임에 현명하게 대처하는 접근 방법과 틀을 제공한다. 아울러 CEO들도 우리와 마찬가지로 약점과 결점이 있다고 가정하는 반면, 그들이 직면하는 상황이 매우 특별하다는 점을 헤아리고자 한다.

CEO를 비롯한 C레벨 경영진들은 대개 그 자리에 올라서야 직책에 수반된 냉혹한 현실을 깨닫고 매우 놀란다. '높은 기대를 안고 취임했는데, 새로운 환경에 압도당하고 조직의 다른 구성원들로부터 고립된다.' '또 고위 경영진 또는 관리자들이 자신에게 제공하는 자료와 정보가 명료성이나 투명성 면에서 현저히 떨어진다.' '무엇보다 이런 상황은 임기 초기 몇 주 또는 몇 개월 동안 겪는 일이 아니라 몇 년이 지난 뒤에도 계속된다…' 그렇게 그들은 생각지 못했던 지점에서 고투하기 시작한다.

조직 내 고위 경영진이었다가 신임 CEO에 부임한 경우라면, 기존 직원과의 복잡한 관계가 변화의 걸림돌이 될 수 있다. 그런가 하면 오랫동안 다른 조직 또는 기업에서 리더 직책을 수행하다 새로운 조직의 CEO를 맡게 된 경우라면 급변하는 경쟁 환경, 보다 참여적이거나 그렇지 않은 이사회, 추구하는 전략 방향과는 맞지 않는 조직 문화 등이 걸림돌이 될 수 있고 이에 대처해야 한다.

이 책에 제시된 많은 사례 연구와 이야기를 통해 독자들은 CEO가 진실에 귀 기울이지 않을 때, 새로운 직책의 현실을 받아들이지 않을 때 앞에 제시된 것과 같은 실제적인 문제들이 발생한다는 것을 알게 될 것이다. 대개 신임 CEO들은 자신의 직책을 제대로 수행하기 위해 의사결정 체계, 업무흐름도 등 경제계와 학계에서 제시하는 학문적인 내용을 찾고 습득하고 숙달하고자 한다. 하지만 그것으로는 부족하다. 현실은 그보다 훨씬 더 도전적이기 때문이다.

그런 맥락에서 책을 쓰기 위해 나는 수많은 CEO들을 의식적으로 만났고, 취재했고, 자문을 구했다. 컨설턴트나 연구자라는 제삼자의 시각이 아니라 내부자의 시각을 최대한 수용하려고 했다. 그들은 하나같이 위기의 순간을 넘기거나 성과를 개선하는 데 유용했던 관점, 프로세스, 사고방식 등을 아낌없이 들려주었다.

안타깝게도 등장하는 CEO와 리더 모두를 밝힐 수는 없음을 알린다. 허락을 받았거나, 그들의 이야기가 공개되었거나, HBS가 수행한 사례 연구의 일부인 경우에만 실명을 밝혔다. 또 나와 개인적인 관계를 맺은 일부 의뢰인들의 이름을 밝혔다. 다소 오래전에 그들과 인연을 맺었지만 그들의 교훈이 오늘날의 도전 과제에도 여전히 타당하기 때문이다. 하지만 일부 사례에서는 내용의 민감성 때문에 가명을 사용했다.

정상급 리더들이 지독할 정도로 솔직하게 들려주는 교훈

이 책이 특히 CEO에 초점을 맞추는 이유는 그들이 직책에 따른 특별한 상황에 놓이기 때문이다. CEO가 되면 동시에 두 가지 변화에 직면한다. 첫째, 새로운 직책에 개인적으로 적응하는 문제를 해결해야 한다. 둘째, 그와 동시에 자신이 이끄는 조직이 새로운 리더십에 적응하도록 도와주어야 한다. 설령 다른 임원급 직책에서 엄청난 성공을 거두었다 해도 처음 CEO에 임명된 사람들에게 이런 상황은 매우 부담스럽다. CEO라는 직책은 회사 내 다른 직책과 달리 이해관계, 책무, 심지어 의사결정 구조를 완전히 새롭게 바꿀 수 있기 때문이다. 이러한 매우 특별한 속성 때문에 임기 초반은 물론 수년 동안 상당히 힘들 수 있다.

오늘날 CEO들은 이 직책의 현실을 잘 이해하고, 이 직책에 수반되는 복잡하고 혼란스러운 문제들을 해결할 자원이 필요하다. 하지만 그들의 이전 직책에서는 그런 자원을 거의 제공받지 못한다. 그들에게는 앞으로 직면할 도전 과제에 대해 지독할 정도로 솔직하게 말해주는 선배 CEO들의 통찰이 필요하다. 이 책이 조금이나마 그런 필요를 채워줄 수 있기를 바란다.

차례

이 책은 총 15장으로 구성되어 있으며, 신임 CEO와 리더들이 반드시 알아야 할 중요한 14가지 진실을 설명한다. 신임 CEO들은 다음 각 장의 내용을 배워야 한다.

1
시작 :
미리 준비하라

신임 CEO는 실행 계획과 핵심 경영진을 준비한 상태에서 취임해야 한다. 이제는 시간이 절대적으로 중요하다. 이사회는 인내심이 강하지 않다.

2
정보 수집 :
'나쁜 뉴스'를 적극 권하고 환영하라

CEO가 직면한 현실은 경영진으로부터 완전한 진실을 거의 듣지 못한다는 것이다. 진실은 미묘하게 다른 의미와 많은 오해와 정치적 가식으로 가려져 있다.

3
이해관계자 관리 :
이해관계자들의 요구에 적응하라

오늘날 신임 CEO는 직접 처리해야 할 엄청나게 많고 다양하며 강력한 이해관계자들에게 쉽게 압도당한다.

HIDDEN TRUTHS

1

시작 :
미리 준비하라

신임 CEO는 매일 예상치 못한 어려운 문제에 맞닥뜨린다. 이제 막 임명된 리더들은 이 직책으로 승진하길 간절히 고대하면서 오랫동안 쉼 없이 일했을 것이다. 하지만 그들은 리더로 승진하는 데 유용했던 자신의 탁월한 능력들이 기업의 성공에는 거의 무용지물이라는 냉혹한 현실에 직면한다. 리더가 된 후 첫 몇 주뿐만 아니라 심지어 5년 뒤까지도 리더에게 요구되는 역량은, CEO 승진의 주요 요인인 높은 성과를 창출하는 조직 운영 능력과 굉장히 다르다. 이 차이는 놀라울 정도이며, 특히 오늘날 CEO가 수행하는 복잡한 역할을 고려할 때 가히 충격적이다.

이러한 험난한 현실은 한층 더 뚜렷해지고 있다. 따라서 외부 영입이든 내부 승진이든 상관없이 모든 신임 CEO의 가장 시급한 과제는 '미리 준비하는 것'이다.

CEO의 역할은 이전보다 극도로 어려워졌다. 많은 CEO들이 앞으로의 도전 과제를 어떻게 준비해야 할지 모른다. 새로운 리더들은 요구되는 리더십에 대한 수준, 계속 몰려오는 수많은 이슈와 고객 대응, 제한된 시간과 즉각적인 결과에 대한 높은 기대를 충분히 예상하지 못한다. 그들은 전략적 과제는 알 수도 있지만 CEO가 어김없이 직면하는 인재 부족, 경쟁적인 시장의 요구, 끔찍한 법적 문제, 족쇄 같은 규제, 복잡한 재정 문제를 예상하는 경우는 거의 없다.

오늘날의 시장 환경에서 CEO의 역할은 단순히 기업을 잘 경영하여 주주들에게 투자액보다 더 많은 수익을 제공하는 것이 아니다. 이제 CEO는 엄청나게 혼란스럽고 다양한 문제에 대처하면서 이를테면 (실행) 시간, (수행) 인력, (조달) 자본과 같이 경영상의 여러 상충관계를 조화시켜야 한다. 신임 CEO는 다음과 같은 매우 다양한 질문에 즉시 대응할 수 있어야 한다.

- 장기적 지속 가능성을 희생하지 않고 어떻게 단기적 성과를 올릴 것인가?
- 기업은 성과 달성에 필요한 적절한 구조, 시스템, 인재를 갖

추고 있는가?

- 기업의 재무상태표와 자본 구조는 착수할 계획에 필요한 자금을 충분히 조달할 수 있는가?

- 자기 사업과 이익에 영향을 미치는 제품 및 서비스를 어떻게, 얼마나 빨리 바꿀 것인지 알고 싶은 다양한 고객들에게 설명할 수 있는가?

- CEO가 내릴 결정에 이해관계가 있다고 믿는 지역사회와 정치지도자들과 어떻게 좋은 관계를 유지할 것인가?

- 애널리스트들은 기업 가치나 성장성 등 사전에 정의된 평가 기준에 따라 기업을 분류한다. 어떤 기준에 맞추어 기업을 경영할 계획인가?

- 불충분한 정보를 이용해 기업 내·외부의 관계자들에게 공개적으로 영향을 미치는 소셜미디어와 트위터의 게시글에 어떻게 대응할 것인가?

- 현금흐름을 기업 가치 상승의 전조로 여기는 행동주의 투자자_{activist investor}(기업 경영에 적극적으로 참여해 지배 구조 변화나 주주 배당 확대를 요구하는 주주-옮긴이)들을 끌어들이지 않으면서도 기업 운영에 필요한 현금흐름을 어떻게 창출할 것인가?

- 점점 더 많은 것을 요구하는 다양한 정부 기관의 규제를 어

떻게 준수할 것인가?

- 꼭 필요한 사회운동에 투여할 시간, 돈, 에너지가 거의 남지 않은 상황에서 당신은 사회적으로 어떻게 계속 깨어 있을 것인가?
- 어떻게 이사회와 좋은 관계를 유지하면서 그들의 기대에 부응할 것인가?

최근에 임명된 한 CEO를 생각해보자. 그를 잭이라고 부르기로 하자. 그는 큰 계획을 갖고 대기업 CEO에 취임한다. 잭은 직장 경력 내내 적극적으로 리더가 되기 위한 계획을 세우고 준비해왔다. 오랫동안 그는 CEO가 되었을 때 무엇을 할지 생각했다. 잭은 자신의 폭넓은 글로벌 경영 경험을 활용하고 싶은 마음이 간절하다. 또한 기술 혁신과 기업 운영의 변화를 통해 비약적인 발전이 가능하다고 생각한다. 그는 다양한 경험을 활용하여 이전과는 다른 효율적인 방식으로 직원들을 이끌겠다고 다짐한다. 이사회가 자신을 CEO로 선택한 사실이 매우 흥분되지만 한편으로는 높은 기대에 부합하지 못할까 봐 불안하기도 하다.

하지만 잭이 임명된 지 한 달이 못 되어 기업은 여러 문제의 소용돌이 속으로 빠져든다. 경쟁사가 획기적인 제품을 내놓고, 함께 일하는 경영진의 역량은 미약하고, 그의 시간과 관심이 필요한 다양한 고객들의 요구가 쏟아진다. 아울러 기업 인수 실패로 행동주의 투자자들의 관심이 집중되고, 그들은 기업의 전략과 경영 실적에 의문을 제기한다. 잭은 어쩔 수 없이 비상 대응 모드로 돌입해 재빨리 대처한다. 그러는 과정에서 그는 곧 자신이 신중하게 계획한 일련의 기술 혁신과 경영 계획을 실행할 수 없다는 사실을 실감한다.

잭의 이야기는 특별한 것이 아니다. CEO에게 비일비재하게 신속한 상황 호전, 성과 개선, 경제적 성과에 대한 요구가 끝없이 이어진다. CEO는 주주들의 요구, 다양화되고 계속 바뀌는 노동시장, 일과 사생활의 균형을 추구하는 직원들, 사회적 수용성community acceptance(지역사회 시민들이 기업의 활동을 인정하고 받아들이는 것-옮긴이)과 사회봉사 요구와 씨름해야 한다. 아울러 신용등급 평가 기관, 매수측과 매도측 애널리스트, 끝없이 요구해오는 행동주의 투자자들, 먹잇감을 찾는 사모펀드 기업의 영향력 등 점점 더 커지는 위협에도 대응해야 한다.

게다가 CEO들은 고용된 전문경영인이다. 그들에게 주어진 시간이 많지 않기 때문에 상황이 저절로 해결되길 기다릴 수도 없다. 급변하는 환경에서 시간은 중요하다. CEO에게는 기업의 미래 비전에 기초한 선명한 방향과 신속한 실행 방법이 필요하다.

CEO가 이런 과제에 대응하려면 무턱대고 취임해서는 안 된다. 면밀한 준비가 필요하다.

힘든 요구가 많은 새로운 시대

과거의 CEO들은 지금과는 상당히 다른 경제 환경 덕분에 변화를 준비할 시간 여유가 더 많았다. 이사회가 CEO를 선택할 때는 후보자의 구체적인 미래 비전이 아니라 이미 입증된 능력을 보았다. 신임 리더들은 처음 몇 개월 동안 기업의 실제 운영 방식을 파악하고 변화를 위한 전략을 수립한 뒤 새로운 주요 계획을 실행할 수 있었다. 이른바 '허니문 기간'이라고 부르는 이 시기 동안 그들은 임원들과 개별적으로 만나고 생산시설을 방문한다. 또한 주요 거래업체나 고객과의 '대화 시간'을 가지면서 숙고의 시간을 보낸다. 허니문 기간이 끝나면 CEO들은 그동안 고려한 내용을 기반으로 신중한 계획과 접근 방법을 제시할 수 있었다.

그러나 이제 이런 모습은 더 이상 찾아볼 수 없다. 예전처럼 신임 CEO가 팀을 만들어 필요한 변화를 진단하고 행동 계획을 수립할 수 있는 기간은 급격히 줄어들었다. 과거에는 전임 CEO

가 경영에 크게 실패한 경우에만 이를 반전시키기 위해 특단의 접근 방법이 필요했다. 하지만 이제는 리더십이 정상적으로 교체될 때에도 단호하고 신속한 행동이 필요하다.

이런 즉각적인 행동을 요구받으면 CEO들은 대개 충격을 받는다. 혼란하고 복잡한 상황에서 변화를 추진해야 하는데, 이에 대비하지 못했거나 통찰이 부족한 CEO라면 아마 아무것도 하지 못할 것이다. 게다가 오늘날의 환경에서 이런 무대책은 의도하지 않은 부작용을 초래하여 주주들에게 큰 손실을 끼친다.

2017년 중반 제너럴 일렉트릭GE은 여러 명의 CEO를 교체했다. 오래전에 계획된 제프리 이멜트Jeffrey Immelt의 퇴임이 이루어진 뒤 이사회는 존 플래너리John Flannery를 CEO로 선택했다. 초기 인터뷰에서 플래너리는 4개월쯤 뒤에 새로운 전략 변경과 수익 목표를 발표할 것이라고 밝혔다. 애널리스트 콘퍼런스에서 그는 재검토에 시간이 걸릴 것이며 GE의 2017년 전망을 바꾸지는 않겠다고 말했다.

시장은 이 소식에 부정적으로 반응했고 주가는 하루 만에 3퍼센트 하락했다. 〈월스트리트 저널The Wall Street Journal〉은 세계적인 금융기업 에드워드 존스Edward Jones의 애널리스트 제프 윈도Jeff Windau의 말을 인용했다. "사람들은 더 빨리 대답을 듣고 싶어 한다." RBC 캐피털의 애널리스트 딘 드레이Deane Dray 역시 비슷한 견해를 보였다. 그는 재검토가 끝날 때까지 GE는 "어중간한 상태"라고 말했다. 시장은 이도 저도 아닌 모든 '진공' 상태를 매우 싫어하기 때문에 그러한 '빈 공간'을 우려나 부정적인 위기의식으로라도 채우려 한다. 이러면 악순환이 시작될 수 있다.

더 우려스러운 것은 플래너리가 상황을 반전시킬 계획을 순차적으로 발표했는데, 그 계획들이 대체로 기업 전체를 근본적으로 재정의할 것을 요구했다는 점이다. 이에 많은 이해관계자들이 큰 충격을 받았다. 이런 근본적인 변화에 준비된 사람은 거의 없었다. 하지만 역사적으로 항상 그랬듯이 실행 계획 발표가 늦어지면서 대폭적인 변화에 저항이 거세졌다. 신임 CEO를 향한 분위기와 기대가 급격하게 바뀌자 투자자, 애널리스트, 주주들 역시 CEO를 불신하기 시작했다. 결국 플래너리는 취임한 지 1년도 못 되어 래리 컬프로 교체됐다. 부분적인 이유이긴 하지만 그 결과 GE는 다우존스 지수에서 제외됐고 기업 분할을 준비했다. GE는 여러 사업부를 매각하고 대대적인 해고를 시행했으며 새로운 경영진을 영입했다. 또한 기업 본사 규모의 근본적인 조정을 포함하여 기업 구조 전체를 재검토했다. 플래너리가 처음부터 더 잘 준비된 상태에서 CEO에 취임했다면 GE의 내부자와 외부자들의 반응은 이와는 많이 달랐을 것이다.

의사결정을 신속하게 내리는 것은 오랫동안 재직한 CEO들에게도 어렵지만 신임 CEO들에게는 훨씬 더 어렵다. 그리고 지금은 그 어느 때보다 신임 CEO들이 많다. 〈월스트리트 저널〉의 기사에 따르면 2017년 상반기 5개월 동안 시장 가치가 400억 달러 이상인 13개 기업이 새로운 CEO를 선임했다. 그중 일부 기업은 매우 갑작스럽게 이루어졌다. 여기에는 포드Ford, 캐터필러Caterpillar, 피아트크라이슬러Fiat/Chrysler, AIG처럼 널리 알려진 기업이 포함됐다. 2017년 6월에만 GE, 우버Uber, 월풀Whirlpool, 버펄로 와일드 윙스Buffalo Wild Wings, 페리고Perrigo, 판도라Pandora가 CEO를 새로 임명했다. 이들 중 월풀만이 경영진 교체 시기에 행동주의 투자자들의 압력을 받지 않았다.

CEO들은 왜 대책을 빨리 내놓으라는 강한 압력에 시달릴까? 세 가지 이유가 있다.

1. **시장과 투자자들의 조급성**: 과거에 애널리스트와 시장은 허니문 기간을 허용했다. 하지만 이제는 짧은 투자 사이클을 요구하면서, 명료한 전략에 기초한 실행 계획이 필요해졌다. 그들은 단호한 누군가가 강력한 실행 계획을 내놓길 원한다. 신임 CEO들은 더욱 복잡한 시장, 디지털 혁신, 첨단 모델링과 시뮬레이션 환경에서 일해야 한다. 또한 소셜미디어, 다양한 글로벌 커뮤니케이션 포럼 및 교류의 결과로 높

아진 투명성에 대응해야 한다. 과거에는 균형 있는 장·단기 시각을 유지했던 이사회는 점차 오늘날의 시장 환경에 따라 어쩔 수 없이 장기 전략 수립보다는 단기적 실행 계획에 초점을 맞추고 있다.

2. **사모펀드 2차 시장의 등장과 행동주의 투자자의 발흥**: 사모펀드 기업들은 불필요한 자산을 위한 매력적인 2차 시장을 제공하며, 온갖 유형의 행동주의 투자자들은 행동이 느린 경영진을 조사하는 데 적극적이다. 과거에 신임 CEO는 서서히 실적이 감소하는 기업을 감내하거나, 그런 기업을 전략적으로 사들이는 인수자에게 매각해야 했다. 이제는 사모펀드 시장을 통해 기업의 전략적 변화를 신속하게 추진할 수 있다. 시장은 CEO들이 사모펀드 기업을 이용해 성과가 낮은 사업부와 불필요한 자산을 빨리 매각해 현금화하길 기대한다. 또한 이런 2차 시장 덕분에 행동주의 투자자와 영향력 있는 다른 시장 주체들은 기업이 과거보다 더 빨리 사업을 분할하고 포트폴리오를 조정하게 압박할 수 있다. 행동주의 투자자들은 이사회에 큰 영향을 미치고, 이사회는 CEO가 이에 대응하도록 압박한다. 새롭게 증가하는 행동주의 투자자 집단은 '급진적이고 대립적인 투자

자'부터 '협조적이지만 계속 주장하는 투자자'에 이르기까지 다양한 유형의 투자자들과 함께 등장했다. 마지막으로 기업의 사회적 책임 부서는 자체적으로 행동주의 방식을 도입함으로써 이사회가 이해관계자들의 요구에 부응하게 하고, 적절한 사회적 책임 이행에 실패할 경우 발생하는 부정적인 여론을 피할 수 있게 한다.

3. **CEO의 선택과 임기에 대한 이사회의 태도 변화**: 이사회와 주주들은 실패를 절대 달가워하지 않지만, 오늘날에는 과거보다 더욱 실패에 관용을 베풀지 않는다. 그 결과 이사회는 CEO 해고에 훨씬 더 적극적이다. 과거에 이사회가 CEO 해고를 싫어한 이유는 그들의 경영 관리가 실패했음을 보여주는 지표였기 때문이다. 하지만 이제 이사회는 CEO 해고를 경영 관리 능력의 의미로 더 쉽게 받아들이고 있다. 이와 비슷하게 이사회는 '성공 경험이 있는' 스타를 고용하길 원한다. 그들은 이렇게 말하고 싶어 한다. "우리가 줄리를 고용한 것은 그가 X 기업을 되살려 놓았기 때문입니다. 우리는 그에게 이런 역량이 있다는 것을 알고 있었습니다." 아울러 그들은 '내부 검증을 거쳤지만' 한 번도 CEO를 경험한 적이 없는 내부 후보자들의 평가에 의문을 제기해야 한다는 압력을 받고 있다.

이 모든 것은 오늘날의 CEO들이 과거와 달리 착수 계획이 필요하다는 뜻이다. 그들은 즉각 우수한 성과를 만들어내라는 압력만 받는 것이 아니다. 그들은 리더의 직책을 수락하기 전에 해당 기업의 핵심적인 통찰과 관점을 파악한 다음 CEO에 취임해야 한다. CEO들은 인터뷰 과정을 이용해 여러 이슈와 필요한 경영 변화를 조사해야 한다. CEO 선임을 위한 인터뷰가 진행될 동안 숙고하면서 신중하게 듣는 것은 매우 중요한 능력이다. 하지만 흔히들 쉽게 간과한다.

보잉^{Boeing}의 전 CEO였으며 지금은 레이도스^{Leidos Holdings}의 CEO인 로저 크론^{Roger Krone}이 어떻게 이직 과정을 거쳤는지 살펴보자.

로저 크론: 자신의 숙제를 하라

2013년 말, 레이도스(다수의 정부 및 국방 기관에 소프트웨어와 서비스를 제공하는 방산·보건 분야의 대기업)는 신임 CEO를 물색하고 있었다. 후보자 중 한 사람인 로저 크론은 보잉사에서 고위직까지 승진했고 CEO가 될 기회를 찾고 있었다. 이 무렵 레이도스 이사회는 특히 기업의 전략과 최근 실적, 조만간 행동주의 투자자의 타깃이 될 가능성을 우려하고 있었다. 수익은 좋았지만 미래 성장 전망은 제한적이었다. 하지만 사업은 막대한 현금 흐름을 창출하고 있어 행동주의 투자자의 이목을 끌었다.

상황을 호전하고 달갑지 않은 외부 개입을 피하기 위해 이사회는 신속하게 변화를 일으킬 수 있는 CEO를 열심히 찾았다. 이사회는 세 가지 주요 질문을 통해 후보자를 평가했다.

첫 번째는 CEO 재직 초기에 기업을 바꿀 크론의 계획에 관한 질문이었다. "당신은 레이도스의 포트폴리오를 어떻게 생각합니까?" "우리 기업의 사업부 중 어떤 부분을 유지하고 어떤 부분을 매각할 것입니까?" 이사회는 취임 뒤 1분기 동안의 계획을 질문하면서, 특히 재무적 변화의 필요성을 어떻게 평가하는지, 그리고 재무 목표를 달성하기 위해 기업 문화를 얼마나 바꾸어야 하는지에 대해 집중적으로 물었다.

두 번째는 크론의 계획을 실행할 팀에 관한 질문이었다. 이사회는 그에게 말했다. "우리는 단순히 당신만 고용하는 게 아닙니다. 당신의 인맥을 고용하는 겁니다." 이사회는 크론의 네트워크를 면밀히 평가했다. 레이도스는 이전 기업 SAIC에서 분사 후 창립되어 고위 경영진 규모가 작았기 때문이다. 크론의 인맥은 매우 좋았고, 이사회는 그가 훌륭한 인재를 고위 경영진으로 영입할 능력을 보고 안심했다.

마지막 세 번째로, 이사회는 크론이 최고재무책임자[CFO] 및 사업부 총괄 관리자에서 CEO로 이직할 역량을 갖추었는지 우려하며 몇 가지 사항을 질문했다.

크론은 인맥과 초기 계획의 답변에서 자신이 도전적인 직책을 감당할 준비가 되었음을 보여주었다. 크론은 시간을 투자해 레이도스를 연구하면서 현안을 이해하고, CEO로 임명될 경우 실행할 초기 계획을 확실히 세웠다. 사업부 매각과 우수 인재를 영입할 방안도 갖고 있었다. 이런 준비를 통해 그는 CEO 직책을 얻었을 뿐 아니라 즉각적으로 실적을 올리는 데 필요한 지식과 자원을 갖출 수 있었다.

전문가들의 도움을 받아라

크론은 방위산업 분야의 인맥을 활용해 레이도스의 긍정적인 요소와 도전 과제에 세부적인 안목을 갖게 되었다. 그는 국방부와 정보 관련 기관에서 그들이 레이도스를 바라보는 시각과 신임 CEO에게 필요한 변화에 관한 정보를 얻었다. 또한 방위산업 분야를 매우 잘 아는 우호적이고 노련한 투자금융인과 함께 연구했다. 그 금융인은 다양한 재무 모델, 관련 산업의 배경지식,

레이도스에 대한 분석적 안목과 투자자들의 주식가치 포지션 value position을 알려주었다. 크론은 보잉사, 레이도스와 함께 일했던 전 레이도스 이사회 및 공급자들과 대화를 나누었다. 그는 임원급 인재 스카우트 업체와 긴밀히 협력하면서 레이도스 이사회를 더 깊이 파악했다. 이사회 구성원이 누구이며, 그들이 어떤 생각을 갖고 있는지도 알아냈다. 그는 (분사 이후) 이사회의 지속적인 이슈들과 예상되는 CEO 선택 기준에 관한 이야기를 꼼꼼하게 들었다. 그 결과 크론은 기업 내부 후보자였던 주요 경쟁자보다 더 깊은 지식과 실질적인 6개월 계획을 갖고 CEO 면접에 임할 수 있었다.

깊고 넓게 준비하라

예전의 CEO들은 취임 초기 때 변화에 필요한 것을 배우고 파악할 동안 '현상 유지 태도'를 보였다. 이제는 그렇지 않다. 오늘날 이사회는 변곡점을 만들 수 있는 능력을 가진 CEO를 원한다. 달리 말하면, 이사회는 필요한 변화들을 파악하고 그 지점에서 신속하고 효과적으로 변화를 실행할 수 있는 CEO를 요구한다.

CEO들이 이런 기대를 충족시키려면 직면할 상황에 대한 깊고 폭넓은 이해가 필요하다. 하지만 시간 압박과 이사회, 사업 환경 탓에 예전처럼 "6개월 동안 모든 사업 현장을 방문하고 이해관계자를 만나는 방식"은 불가능하다. 따라서 CEO에 취임하기 전에 관련 자료와 통찰을 얻을 수 있는 새로운 방식을 이용해야 하며, 이 일은 신속하고 효율적으로 이루어져야 한다.

완벽하게 파악하고 있다는 착각

CEO 후보자들은 자신의 새로운 역할을 평가할 때 두 가지 직접적인 질문에 직면한다. 첫째, 새로운 기업을 평가하는 데 필요한 핵심 정보를 어떻게 확보할 것인가? 둘째, 그런 정보를 수집하고 이해하는 데 도움을 줄 자원을 어디에서 찾을 것인가?

혹자는 이런 질문이 외부에서 영입되는 신임 CEO들에게만 해당한다고 생각할지 모른다. 놀랍게도, 기업 내부의 CEO 후보자들도 종종 외부의 경쟁자들만큼 준비되어 있지 않다. 그들은 '현직의 저주'에 시달릴 수 있다. 즉, 앞으로 책임질 역할을 객관적으로 바라보지 못할 수 있다. 내부 후보자들은 조직의 경영 문화를 이해하고 있지만 대개 기업에 필요한 근본적인 도전과 변화를 받아들이지 못한다. 흔히 그들은 현 경영진의 수준을 과대평가하고 실제보다 더 나은 변화 역량을 갖고 있다고 믿는다. 내부 후보자들은 앞으로 직면할 복잡하고 까다로운 도전 과제를 완전히 이해한다고 착각할 수도 있다. 내부 승진으로 CEO가 된 한 인사가 나에게 말했다. "나는 체스판 전체를 본다고 자신했습니다. 하지만 최고위직에 오르자 실제로는 작은 부분만 보고 있었다는 것을 깨달았죠. 3차원 체스판의 절반밖에 보지 못하고 있었습니다."

당신이 알아야 할 것은 무엇인가?

사업의 수준과 기존 경영 상태: 이것은 모든 리더가 수행해야 할 사전 조사의 '필수 내용'이다. CEO 후보자들은 사업 전략의 수준과 그에 따른 경영 및 시장 성과를 심층적으로 이해해야 한다. 공급자와의 관계, 소비자 및 거래처와 기업의 관계를 파악하는 것은 필수다. 이 분야에서 전임 경영진이 거둔 성과의 이해도 마찬가지다. 경영 구조와 경영 프로세스의 효과성을 평가하는 것 역시 중요한 과제다. 준비된 CEO가 되려면 이런 선결 과제를 종착점이 아닌 시작점으로 삼아야 한다.

이사회의 기대와 운영 방식: CEO 선임 과정뿐만 아니라, 당신의 기업 변화 계획도 이사회에게 지도와 감독을 받게 된다. 로저 크론의 사례가 보여주듯이, 선임 인터뷰 과정은 미래의 이사회를 파악해 평가하고 당신이 인계받은 기업의 새로운 포트폴리오가 지닌 문제점과 강점을 이사들이 어떻게 이해하고 있는지, 그리고 그들의 기대가 무엇인지 알 수 있는 중요한 시간이다.

인터뷰는 이사회와 당신이 서로를 평가하는 과정이 되어야 한다. 기업의 리더로서 해야 할 과제를 적극적으로 듣는 기회일 뿐만 아니라 이사회의 역할을 가늠하는 자리로 활용해야 한다. 이사회의 문화는 어떤가? 이사들은 서로 어떻게 소통하는가? 파벌이 있는가? 있다면 그 이유는 무엇인가? 이사회는 재무 상태와 경영 상태 중 어느 쪽에 더 초점을 맞추는가? 이사들의 참여 기대 수준은 어느 정도인가? 이사회에 얼마나 정보를 제공하고 참여시킬 것인가?

경험에 비추어 CEO 교체는 변화가 필요할 때 이루어지기 때문에, 이사회는 변화를 환영한다고 예상할지 모른다. 하지만 이사회와 CEO가 원하는 변화의 '수준'이 서로 다를 수 있다. 혹은 신임 CEO가 약속한 변화의 '유형'과 이사회의 시각이 양립한다고 장담할 수 없다. 따라서 초기에 '개방성과 수용성의 수준'을 먼저 평가해야 한다. 신임 CEO는 근본적인 변화와 혁신을 환영할 거라 생각하며 취임하지만, 이사회는 위험 회피적이고 주요 부분의 변화만 원할 수도 있다. 이 말은 CEO 역할 수행에 실패한 이사에게서 직접 들은 내용이다.

따라서 CEO 후보자들은 기업을 조사할 때 변화에 대한 이사회의 진정성을 파악해야 한다. 다음 질문이 도움이 된다.

- 각 이사들의 임기는 얼마인가?
- 이사들은 누구의 추천으로 이사회에 참여했는가?
- 전임 CEO와 이사들의 '실제' 관계는 어떠했는가? 반면 공식적으로 언급된 관계는 어떠했는가?
- 이사회는 논쟁적이었는가 아니면 화합하는 분위기였는가?
- 논쟁적이었다면 전임 CEO가 어떤 역할을 했는가?
- 논쟁적인 분위기는 얼마나 퍼져 있었는가?
- 이사회는 느리고 꾸준한 변화를 원하는가 아니면 신속하고 충격적인 변화를 원하는가?
- 이사회는 변화에 대한 시각을 얼마나 공유하는가?

고위 인재풀의 수준과 경험: 탁월한 팀이 탁월한 리더를 만든다. 이 자명한 말처럼, 인계받은 고위급 인재에 대한 이해와 평가는 분명히 우선순위에 해당한다.

우선 신임 CEO라면 취임 후 곧장 난제에 부딪히게 될 것이고 그래서 적어도 초기에는 당신의 팀에 의존하게 된다. 설령 그 팀이 변화가 꼭 필요한 팀이라 해도 말이다. 그리고 이후 업무 스타일이 매우 다른 사람과 오랫동안 함께 일하는 것, 당신의 계획을 실행하기에 역량이 부족하거나 심각하게 어울리지 않는 사람을 계속 견디는 것을 줄이기 위해서도 임원진에 대해 알아봐야 할 것이다. 게다가 이사회와의 인터뷰를 통해 수집할 수 있는 고위급 경영진에 관한 정보는 매우 제한적이다. 이사회는 신중하게 준비된 회의 석상에서만 고위 임원진을 만난다. 그래서 완전한 정보가 아니라 편견에 기초해 그들을 본다. 이사회는 고위 임원진이 당신의 개인적인 리더십 스타일과 기대에 얼마나 부합하는지 거의 알지 못한다.

신임 CEO로서 당신은 기업에 대한 조사와 채용 과정에서 임원진들의 강점을 파악해야 한다. 임원들과 이사들의 관계는 어떤지, 임원진을 교체하는 재량권은 어느 정도인지 알아봐야 한다.

기업 평판 및 대외 이미지 이면의 현실: 인재 스카우트 기업이나 이사회가 유망한 CEO를 영입하려 할 때, 그들은 과도하게 기업의 장밋빛 미래를 제시하곤 한다. 하지만 신임 CEO들은 귀에 들리는 현실을 곧이곧대로 받아들여서는 안 된다. 대부분의 신임 CEO들은 기업의 경영 상태를 조사하고, 시장과 경영 성과, 인계받을 조직과 인재, 재무제표상의 자산과 부채 등을 평가하는 방법을 알고 있다. 하지만 이러한 기본적인 평가 외에도 다음 내용에 특별히 주의해야 한다.

면밀한 재무 상태 조사: 우선, 재무 상태를 분명히 검토해야 한다. 어떤 사람들에게는 재무 조사가 조사의 시작이자 마지막이 된다. 이는 실패의 지름길이다. 대부분의 재무 상태는 공식적인 영역에 속한다. 하지만 이런 정보만으로는 재무 상태를 완벽하게 파악할 수 없다. 노련한 CEO 후보자들은 매출액 성장, 수익성, 현금흐름, 부채 규모, 배당 정책 등에 관한 공식 보고서만 조사하지 않을 것이다. 준비한다는 것은 매출액의 질, 공급망 경제, 성과 추세선과 산업 변동 간의 조화, 부채의 속성과 유형 그리고 이에 수반되는 계약 제한 조건 같은 더 세밀한 문제를 조사한다는 뜻이다. 오랜 친구의 조사를 도와준 나이 지긋한 한 최고재무책임자는 이렇게 말했다. "실제 상황은 연례 보고서 본문에 드러나지 않습니다. 나는 먼저 보고서에 달린 각주를 조사하고 그것을 기초로 더 깊이 살펴봅니다. 그러면 (내 친구가) 장차 CEO가 되어 직면할 상황들을 완벽하게 파악할 수 있습니다."

주요 법률적 위험 요소들: 모든 기업은 법률적 고발의 대상이 된다. 이것은 당연히 발생할 수 있는 일이다. 하지만 이런 법적 문제의 빈도와 성격은 한층 더 고민이 필요한 경영상의 이슈, 위험한 상황 발생의 가능성을 짐작하게 해준다. 법적 이슈는 공급망, 거래처, 고객, 직원 등에 관한 기업의 공격성을 보여주는 중요한 지표다. 특히 미국 증권거래위원회^{SEC}와 미국 연방거래위원회^{FTC}의 자료를 면밀하게 조사해야 한다. 통상적이지 않은 조치를 내린 자료들을 살펴보라. 그리고 그런 자료들이 어떤 신호를 보내는지 탐색하고 파악해야 한다.

어떤 자료원을 이용할 수 있을까?

공개된 정보를 찾아보라: 온라인에 올라온 규제 자료와 애널리스트 보고서에서 엄청나게 많은 정보를 직접 수집할 수 있다. 소셜미디어 사이트, 제삼자의 리뷰 및 백서, 후버스^{Hoovers}와 같은 기업 검색 플랫폼 역시 통상적인 금융 및 규제 관련 자료를 넘어서는 유용한 정보를 제공한다. 글래스도어^{Glassdoor}와 그 외 직장 평가 웹사이트 등을 조사하면 직원들의 분위기와 조직 문화의 실상을 살펴볼 수 있다. 이는 조사 및 평가 과정에서 첫 번째로 수행해야 할 필수 과제이다.

컨설팅 기업의 도움을 받아라: 맥킨지 산업부서는 주요 제조기업의 활동을 면밀히 추적하기 때문에 이들 기업의 CEO 또는 최고운영책임자^{COO} 구인 정보를 알고 있다. 다른 주요 컨설팅 기업들도 마찬가지일 것이다. 우리는 이전 고객이나 CEO 지망자들이 목표 기업의 정보를 얻고 싶을 때 항상 흔쾌히 도와주었다. 이것은 서로에게 이익이다. 우리는 더 높은 직책을 놓고 경쟁하는 이전(또는 잠재적인 신규) 고객과, 승진하여 조직을 이끌기를 원하는 내부 후보자들을 도와주었다. 그 과정에서 잠재적 신규 고객들에게 우리의 역량을 보여주었다. 그들은 우리 회사가 모든 역량을 쏟을 준비가 됐음을 알았고, 이후의 혁신 활동을 계속 도와주길 바랐다. 우리는 일부 후보자들이 CEO로 선임되지 않을 것을 알면서도 지원했다. 그들이 우리의 도움을 고마워하고, 실제로 CEO가 됐을 때 그 일을 잊지 않을 거라고 생각했다.

우호적인 투자금융인들과 상담하라: 레이도스 사례에서 보듯이 투자금융인들은 당신이 고려하는 기업의 재무, 주주, 애널리스트 분석 자료를 얻는 매우 소중한 '원스톱 창구'가 될 수 있다. 컨설팅 회사와 마찬가지로 투자금융인들도 신임 CEO들과의 연결을 통해 개인적인 이해관계를 맺는다. 그들은 CEO가 교체될 때 해당 기업의 재무 구조조정과 새로운 자본 구조가 수반된다는 걸 알고 있다. 투자 은행들은 CEO 교체 시기에 후보자들에게 서비스를 제공하여 CEO들이 신세를 지게 한다.

직업적 네트워크를 활용하라: 당신이 지금의 경력에 이르렀다면 산업계와 학계에 다양하고 폭넓은 인맥을 갖추었을 것이다. 이제는 그것을 활용할 때다. 전직 이사, 업계 관계자, 전문 협회의 이전 동료, 그 외 통찰이나 정보를 제공할 수 있는 사람들과 접촉해보라. 당신의 네트워크 안에 있는 전문가들은 새로운 조직의 도전 과제, 경영진, 이사회에 관한 가장 솔직하고 유용한 정보를 줄 것이다. 이 네트워크는 매우 개별적인 방식으로 민감한 정보를 탐색하게 해준다. 또한 당신이 신임 CEO에 지원한 사실을 숨기고 싶을 때 비밀을 지켜줄 수도 있다. 내가 경영대 교수이기 때문에 약간의 편견이 있을 수 있지만, 당신이 다녔던 경영대 교수들에게 연락해 특정 기업이나 산업을 바라보는 안목을 배우는 게 좋다. 대부분의 교수들이 관련 기업 사례와 참고 자료를 내어줄 것이다.

나는 종종 경영대 재학 시절 알았던 사람들, 이전 고객들과 전직 이사들에게서 이런 정보를 얻는다. 그들은 늘 도움이 된다. 한번은 이전 고객이 그의 목표 기업과 그 기업의 OEM 공급자의 실제적인 관계를 알고 싶어 했다. 대개 B2B 시장에서 활동하는 공급자들의 정보는 얻기가 쉽지 않다. B2B 시장은 B2C 시장보다 훨씬 더 사적으로 이루어지기 때문이다. 내가 그런 요청을 받았을 때, 고맙게도 이 분야의 최고재무책임자였던 고객에게서 단 30분 만에 정보를 얻을 수 있었다. 3일 동안 애널리스트 보고서와 규제 관련 자료를 읽고 얻을 수 있는 것보다 더 많은 정보였다.

전직 임원들과 대화하라: 기밀 유지 문제가 없다면 목표 기업에서 일했던 전직 임원들과 접촉하는 일은 굉장히 귀중하다. 편견이 포함됐지만 그들의 내부적 관점은 매우 유용하다. '실제' 이야기를 원하는 당신에게 전직 임원들은 가장 중요한 자료원이다. 공식적으로 절대 들을 수 없지만 사적으로는 큰 도전 과제인 이슈들을 알 수 있다.

경쟁 기업들이 유용할 수 있다: 다시 말하지만, 기밀 유지 문제를 잘 해결한다면 경쟁 기업들과의 대화에서 신선한 정보를 파악할 수 있다. 같은 분야나 산업에서 경쟁하는 기업들이 제공하는 통찰은 당신이 놓칠 수도 있는 영역을 밝혀줄 것이다.

비전과 그것을 실행할 수 있는 인재를 개발하라

앞서 언급한 적극적인 경청, 옵션 개발, 신중한 평가, 실제적인 기업 실사를 토대로 이제 다음 단계로 넘어간다. 최종적으로 준비할 분야는 '전략 및 경영 계획'이다. CEO가 될 경우 자신의 비전에 근거한 실행 계획, 그에 관한 타당한 관점을 갖고 있어야 한다. 이사회는 필수적인 기본 능력뿐 아니라 리더의 자질을 보여주는 뛰어난 업적의 후보자를 찾는다. 그들은 당신이 통합적으로 사고하며 실행 계획이 있는지 알고 싶어 한다. 이것은 CEO 선발 과정을 정적인 인터뷰에서 이사회와 후보자 간의 적극적이고 역동적인 대화로 바꾼다. 또한 후보자는 필요한 실행 계획과 변화 과정에 대해 이사회와 대화를 시작하면서 추진력을 얻는다. 이런 대화는 필요한 변화 과정을 알려주고, 기대를 높이며, 진행을 촉진한다.

이와 같은 초기 계획은 하나의 가설로 바라보아야 한다. 물론 이것은 매우 풍부한 자료를 기초한 가설로, 비즈니스에 필요한 접근 방법을 만드는 틀 역할을 한다. 하지만 늘 계획처럼 최초의 가설처럼 되는 일은 없다. 그래서 당신이 주장하는 내용을 지킬 의지와 새로운 통찰이 제시되었을 때 이를 조정하려는 유연성 사이에 신중한 균형이 필요하다. 어떤 CEO 후보자들은 '자신의 계획을 설득하는 데' 지나치게 집중한 나머지 거만해 보이고 (노련한 고위 경영진은 물론) 이사들을 불쾌하게 만든다. 또 어떤 CEO 후보자들은 이사들이 의문을 제기할 때 지나치게 수용적인 태도를 보인다. 이럴 경우 CEO 역할에 준비가 덜 된 것으로 비칠 수 있다. 이사회와 기업 상황을 고려해 적절한 균형을 갖추는 것이 관건이다.

당신은 초기 계획에 관한 균형 잡힌 관점과 더불어 다양한 이해당사자들이 반응을 보일 구체적인 내용까지 제공할 수 있다. 이 계획에 관한 대화를 이사회 구성원, 미래 임원진, 그 외 다른 사람들과 나눔으로써 관계를 발전시키고 변화의 원동력을 확보할 수 있다.

그렇다면 'CEO 준비 과정'은 실제로 어떻게 이루어질까?

다음 두 이야기는 이런 중요한 변화에 수반되는 상황을 다양하게 보여준다.

계획을 가지고 질레트의 CEO로 취임한 짐 킬츠

쿠키와 크래커 사업으로 유명한 나비스코^{Nabisco}는 1998년 짐 킬츠^{Jim Kilts}를 이사회장 겸 CEO로 영입했다. 킬츠는 지체하지 않고 곧장 기업을 대대적으로 바꾸기 시작했다. CEO가 되자마자 그는 3천 명 이상의 직원을 해고하고, 절감한 비용의 상당 부분을 새로운 광고 판촉과 함께 집중적인 마케팅 포지셔닝 활동에 투입하겠다고 발표했다. 킬츠의 전략은 통했다. 그는 나비스코의 핵심 제품들을 다시 살려서 회사를 매각할 상태로 만드는 데 성공했다. 필립 모리스^{Philip Morris}는 2000년에 나비스코를 약 150억 달러에 인수했고, 킬츠는 후임 CEO를 구했다. 한편 수년 동안 성과가 지지부진했던 질레트는 새로운 CEO를 찾고 있었으며, 약 70년 만에 처음으로 내부 후보자를 제외할 작정이었다. 이 기업은 킬츠의 단호한 경영 방식과 실적을 보고 그를 CEO로 선택했다. 질레트의 비임원 이사회장 리처드 R. 피비로토^{Richard R. Pivirotto}는 말했다. "짐 킬츠는 전체 소비재 분야에서 최고의 실적을 올린 사람입니다. 전반적인 소비재 마케팅 실적과 결단력 있는 경영 방식에 비추어 볼 때 그는 질레트를 지속 성장하는 기업으로 이끌 독보적인 자격을 갖추고 있습니다."(〈비즈니스 와이어Business Wire〉, 2001년 1월 22일자)

질레트는 면도기와 날, 남성 미용 사업으로 유명하지만 지주회사 또는 다양한 소비재 기업으로 소개하는 게 더 적절하다. 또 다른 사업 분야로는 브라운(소형 가전제품), 듀라셀(배터리), 오랄비(소비자용과 치과용 위생 제품)가 있다. 이런 다양한 사업 분야의 공통점은 무엇일까? 거의 없다. 2000년대 초 질레트의 주식은 점차 떨어지고 있었다. 킬츠는 질레트와 이사회가 그를 영입해 근본적인 변화를 모색하고 있다는 것을 알았다.

킬츠는 강력한 정보 제공자들의 도움으로 '준비된 CEO의 과제'를 철저하게 수행했다. 킬츠는 베인 컨설팅과 맥킨지 컨설팅의 도움을 받아 질레트의 모든 사업부를 심층 조사하고, 중요한 혁신 계획의 개요를 마련했다. 외부인인 그의 안목과 이런 사전 조사를 통합하여 전략을 수립하기 위한 가설이 만들어졌다. 즉, 질레트 산하의 다양한 기업들은 적극적인 구조조정과 최적화를 통해 비용을 크게 줄일 수 있었다.

듀라셀과 브라운은 질레트보다 다른 기업에게 더 가치가 있어 매각하기로 결정했다. 그리고 비용 관리를 위해 경상비 증가 제로zero overhead growth, ZOG 정책을 즉각 발표했다. 이 정책의 목적은 비용을 절감하여 그 돈을 연구, 제품 개발, 마케팅에 투자하는 것이다. 킬츠 역시 질레트의 장기적 건전성을 강화하길 원했다. 이를 위해서는 '탁월한 업무 역량functional excellence, FE'이라는 프로그램이 필요했다. 그는 나중에 《중요한 일을 하라Doing What Matters》에서 이렇게 썼다. "이것은 가장 낮은 비용으로 동종업계 최고의 역량과 성과를 달성하기 위한 궁극의 계획이다." 그가 마지막으로 추가한 부분은 지속적인 개선과 점증적인 혁신 프로그램인 이른바 "총체적 혁신Total Innovation, TI"과 획기적인 제품을 만드는 '빅뱅' 혁신이었다.

비록 다른 사업부에는 제한적이었지만, 면도기와 면도날 사업부의 상황을 호전시킨 후, 킬츠는 매수자를 찾아나섰다. 매수자는 바로 프록터 앤 갬블Procter and Gamble, P&G이었다. 이 기업은 2005년 570억 달러에 질레트를 인수했다. 질레트 직원들과 보스턴 시는 이 매각으로 분노했지만 주주들과 킬츠에게 엄청난 이익을 안겨주었다.

게리 로드킨: 미리 알았더라면 좋았을 것들

게리 로드킨Gary Rodkin은 2004~2005년 펩시의 북미지역 책임자였을 때 식품 회사 콘아그라 푸드Conagra Foods의 CEO가 될 기회가 생겼다. 그는 앞서 다른 소비재 대기업의 최고운영책임자 제안을 거절했다. 펩시 북미지역 책임자 직책을 떠나는 것이 내

키지 않았고, 펩시의 CEO가 될 가능성도 있었기 때문이다. 그러다 1년 뒤 콘아그라 푸드의 CEO 직책을 제안받았다. 그가 휴가 중일 때 이사회 대표단이 직접 비행기를 타고 와서 설득했다.

로드킨은 펩시와 같이 존경받는 소비재 대기업의 CEO가 될 가능성을 가늠하고, 아울러 오마하로 이사해 160억 달러 규모의 다각화한 식품회사 콘아그라 푸드의 CEO가 될 경우의 위험요인을 파악해야 했다. 로드킨은 그 직책을 제안받았을 때 몇 주간 결정을 미루고 직접 기업을 조사했다. 그는 공개된 상당한 양의 정보를 조사하고, 아울러 펩시와 업계의 인맥을 이용해 다양한 전직 콘아그라 푸드 경영진과 접촉했다. 또한 기업의 매각과 인수 업무를 각각 다루는 투자금융인들과 상담했다. 그는 경영 컨설턴트의 관점을 활용했고, 경쟁 기업, 고객, 다른 업계 관계자들과 이야기를 나누었다. 그리고 콘아그라 푸드의 여러 이사와 개별적으로 만났다.

면밀한 조사가 끝난 뒤 그는 자신의 '전면적인 계획'을 만들었다. 여기에는 주요 기업 포트폴리오 조정, 매출액 산정 방법 변경, 배당금 정책 변경, 다수의 고위 임원진 축소 및 교체 등 근본적인 혁신 계획이 포함됐다. 로드킨은 이렇게 회고했다. "이 변화들은 사소하지 않았습니다. 근본적이고, 많은 면에서 엄청난 변화였습니다." 그는 이사회의 지지를 얻어 자신감 있게

CEO 직책을 받아들였고, '준비된 상태로' 취임했다.

간단히 말하면, 로드킨은 모든 것을 제대로 수행했다. 이런 확실한 준비 덕분에 CEO 직책에 수반된 복잡하고 불확실한 일들을 효과적으로 처리할 수 있었다. 그러나 안타깝게도 사전 조사 과정에서 미처 파악하지 못한 사실이 있었다. 이 기업은 생산과 공급망 자산이 매우 빈약하며 막대한 자본 업그레이드 및 투자가 필요했다. 더군다나 통합 IT시스템이 부족하고 통합 경영 정보 및 의사결정 시스템이 거의 전무하여 상황이 더 심각했다. 그 결과 로드킨이 CEO로 취임한 초기에는 시스템과 공급망 관련 문제가 주요한 도전 과제가 되었다.

로드킨은 이렇게 회고했다. "기업의 외부적 차원에서 할 수 있는 일을 모두 했기 때문에 노력이 부족하진 않았습니다. 이사회를 비난할 생각은 없습니다. 그들은 기업의 생산 공장 상황을 볼 수 있는 '눈'이 없었습니다."

그는 다소 아쉬운 듯이 말했다. "미리 알았더라면 많은 것을 다르게 했을 겁니다. 이사회는 사업의 실상과 기본적인 공장시설 수준이 열악하다는 사실을 제대로 알지 못했고 제게 말해줄 수 없었습니다." 로드킨은 자신이 숙제를 잘했다고 믿었고, 확실히 준비된 CEO였다. 하지만 그 역시 아쉬운 점이 있었다. 그래서 이렇게 당부했다. "당신은 결코 새로운 직책의 전부를 알 수 없겠지만, 열심히 파악하려고 노력해야 합니다. 모르는 부분은 항상 있기 때문이죠."

이 두 이야기는 리더십 전환의 기회와 그에 따른 도전 과제를 보여준다. 킬츠처럼 미리 '학습 과정'을 거친 CEO들은 충분한 경험을 통해 가장 주의가 필요한 핵심 내용을 파악한다. 그 결과 대부분의 전문적인 활동에서 그렇듯이 연습은 더 나은 결과를 낳는다.

로드킨의 경험은 신임 CEO들의 이직 과정이 얼마나 어려운지 잘 보여준다. 로드킨은 필요한 일, 즉 적절한 사전 조사를 수행했다. 그는 시간을 들여 다른 사람들과 접촉하고 '내부에 들어가기' 전에 최대한 많은 내용을 파악했다. 그러나 정보의 출처는 불완전했고 대개 원하는 만큼 투명하지도 않았다. 로드킨은 완벽한 그림을 파악할 수 없었다. 그 때문에 신임 CEO로 취임할 때 자신을 기다리는 상황 전체를 완전히 알 수 없었다.

의구심을 갖는 태도가 유용하다

게리 로드킨의 이야기가 보여주듯이 매우 잘 준비한 CEO들도 모르는 것이 있다. 최대한 깊고 폭넓게 준비하는 것이 뜻밖의 상황에 성공적으로 대처할 가능성을 높여준다.

새로운 직책의 전부를 알 수는 없지만 부단히 노력해야 한다는 그의 말은 신임 CEO들이 갖춰야 할 준비 자세를 보여준다. 로드킨은 누구보다 열심히 노력했으며 약 한 달 동안 기업과 CEO의 역할을 최대한 많이 배웠다. 그는 애널리스트부터 전직 콘아그라 직원들까지 모든 사람과 대화를 나누었지만 아무도 공급망에 심각한 문제가 있다는 사실을 말해주지 않았다. 리서치 기업들은 명확하고 완전한 그림을 제공한다고 주장하지만 실제로는 모르는 것이 많다. 이사회와 고위 경영진에게서 들은 내용 이상의 정보를 전달하는 것은 그들의 일이 아니기 때문이다. 따라서 당신은 최대한 숨은 정보를 찾아내야 한다.

당신이 만나는 사람들이 모두 정직하지는 않다. 많은 사람이 당신에게 절반의 진실을 말하고, 어떤 사람들은 진실을 은폐한다. 임원들은 사안을 자신에게 유리한 방향으로 설명하면서 투명하게 밝히지 않는다. 안타깝게도, 진실을 가리는 장벽은 CEO 임기 첫날부터 존재한다.

HIDDEN TRUTHS

2

정보 수집 :
'나쁜 뉴스'를
적극 권하고 환영하라

실패한 CEO들의 역사를 살펴보면 공통된 한 가지 주요 원인을 찾을 수 있다. 실패한 리더는 핵심 정보를 완전히 파악하지 못하고 행동했다는 것이다.

이 말은 언뜻 타당하지 않은 것처럼 보인다. CEO들은 직위에 따른 권한, 권위, 영향력 그리고 의사결정에 필요한 풍부한 정보를 얻을 온갖 수단을 갖고 있다. 그러나 대단히 많은 CEO가 자신이 다루는 상황에 관해 부분적이고 불완전하며, 편향되거나 상당히 은폐된 정보와 설명을 제공받는다. CEO의 권한에는 리더들이 성과를 낼 것이라는 기대가 수반된다. 하지만 그들은 대부분 중요한 결정을 내리는 데 필요한 완전하고, 객관적이며, 통합적인 정보가 부족하다.

해군에서 근무했던 한 동료가 내게 짧은 이야기를 들려주었다. 이 이야기는 현명한 리더들이 모든 정보를 얻지 못할 수 있다는 점을 어떻게 깨닫는지 잘 보여준다. 한 해군 제독은 대형 항공모함의 함교에 올랐을 때 두 가지를 확실하게 알게 되었다고 말했다. 자신은 절대 차가운 커피를 건네받지 않을 것이며, 진실을 있는 그대로 듣지는 못할 것이라는 점이었다. 이것은 모든 CEO에게 유용한 조언이다.

조직의 자연적인 위계질서, 인간의 본성과 심리, 경영 관련 의사결정의 스트레스는 진실을 가리는 장애물이 된다. 경영 조직의 위계질서에서 직원은 리더가 기뻐하길 원하고, 적당히 포장하지 않고 진실을 말하면 직장에서 잘릴까 봐 두려워한다. 행동 특성상 사람들은 부정적인 것보다는 긍정적인 것에 집중한다. 대부분 부담되는 소식보다는 좋은 소식을 원한다. 또한 모든 경영상의 의사결정에는 상충관계가 작용하기 마련이다. 균형 잡힌 의사결정에 필요한 근본적인 부정적 요소와 긍정적 요소들을 모두 언급하기보다는, 선택적으로 부분만 공유하는 편이 훨씬 더 쉽다.

정치, 군사, 사회의 역사를 보면 리더들이 대조적이고 편향된 시각들을 보고받고 종종 실패하는 사례들로 가득하다. 이런 상황은 기업도 다르지 않다.

좋은 뉴스가 나쁜 조언이 되는 경우

직장생활 초기에, 나는 '진실에 관한 문제'를 경험했다. 1980년대 제너럴 모터스General Motors, GM를 상대로 컨설팅을 할 때였다. 당시 크라이슬러Chrysler는 미니밴을 출시해 큰 성공을 거두었다. GM의 시장점유율을 잠식했고, 자동차 시장에서 완전히 새로운 영역을 만들었다. 이에 GM 경영진은 경쟁력 있는 미니밴을 설계할 때까지 임시방편으로 기존 상업용 밴을 대폭 개조해 승합차로 만들었다. 이 차는 전면 유리가 아주 커서 차량의 앞부분이 진공청소기처럼 뾰족했다.

엔지니어들은 이 승합차의 새롭고 흥미로운 디자인에 대한 소비자의 반응을 알고 싶었다. 그래서 수백 명의 예비 소비자들이 새로운 콘셉트카를 보고 시장에 출시된 다른 자동차와 비교할 수 있도록 차량을 '자동차 클리닉'으로 보냈다. 결과는 매우 실망스러웠다. 소비자의 반응은 혹독했다. 고등학교 역사 선생인 한 참가자는 포커스 그룹focus group(여론이나 시장 조사를 위해 계층별로 선정한 소그룹 – 옮긴이)에서 인상적인 말을 했다. "운전석에 앉아서 바다같이 큰 앞 유리창을 내다보니 바스코 발보아Vasco Balboa(에스파냐의 탐험가, 태평양 발견자 – 옮긴이)가 태평양을 바라보면서 느꼈을 기분이 들더군요." 다른 사람은 이렇게 말했다. "차량 대시보드 위에 선글라스를 올려놓고 내리막을 내려간 뒤, 선글라스를 다시 집으려면 차가 오르막을 올라갈 때까지 기다려야 할 겁니다." 참담한 결과였다.

비행기를 타고 본사로 돌아오는 길에 엔지니어들은 이 결과를 고위 경영진에게 어떻게 보고할지 논의했다. 그들은 결과가 실제보다 훨씬 나아 보이도록 자료를 가공, 배치, 요약했다. 이후 북미지역의 핵심 고위 임원들에게 결과를 보고할 때 나는 그들의 부정직함에 놀라고 실망했다. 나에게 요약 보고를 요청했을 때 나는 매우 부정적이었다. 그러나 내가 젊고, 차량 설계의 전문지식이 없다는 이유로 내 조언은 묵살되었다. 결국 그 차량 설계는 채택되었고, 시장에서 엄청난 혹평을 받았다. 요즘도 구글에서 '더스트 버스터^{dust buster}' 미니밴으로 검색하면 이 제품을 볼 수 있다.

이런 문제는 세부적인 경영 활동에 국한되지 않는다. 더 큰 전략적 이슈에도 나타날 수 있다. 예전에 나는 웨스트 코스트 서비스 기업의 법률자문위원으로부터 연락을 받은 적이 있었다. 그들은 미드웨스트에 있는 한 회사와 합병을 논의 중이라고 했다. 합병 논의는 '몇 가지 세부 사항'만 잘 조정하면 원만히 마무리될 거라 말했다. 그러면서 합병을 마무리하고 계약서를 작성하는 방법에 자문을 구했다. 최종적으로 마무리할 세부 사항에는 웨스트 코스트에 있는 본사의 위치 결정, CEO와 이사회장의 분리 문제가 있었다. 그들은 웨스트 코스트 CEO가 합병 기업의 CEO가 되고, 미드웨스트 CEO는 짧은 기간 동안 이사회장을 맡을 것이라고 말했다. 또한 새로운 합병 기업의 명칭은 웨스트 코스트 기업의 이름을 앞에 쓸 것이라고 했다. 나는 이런 세부 사항이 미드웨스트 CEO와 이미 합의됐고, 합병을 속히 진행할 모든 준비가 끝난 줄 알았다.

미드웨스트의 법률자문위원 역시 합병 협상이 "거의 마무리 됐고" 세부 사항에 관한 논의 내용은 그의 CEO와 공유했다고 말했다. 그런데 합병 기업의 본사는 미드웨스트에 두고, 미드웨스트의 CEO가 새로운 합병 기업을 이끌며, 그들 회사의 이름이 앞에 올 것을 기대한다고 덧붙였다.

나는 이런 오해에 그다지 놀라지 않았다. 나는 양쪽 법률자문위원이 그들의 CEO에게 진실을 말하길 꺼린다고 느꼈다. 그들은 이런 세부 사항들 때문에 격렬하게 의견이 충돌하여 협상이 결렬될 수 있다는 점을 알았던 것이다.

나는 두 회사의 CEO와 만찬 약속을 잡고 그들에게 말했다. "합병 계획을 진행하기 전에 두 분이 먼저 세 가지 질문에 대답 해야 합니다." 그 질문은 다음과 같았다.

- 누가 새로운 합병 기업의 CEO가 될 것인가?
- 합병 기업의 본사는 어디에 둘 것인가?
- 합병 기업의 명칭을 무엇으로 할 것인가?

그들은 임박해 보였던 협상이 사실상 아무것도 이뤄지지 않았다는 사실을 알고 충격받았다. 결국 각사의 법률자문위원들은 나에게 전화해서 이렇게 말했다. "우리는 기본 사항에 합의할 수 없어 협상이 결렬됐습니다."

이 일화는 CEO가 명백한 진실을 제대로 전달받지 못한 사례를 생생하게 보여준다. 법률자문위원들은 부정직한 사람들이 아니었다. 그들은 두 기업에 긍정적인 합병이 성사되길 원했다. 그들은 낙관적인 입장에서 두 기업이 '세부 사항'을 잘 해결하고, 의견 불일치를 협상할 수 있다고 생각했다. 하지만 두 CEO는 법률자문위원들이 합병 기업의 CEO, 본사 위치, 기업명의 합의를 완전히 투명하게 밝힌다는 가정하에 움직였다. 반면 법률자문위원들은 합병 논의를 계속 진척시키기 위해 협상해야 할 갈등 요소를 대수롭지 않게 다루었다.

이런 사례의 경우 협상 실패로 인한 피해는 없다. 하지만 두 기업의 합병 논의가 시장, 고객, 미디어에 노출되면 그들은 인수나 합병을 노리는 다른 기업의 목표물이 될 수 있다.

손바닥도 마주쳐야 소리가 난다: 진실을 대하는 CEO의 태도

이러한 유형의 정보 결핍은 위계적인 조직에서 잘 알려진 현상이다. 하지만 놀랍게도 많은 CEO가 이런 현실을 받아들이지 못한다. 그들과 조직 간의 자유로운 정보 소통에 중대한 장벽이 존재한다는 사실을 모르거나 부인한다.

많은 신임 리더는 뒤늦게야 경험이 많은 CEO들이 알고 있는 것을 배운다. 직원들과 많이 소통해도 '있는 그대로의 완전한 진실'을 아는 경우는 드물다. 안타깝게도 가장 노련하고 현명한 리더들은 어떠한 개선책도 모든 진실을 파악할 수 없다는 사실을 알게 된다.

나는 많은 CEO와 이 주제로 인터뷰를 진행했다. 거의 예외 없이, 리더들은 진실을 말하는 문제에 주목했다. "이것은 굉장히 중요합니다. CEO를 열망하거나 곧 CEO가 될 사람들에게 꼭 말해주어야 합니다!" 그리고 이렇게 덧붙였다. "하지만 내 상황은 매우 다릅니다. 나는 항상 '진실'을 듣습니다."

내 경험에 따르면, 이는 결코 사실이 아니다. CEO들은 냉엄한 현실을 잘 받아들이지 못한다.

나는 당신이 이 글을 읽고 이렇게 말할까 두렵다. "이 솔직한 충고를 다른 사람들도 들었으면 좋겠군요. 하지만 우리 기업은 사정이 다릅니다. 나는 어떻게 그런 일이 일어나는지 알고 있습니다. 나는 남들과는 다른 리더이기 때문에 내게는 해당되지 않는 이야기입니다." 이런 생각에 빠지지 않게 조심하라!

CEO 재직 기간이 길든, 막 취임했든 당신은 다른 CEO처럼 피해자가 될 일은 없다고 믿을 것이다. 당신이 거대 기업을 다니든, NGO 단체나 학술 단체를 운영하든 그것은 중요하지 않다. 게다가 이런 현상은 국내 시장이 특별히 복잡한 미국뿐만 아니라 글로벌 시장에서도 일어난다. 이와 관련하여 컨설팅 분야에는 한 가지 자명한 이치가 있다. 만일 고객사가 '불완전하고 불충분한 정보가 어떤 회사에는 분명 문제가 되고 있지만, 우리는 다르다'라고 말한다면 그 기업에 그런 근본적인 이슈가 존재한다는 확실한 신호라는 것이다.

CEO들이 의도치 않게 이런 문제를 유발할지도 모른다. 리더가 개방적이지 않거나 상반된 관점에 대해서는 귀를 닫는다면 다른 사람들은 자신의 의견을 조정하게 된다. 리더가 나쁜 소식을 말하는 것을 적극적으로 권장하고 환영하지 않으면 이미 널리 퍼진 문제가 대수롭지 않게 지속될 수 있다. 당신이 '투명성과 토론'을 원한다는 점을 강조하지 않는다면, 임원진은 완전하거나 시의적절한 정보를 피하고 공유할 정보를 얼버무려서 긍정적인 관점에서만 표현할 가능성이 있다. 리더가 분명한 목적을 갖고 권한을 신중히 행사하기보다 처벌을 위주로 하면 정보가 불완전하거나 부정확해진다.

반쪽짜리 진실은 어떤 결과를 가져오는가?

짐 킬츠는 질레트의 CEO가 된 직후 지역사회 리더들과 만나고 포럼에도 참석했다. 그리고 질레트의 비전을 설명하고 오랜 세월 보스턴과 함께해온 기업의 역사를 널리 알렸다. 그는 질레트가 보스턴에 기여한 재정적 후원을 공개적으로 언급했다. CEO로 취임하고 몇 개월이 지난 후 킬츠는 내가 집에서 주최한 저녁 만찬에 참석했다. 그 자리에는 보스턴의 다른 CEO들, 지역 인사, 정치지도자들도 있었다. 킬츠는 질레트와 보스턴에 대한 자신의 생각을 다시 밝혔다. 방에 있던 CEO 중 한 사람이 만찬에서 있었던 일은 비밀이 보장된다는 점을 이용해 킬츠에게 대놓고 말했다. "그렇게 말하면 안 됩니다. 그건 사실이 아니에요. 당신은 잘못된 말을 너무 자주 하는 바람에 오히려 신용을 잃고 있습니다." 그리고 질레트의 역사가 그의 말과 다른 이유를 덧붙였다. 주위의 다른 사람들도 호응했고, 질책을 받은 킬츠는 매우 놀랐다. 며칠 후 킬츠는 나에게 전화를 걸어 그날의 만찬과 참석자들의 솔직한 태도에 감사했다. 그때 얻은 통찰과 자극으로 그는 회사 직원들에게 질레트가 보스턴에서 하는 역할에 관해 냉정하게 질문했다. 그 결과 그들의 지역사회 활동과 위상을 더 완전하고 자세히 알 수 있었다. 그의 직원들이 솔직하지 않았다는 사실은 그가 따로 말할 필요도 없었다. 나를 포함해 만찬에 참석한 모든 사람이 이미 충분히 경험했던 일이기 때문이다.

조직 문화 역시 전체 그림 중 일부를 숨길 수 있다. 큐리그 그린 마운틴 커피Keurig/Green Mountain Coffee는 캡슐커피 머신과 일인용 커피메이커 출시로 엄청난 성공을 거두었다. 그들은 상업시설과 가정에서 커피를 준비하고 소비하는 방식을 혁신했다. 신임 CEO 브라이언 켈리Brian Kelly가 코카콜라사에서 이 회사로 이직했을 때 그는 다수의 혁신적인 파트너십을 통해 커피 제공 방식을 확대하여 새로운 성장을 촉진했다. 또한 차가운 소다수 제조기기 출시 계획을 세워 또 다른 성장을 준비했다. 켈리는 단기 성장에 매우 중요한 파트너십을 구축하고, 새로운 경영진을 구성해 코카콜라사와 협상하는 데 집중했다. 코카콜라사는 이 회사의 대주주 지분을 원했다. 그는 새로운 소다수 제조기기를 연말 쇼핑 시즌에 출시하기 위해 직원들에게 계속 준비 상황을 보고받았다. 그러나 켈리는 새로운 제품 출시의 문제점을 충분히 파악하지 못했다. 큐리그의 네트워크 조직 구조 때문이었다. 프로젝트 책임자는 엔지니어링, 생산, 디자인 설계와 같은 독립적인 집단의 경쟁적인 이해관계를 조정할 권한이 없었다. 물품 조달에 문제가 많았고, 확충된 판매 인력 훈련에도 큰 어려움이 있었다. 그러나 제품 출시를 위한 정기 점검 회의에서는 '잘 대처하고 있는 것'으로 보고됐다.

켈리는 전체 상황을 잘 파악하고 있다고 생각했다. 하지만 그것은 단편적이고 분리된 정보였고, 긍정적인 측면으로 심각하게 가려져 있었다. 켈리는 출시 계획이 여러 문제에 직면했다는 것을 알았지만 얼마나 심각한지는 몰랐다. 이 제품은 연말 쇼핑 시즌에 앞서 중요한 홈쇼 전시장에서 대대적으로 광고됐고 애널리스트에게 높은 기대를 받았다. 하지만 제품은 시장에 늦게 출시됐고, 예상보다 비싼 데다 주요한 설계 결함이 있어 소비자의 반응이 형편없었다. 근래 들어 새로 출시된 소형 가전기기 중 가장 실망스러운 제품이었다. 큐리그가 사모펀드 기업에 매각된 지금까지도 켈리는 이렇게 자문했을 것이다. "왜 직원들은 있는 그대로 말하지 않았을까? 왜 나는 더 다그쳐서 좀 더 일찍 상황을 파악하지 못했을까?"

이것은 절대 예외적인 일이 아니다. 최근에 큰 피해를 입은 기업들의 경영진이 어떻게, 왜 그렇게 대응했는지 생각해보자.

그들은 정말로 진실을 들었을까? 폭스바겐의 엔지니어들이 디젤엔진 시험 방법에 대해 솔직했을까? 웰스파고Wells Fargo 소매 금융 관리자들은 인센티브가 금융상품 끼워팔기에 미친 영향과 유령 계좌 이용에 대해 고위 경영진에게 솔직했을까? 마약성 진통제 오피오이드를 배송하는 물류 담당자들은 이례적으로 높은 오피오이드 중독성을 보이는 특정 지역에 엄청난 양을 공급했다는 점을 경영진에게 '철저하게' 보고했을까? GE 이사회는 급격하게 몰락하게 된 원인인 발전설비 사업의 심각한 상황을 충분히 보고 받았을까? 보잉사의 737 맥스 팀은 항공기 안전시험 방법을 충분히 공개했을까?

HBS에서는 이런 경영 문제를 보여주는 구체적인 사례들을 가르친다. 테라노스Theranos 사례는 카리스마 있지만 심각한 결함을 지닌 CEO 엘리자베스 홈즈Elezabeth Holmes와 그의 유명한 자문위원회 간의 의사소통, 투명성, 진실 공유의 부재를 잘 보여준다. 이 이야기에서 약국 체인 월그린Walgreens과 같은 대형 유통업체들은 대부분 속아서 사기에 해당하는 일에 가담했다. 월그린 체인점들이 벤처기업 테라노스가 실제 어떤 연구를 어떻게 진행하는지 그 상황과 혈액 분석 서비스의 유효성에 관한 진실을 모두 공유했다고 믿는가?

사람들이 모든 뉴스를 CEO에게 전달하도록 적극 권장하고,

조직에서 벌어지는 일들을 CEO와 소통하도록 지속적인 조치를 취한다면 정보 수집을 가로막는 장애물을 극복할 수 있다.

안타깝게도 이러한 리더십 방식은 표준적인 경영 절차가 아니며 엄청난 겸손과 개방성이 요구된다. 또 이로 인해 CEO들이 나약한 존재로 보일 수 있다. 하지만 기업 리더들은 기업의 실제적인 업무 단계에서 상당 부분 배제되어 있다. 그렇기에 적절한 정보를 알기를 원한다면 그들이 불편한 뉴스를 들을 수 있게 적극 권장하는 실제적인 규정이 필요하다. 인간의 본성은 '부정적인 뉴스'보다는 '계속 긍정적인 뉴스를 듣길' 원하기 때문에 의식적으로 행동하게 할 장치가 필요한 것이다.

나는 맥킨지에서 젊은 관리자로 근무하던 초기에 진실의 힘을 경험했다. 당시 우리 회사는 브리스톨 마이어스 스퀴브^{Bristol Myers Squibb}와 컨설팅 계약을 맺고 있었다. 이 기업은 클레롤 프로덕츠^{Clairol Products}, 바이엘 아스피린^{Bayer Aspirin}, 벤^{Ban} 개인 위생제품을 판매하는 대규모 비상장 사업을 비롯해 대규모 소비재 사업을 운영했다. 비상장 사업부의 총괄 관리자는 골치 아픈 미스터리를 해결해 달라고 맥킨지에 요청했다. 자사 제품의 소매 판매량은 꾸준한데 왜 '도매거래'(예를 들어, 브리스톨 마이어스 스퀴브 제품을 벌크 형태로 대량 구매해 '소량으로 재포장'하여 소매점에 공급하는 도매상, 중간매매상, 소매상들) 판매량은 걱정스러울 정도로 감소할까? 브리스톨 마이어스 스퀴브 경영진은 도매업자들이 재고를 모두 정리하고 그들의 재고자산 방침을 바꾸어 제품 보유량을 줄이고 있다고 의심했다. 비상장 사업부 총괄 관리자는 도매업자들이 재고를 정리하는 이유를 찾아주길 원했다. 그는 도매업자들의 구매 행태가 저조한 성과의 근본 원인이라는 경영진의 보고 자료를 믿고 있었다.

연구에 착수하면서 우리는 이렇게 물었다. "도매거래에서 이런 현상이 얼마나 오래 지속됐습니까?" 그들은 3~5개월이라고 말했다. 우리는 '어떻게 그럴 수 있지?'라고 생각했다. 도매업자들이 유통시스템 내에서 그렇게 재고를 정리하는 것은 매우 이례적이기 때문이었다.

우리는 브랜드 관리 모델링 도구를 이용해 지난 몇 년 동안 판매량과 도매거래의 역학관계를 조사했다. 아울러 주요 바이어들의 창고에 찾아가 브리스톨 마이어스 스퀴브의 재고량을 조사했다. 곧 우리는 충격적인 결론에 도달했다. 즉, 도매업자들은 재고를 정리한 것이 아니라 창고에 '쌓아두고' 있었으며, 조만간 제품의 추가 구매가 완전히 중단될 예정이었다.

이 회사의 브랜드팀은 단위 판매량unit sale이 아니라 매출액을 이용하는 탓에 결함 있는 모델과 예측을 사용하고 있었다. 왜? 더 알아보니 브랜드팀이 이런 방식으로 인센티브를 받고 있었기 때문이다. 근시안적인 매출액은 인플레이션, 도매거래 마케팅 trade marketing mix(특별 전시 수당, 홍보 지원 등 도매유통 단계의 수요를 늘리기 위한 마케팅 활동—옮긴이), 판매촉진 활동과 같은 불분명한 이슈에 초점을 맞춘다. 이것들은 모두 도매거래에서 판매되는 패키지, 병, 알약의 실제 수량에 영향을 미친다.

임원들은 몇 주간의 도매 판매량 감소 이후 느낀 약간의 불안감을 경고로 들었어야 했다. 어렴풋이 감지한 느낌을 확인하려고 제삼자를 고용할 필요는 없었다. 그들은 이렇게 말해야 했다. "도매 판매량이 급격히 줄고 있습니다. 당장 이 문제를 자세히 파악해야 합니다." 하지만 브리스톨 마이어스 스퀴브의 임원진은 고위 경영진과 소통할 때 그들의 우려를 완벽히 공유하지 않았고 긍정적인 매출액 증가에만 계속 초점을 맞추었다.

우리가 공식 발표한 연구 결과는 매우 심각한 상황을 분명히 보여주었다. 우리는 도매업자들이 '너무 많은 재고자산'을 갖고 있어 곧 사업부의 매출이 대폭 감소할 것이라고 예측했다. 비상장 사업부 총괄 관리자는 이 발표를 듣고 망연자실한 표정을 짓더니 내 상급자에게 물었다. "이런 상황을 겪은 다른 회사들은 어떻게 되었습니까?" 그가 말했다. "글쎄요. 경영진이 새로 교체됩니다. 새로운 경영진은 보통 이런 전략적 오류를 바로잡기 위해 다음과 같은 일을 수행합니다……."

잔혹한 말이었지만 사실이었다. 실제로 그 이후 몇 분기 동안 매출액은 급격히 감소했고, 총괄 관리자와 그의 팀은 대부분 해고됐다. 결국 몇 년 뒤 브리스톨 마이어스 스퀴브의 비상장 사업부의 자산이 모두 매각됐다. 브리스톨 영업팀과 브랜드팀은 왜 솔직하게 말하지 않았을까? 총괄 관리자는 왜 직원들에게 불완전한 보고를 받았을까? 많은 사람에게 책임을 물을 수 있을 것이다. 판매 및 마케팅 부서 사람들은 고위 경영진의 질문에 대답했을 뿐이라면서 자신의 솔직하지 못한 행동을 변명했다. 그들은 총괄 관리자가 사업 상황을 더 자세히 알기 원했다면 질문해야 했다고 생각했다. 그들 모두 서로에게 잘못을 저질렀다.

리어왕처럼 되지 마라

진실은 상처를 줄 수 있다. 하지만 잘못된 사실에 기초해 결정을 내리면 훨씬 더 큰 상처를 입을 수 있다. 사람들이 나쁜 뉴스를 보고하는 것을 절대 망설이게 하지 마라. 내가 함께 일한 CEO들은 투명성과 다른 관점에 관해 열린 토론을 장려함으로써 '나쁜 뉴스'를 적극적으로 권장한다. 나쁜 뉴스는 전략을 바로잡는 방법에서 가장 귀중한 피드백이 되기 때문에 언제나 환영받아야 한다. 조기에 문제점을 발견하고 진지하게 받아들이면 거의 대부분 바로잡을 수 있다. 반면, 문제점을 슬쩍 은폐하거나 미루면 십중팔구 실패로 이어진다.

나쁜 뉴스로 리더를 화나게 하기보다 기쁨과 만족감을 주려는 우리의 행태는 생각보다 깊이 조직에 각인되어 있다. 리더들도 이런 성향을 의식적이든 무의식적이든 부추긴다. 셰익스피어는 〈리어왕〉에서 이런 행태를 극명하게 보여주었다. 리어왕은 왕위도 물려주기 싫고 세 딸에게 재산을 나눠주고 싶지도 않았다. 왕은 재산 분배를 결정하기 위해 세 딸에게 누가 가장 그를 사랑하는지 물었다. 많은 CEO처럼 리어왕은 모두에게서 좋은 뉴스를 듣고 싶어 했다. 그의 딸 고네릴과 리건의 대답은 리어왕이 듣고 싶은 말이었다. 그들은 누구보다도 더 왕을 사랑한다고 말했다.

하지만 왕의 막내딸(이를테면, '경영진' 중 가장 도전적인 사람)인 코델리아는 뜻밖의 대답을 했다. 코델리아는 왕에게 현실적인 말을 들려주었다. 자신이 결혼하면 아버지 못지않게 남편에게 헌신할 것이라고 말이다. 코델리아는 아버지에게 무례나 배은망덕을 저지르는 게 아니라, 곧 일어날 상황 변화에 대한 진실한 평가일 뿐이라고 조심스럽게 말했다. 리어왕은 막내딸에게 진실은 좋은 것이지만 유산은 받지 못할 것이라고 차갑게 말했다.

리어왕과 마찬가지로, 리더십 유형이나 기업과 영업 활동의 규모에 상관없이 모든 CEO는 리더와 부하직원 간에 빈곤한 의사소통 문제에 직면한다. 빈곤한 의사소통은 반쪽짜리 진실, 불명료함, 진실의 은폐를 낳는다. 셰익스피어의 연극에서 왕의 세 딸 중 두 명은 진실을 숨기고 왕이 듣고 싶은 말을 할 수밖에 없는 것처럼 말이다.

나는 어려운 결정을 앞둔 CEO들에게 자문하는 사람으로서 이런 문제를 직접 경험해왔다. 안타깝게도 많은 리더들은 제삼자의 객관적인 분석이 보여주는 달갑지 않은 진실을 피하고 싶어 한다. 이런 회피 성향을 극복하지 못한 의뢰인들은 중요한 신제품을 출시한 뒤 엄청난 실패를 겪었다. 브랜드 자산가치가 하락하고, 수십억 달러의 손실이 났다. CEO도 모르게 고위 임원들 간에 격렬한 싸움과 불화가 발생하고, 때로는 CEO 자신이 해고되거나 굴욕을 당했다.

기업의 조직 구조 역시 나쁜 뉴스를 숨기는 행태를 강화할 수 있다. 역사적으로 보면 대기업들은 위계적 조직 구조를 이용하여 역할과 책임, 특히 누가 누구에게 책임을 물을 수 있는지 규정한다. 이런 조직 구조는 효율성과 역할의 명료성을 높이지만 보통 정보 공유와 투명성을 권장하지 않는다. 기업 내 정보가 원칙적으로 '조직도'가 규정한 경로를 따라 흐른다면, 조직도에서 '서로 연결되지 않은 부서 간'의 정보 공유는 매우 힘들 것이다. 나쁜 뉴스를 숨기려는 성향이 조직 구조로 강화될 때 진실은 쉽게 누락되거나 왜곡되고, 조직 문화의 한구석에 은폐되기 십상이다.

정보 투명성의 또 다른 도전 과제는 조직에 대한 통합적인 관점을 얻기 어렵다는 점이다. 직원들은 자신의 팀, 부서, 사업부, 업무 영역을 정확하게 보고하려고 노력한다. 하지만 많은 직원들이 다양한 견해가 포함될 수밖에 없는 이슈에 대한 더 통합적인 관점을 공유하기를 꺼린다. '특정 부서'에서 확보한 정보에만 의존하면 구체적인 상황이나 핵심적인 결정을 온전히 설명할 수 없다는 것을 알면서도 말이다. 나는 종종 의뢰인에게 이렇게 말한다. "정보의 수직적 흐름은 당신의 문제가 아닙니다." 직원들은 대체로 직접 할당된 업무나 사업부에 관한 관점을 서로 공유한다. 문제는 흔히 '정보의 수평적 흐름'에서 발생한다. 사업부나 업무 영역뿐만 아니라 기업 전체의 도전 과제를 알려주는 정보, 직관, 또는 통합적 관점을 적극적으로 제공하려는 대담한 임원들은 거의 없다.

CEO 혼자서는 모든 것을 알 수 없기 때문에 최고정보책임자CIO, 자문, 조언에 의존해야 한다. 그들은 상반되거나 대안적인 관점을 권할 수 있다. 적대감이나 질책 없이 이런 관점들을 받아들이면 누구나 허심탄회하게 말할 수 있는 집단 문화와 정직한 분위기를 만들 수 있다. 가장 단순한 방법은 CEO가 더 많이 듣고 적게 말하는 것이다. 안타깝게도 일부 리더들은 많이 말하고 적게 듣는다. 이것은 점차 더 복잡한 경영상의 의사결정을 내리기 위해 여느 때보다 많은 정보가 필요한 시대에 치명적인 결함이다.

CEO는 투명성과 행동방식에서 모범을 보임으로써 직원들이 서로 다양한 관점을 공유하고, 용기를 내어 좋은 뉴스와 나쁜 뉴스를 똑같이 소통하도록 권유할 수 있다. 하지만 또 다른 많은 요인이 이러한 투명성과 위험을 감수하는 문화에 걸림돌로 작용한다.

기업들은 어쩔 수 없이 가장 긍정적인 모습을 보여주려고 좋은 뉴스를 강조하고, 부정적인 모습을 최소화한다. 이를 위해 전략 및 운영 목표 달성을 방해하는 장애물에 너무 집중되는 것을 피한다. 애널리스트, 주주, 행동주의 투자자, 이사회 구성원, 다른 임원 등 많은 이해관계자들은 그들이 바라고 상정하는 긍정적인 뉴스가 계속 이어지길 기대한다.

지속적인 향상을 바라는 투자자의 압력은 강력하다. 연례 공개 보고서Annual public updates, 주주총회, SEC 자료, 애널리스트 보고서, 투자자 콘퍼런스에서는 기업의 자료가 가장 긍정적으로 제시된다. 외부에 이렇게 정보를 '제시'해야 할 필요성 때문에 내부 정보와 성과를 공유할 때 임원진 간의 심층적인 논쟁과 투명성이 위축된다. 당연히 경영진은 기업 내부용 메시지와 대외용 메시지가 일치하길 원한다. 그렇게 CEO가 조심스럽게 긍정적인 것과 부정적인 것 사이의 균형을 맞추면서 기업에 필요한 일을 한다고 위안을 얻는 것은 자연스러운 일이다.

다행스럽게도, 진실을 받아들이는 것이 기업과 직원에게 큰 이익이 된다. 비록 현재로서는 CEO가 솔직한 정보를 접하는 경우가 일상이 아닌 예외적인 일에 가깝기 때문에 우리는 '전략'을 강구해야 한다. 진실을 장려하는 기업과 조직 문화를 만들기 위해 대담하게 움직이려면 우선 정직한 의사소통을 방해하는 몇 가지 공통된 장벽을 알아야 한다.

첫 번째 장애물: 지난날 성공에 대한 과신

정상에 있으면 외로울 뿐만 아니라 고립된다. 당신이 처음 대기업의 CEO나 리더가 되면 이전에 낮은 직위의 간부일 때 형성한 신뢰할 만한 정보 네트워크와 단절된다. 심지어 CEO가 된 지 몇 달 또는 몇 년 뒤에도 고립된 상태로 지낼 수 있다. 직위 자체가 정직한 피드백의 걸림돌로 작용한다. 따라서 CEO들은 종종 '지난날의 성공'에 의존하게 된다. 즉, 이전 직장에서 성공을 가져다준 전략, 모델, 아이디어에 의지한다.

HBS에서는 이런 문제를 구체적으로 보여주는 사례를 가르친다. 론 존슨^{Ron Johnson}은 많은 사람에게 마케팅 천재로 인정받았다. 그는 애플, 타깃^{Target}에서 마케팅 최고책임자로서 엄청난 성과를 올린 뒤 J. C. 페니^{J. C. Penny}의 CEO가 되었다.

존슨은 새롭게 개설한 애플 스토어 디자인 콘셉트로 가장 유명하다. 그는 매장 내에 혁신적인 고객 서비스를 제공하는 '지니어스 바^{genius bar}'를 출시했다. 타깃에서 일할 때 그는 유명 건축가 마이클 그레이브스^{Michael Graves}와 협업한 주방용품 라인을 포함해 타깃의 수많은 '하이 디자인^{high design}(실용성보다는 예술성을 강조하고 재료 자체 특성을 살린 디자인—옮긴이)' 제품을 제시한 상품기획자였다. 하지만 그의 사업적 성취는 J. C. 페니의 CEO가 되면서부터 극적으로 추락했다. 그의 재임 기간은 고작 17개월이었다(2011년 11월에서 2013년 4월까지).

존슨의 J. C. 페니 '반전' 전략은 전통적인 소매 판매 원칙과 상반됐다. 그는 쿠폰과 낮은 가격을 피했고 그래서 가격경쟁력이 없었다. 판촉 활동이나 다른 전통적인 판매 기법도 포기했다. 한층 더 도전적인 것은 매장 내에 부티크를 설치하는 아이디어였는데, J. C. 페니의 기존 소비자들과 그다지 어울리지 않았다.

아무런 사전 시험도 없이, 심지어 새로운 매장 디자인을 완성하기도 전에 성급히 그의 전략을 밀어붙인 것은 더 큰 재앙이었다. 관찰자들은 이런 점들을 그의 중요한 실책의 요인으로 보았다.

우리가 존슨을 MBA 수업 강사로 초청했을 때, 그는 CEO 직책에서 자신이 제대로 알지 못한 부분이 많았다고 솔직하게 인정했다. 그는 많은 이해관계자의 밀착된 시선에 시달렸고, 그가 인계받은 기업은 유연성이 부족했다. 존슨에게 실패한 핵심적인 이유를 묻자 그는 '상황에 대한 오만'이라는 말로 표현했다.

존슨은 애플에서 배운 영업 방식을 상황이 매우 다른 J. C. 페니에 그대로 적용했다. 그의 전략이 실패한 것은 두 기업의 판매 환경이 완전히 다르기 때문이다. J. C. 페니의 평균 판매단가는 63달러였다. J. C. 페니는 중산층 소비자가 주요 대상인 기업으로 소비자와의 상호작용이 대부분 매장에서 일어난다. 반면 첨단 기술을 적용하는 브랜드인 애플의 평균 판매단가는 600달러 이상이며, 소비자들은 애플 제품이 매장에 진열되기 오래전부터 충성고객이었다.

존슨은 이전에 엄청난 성공을 거둔 경험 때문에 자신을 과신 또는 오만했던 것 같다고 인정했다. CEO들은 전통적인 동료 네트워크, 즉 CEO에게 솔직하게 터놓고 소통하며 실제적인 점검 역할을 하는 네트워크가 사라지면서 자연스럽게 고립된다. 그렇기 때문에 존슨 역시 과거의 경험을 이용했다.

이 이야기에서 종종 간과되는 점이 있다. 존슨이 J. C. 페니에 들어갔을 때 타깃과 애플의 몇몇 '부하직원'들도 같이 와서 일했다는 것이다. 그가 새로운 도전의 장에서 함께 일하기 위해 선택한 사람들은 예전 직장의 동료들이었다. 또한 과거 J. C. 페니의 성공에 핵심적인 역할을 했던 공급자들과 기존 소비자들을 잘 아는 전직 임원들도 함께 일하기로 결정했다. 여기서 이런 의문이 생긴다. J. C. 페니의 핵심 임원들은 실패할 가능성이 큰 존슨의 전략을 왜 반박하지 않았을까? 그들은 존슨의 예전 직장 동료이거나 J. C. 페니의 전직 임원이었는데도 왜 주저하는 태도를 취했을까? 적어도 그들 중 한 사람은 존슨의 성급한 변화가 실패할 거라고 예상했을 것이다. 그런데 왜 그들은 존슨의 '상황에 대한 오만'에 대응하지 않았을까?

J. C. 페니의 새로운 상황에서 그들과 존슨의 관계는 애플과 타깃에서 함께했던 관계보다 약화되었다. 그들은 J. C. 페니에서 솔직한 태도를 보이면 '무엇이 옳은지 아는' 새롭고 탁월한 경영진의 일원이 되지 못할까 봐 두려웠을지도 모른다. J. C. 페니의 전직 임원의 경우 새로운 방향으로 단호하고 힘차게 나아가는 신임 CEO에게 질문할 '입장'이 아니라고 생각했을 수도 있

다. 존슨은 이사회와 행동주의 투자자들에게 강한 압력을 받고 있었고, 그래서 그들은 존슨이 정직하게 말하는 사람을 심하게 질책할 거라고 생각했다. 이런 두려움이 진짜든, 단순한 상상이든 결과는 똑같았다. 그들은 평가에 침묵하거나 과도하게 긍정적인 피드백을 제공했을 것이다.

존슨이 HBS 강의실을 떠난 뒤, 나는 학생들이 이 사례의 또 다른 중요한 교훈을 명심하여 훗날 존슨 같은 실수를 피하길 바랐다. "여러분, 이것 한 가지를 꼭 명심하세요. 마케팅 책임자가 되는 것보다 CEO가 되는 것이 훨씬 더 어렵습니다." 그 말은 나에게 유독 뼈저리게 다가왔다. 론 존슨은 훌륭한 임원이었다. 그는 위대한 마케터였다. 하지만 이 모든 사업적 성공에도 불구하고, 아니 그 성공 때문에 존슨은 여러 실책을 범했다. CEO라는 직책의 본질적인 특성이 고립이기 때문이다. 그는 올바른 결정을 내리는 데 필요한 정보를 모두 갖지 못했다. 그가 모든 정보를 원하지 않아서가 아니라 CEO라는 직책이 그것을 어렵게 만들기 때문이었다.

두 번째 장애물: 두려운 현실을 인정하지 않으려는 태도

GM에 관한 또 다른 이야기가 이런 걸림돌을 설명하는 데 도움이 될 것 같다. 현재 기업 환경이 무시무시하고 또 우리가 두려워하는 것을 쉽게 무시하거나 부인한다는 점을 고려하면, 이 이야기의 교훈은 훨씬 더 적절할 것이다. 1980년대 GM은 강력한 대기업이었다. 이 회사는 미국 전체 자동차의 40퍼센트 이상을 판매했고, 미국 경제에서 최대 규모의 제조기업이었다. 1980년대 말 CEO 로저 스미스Roger Smith가 은퇴하고, 1990년에 로버트 스템플Robert Stemple과 로이드 러스Lloyd Reuss가 각각 최고 직위로 승진했다. 스템플은 신임 CEO였고, 러스는 국내 운영책임자였다.

당시 일본 수입 제품이 위협적으로 다가오고, GM이 수십 년간 누려온 시장 지배력은 약화되고 있었다. 맥킨지는 GM에서 미국의 판매 및 마케팅 분야의 새로운 도전 과제를 폭넓게 조사해 달라는 의뢰를 받았다. 우리는 기업 운영을 분석하고 검토할 때마다 고위 경영진이 시장점유율에만 집착한다는 점을 매번 강조했다. 시장점유율은 저금리 대출, 리베이트, 딜러 인센티브, 플릿 판매fleet sales(개인이 아니라 관공서, 기업 등 법인에 대량으로 판매하는 것—옮긴이)로 유지되고 있었다. 이것은 GM의 수익성이 나빠지고 있음을 의미했다. 간단히 말해, 이런 정책은 GM에 구멍을 내고 있었다. 시장점유율은 유지됐지만 차량당 기본 마진은 급격히 줄어 영업이익이 매우 우려스러웠다.

우리는 이런 상황에 대해 다양한 '차종별 사업부'(쉐보레, 폰

티악, 올즈모빌, 캐딜락, 뷰익, GMC)의 총괄 관리자들과 깊고 광범위하게 논의했다. 이들은 러스에게 직접 보고하는 간부들이었다. 우리는 몇 번이나 총괄 관리자들에게 악화된 마케팅 상황을 GM의 CEO와 다른 고위 임원들과 공유하라고 촉구했다. 하지만 그들은 경쟁력 악화 상황에 대해 있는 그대로 보고하지 않았다. 어떤 이들은 시장점유율에 집중하는 게 잘못됐다는 점을 납득하지 못했고, 어떤 이들은 새로운 경영진에게 계속 '좋은 평가'를 받고 싶어 했다. 또 어떤 이들은 다른 총괄 관리자들에게 비난의 화살을 돌렸다. 자신들이 담당하는 자동차나 소형트럭은 성공을 거두고 있기 때문에 자기 책임이 아니라고 생각했다. 우리 팀이 무엇을 요청하든, 진실은 GM의 전체 경영진에게 제대로 전달되지 않거나 이해조차 되지 않았다. 악화되는 상황을 정직하게 자세히 보고하는 것보다 그들의 입장을 합리화하거나 문제를 부정하는 것이 더 쉬웠다.

아무리 노력해도 핵심 라인의 리더들이 진실을 보고하지 않자, 나는 직접 러스를 만났다. 나는 시장점유율뿐 아니라 이윤도 균형 있게 고려하는 방향으로 회사의 초점을 확실하게 바꿀 필요성을 설명했다. 우리는 '속 빈 강정' 같은 매출액에 대해 논의했다. 리베이트와 저금리 대출 등을 이용한 시장점유율의 강조는 이익 감소를 초래하고 있다는 점도 언급했다. 특히 신차를 렌털 방식으로 판매하는 양이 늘고 있다고 말했다. 이 렌털 차량은 3~6개월의 리스가 끝나고 반환을 받으면 중고차 시장에 경매로 재판매됐고, 그 결과 가격 하락 압력이 발생했다. 나는 이 문제를 직설적으로 이렇게 요약했다. "GM은 '시장점유율을 렌털하고' 있는 겁니다. 결국 나중에는 시장을 잃고 말 것입니다."

그 당시 GM의 많은 임원처럼 러스도 상투적으로 "알겠습니다."라고 대답했다. 하지만 그는 자신이 직면한 무서운 현실을 완전히 파악하지 못했다. 나 혼자, 그것도 젊고 '차량을 잘 모르는 전문가'인 외부인만 그런 말을 했기 때문이다. 그의 동료 직원들은 이 같은 진실을 보고하지 않았다. 러스는 시장점유율이 40퍼센트로 회복하면 모든 게 괜찮아질 것이라고 거듭 말했다. 나는 국내 운영책임자로서 그의 위치가 위태롭다고 경고했다. 안타깝게도 실제로 그는 위험한 상황이었고 결국 1992년에 사임했다.

일부 기업은 가까스로 정직한 보고를 기업 문화로 정착시켰다. 그들은 부정적인 영향을 겁내지 않고 즉각 도전적인 현실을 인식한다. 도요타 생산시스템은 정직한 보고가 품질과 효율성의 급격한 개선으로 이어진다는 점을 보여주는 대표적인 사례다. 이 시스템에서 공장노동자들은 조립라인에서 발견한 문제와 결함을 언제든 보고할 수 있으며, 이에 대해 자율적 권한과 보상이 주어진다. 그들은 중요한 문제를 발견하면 생산 진행에 의문을 제기할 수 있는 권한을 부여받는다. 하지만 한때 도요타에서도 투명성을 유지하는 데 실패했다. 2009년에 그들은 일부 차량에 사용된 미끄럼방지 제동장치의 결함 문제를 외부 이해관계자들에게 정직하게 밝히지 않았다. 그럼에도 사람들은 도요타 생산 시스템을 다시 배우고 있다. 도요타는 힘든 진실을 피하려는 경향을 보이는 많은 기업과는 다른 사례이기 때문이다.

세 번째 장애물: 통합적 시각의 부재

나는 획기적인 신상품 출시를 앞둔 한 제약회사를 컨설팅했다. 이 기업은 연구 및 개발에 돈과 시간을 상당히 많이 투자했다. 모두가 이 제품이 시장의 판도를 바꿀 것이라고 낙관했다. 회사의 CEO 나탈리는 이 약품이 그의 신생 기업에 엄청난 수익을 안겨줄 것이라고 보았고, 제품 출시를 위한 직원들의 노력과 성과에 매우 기대가 높았다.

나는 빠르게 확장되는 경영진의 교육 및 훈련에 컨설팅 초점을 맞추었다. 기업이 계획하고 경영진이 바랐던 만큼 상황이 잘 풀리지 않는다는 사실을 알아차리는 데는 오랜 시간이 걸리지 않았다. 신제품은 12월에 출시할 예정이었다. 나는 CEO와 인사부서 책임자와 함께 기업의 다양한 부서들이 잘 협력하여 시장에 더욱 집중하도록 지원할 예정이었다. 모든 교육훈련 모임은 신제품 개발 활동과 곧 다가올 출시에 관한 임원들의 우려를 논의하며 끝났다. 우리는 신제품과 관련된 심각한 경쟁 상황과 법적 문제를 논의했다. 일부 핵심 공급자를 상대로 상당히 많은 법률 소송이 제기되어 있었다.

이 회사는 매우 폐쇄적이어서 업무부서가 엄격하게 나뉘어 있었다. 판매부서는 연구개발부서와 분리되어 있었고, 연구개발부서는 생산부서 사람들과, 생산부서는 공급망관리부서와 각각 분리되어 있었다. 한 명의 프로젝트 관리자가 명목상 이런 부서를 조율하는 책임을 맡고 있었다. 하지만 그는 제품 출시 업무에 과도하게 시달렸고, 주어진 권한보다 더 많은 영향력을 행사하고 있었다. 그래서 기업의 어떤 사람도 나탈리에게 문제점을 말하지 않았다. 기업의 다양한 부서들은 효과적으로 협업하지 못했고, 다가오는 제품 출시를 제대로 준비하지 못하고 있었다.

나는 나탈리에게 그런 목소리를 경청하라고 경고하고 싶었다. 안타깝게도 회사 내부뿐만 아니라 외부에서도 CEO가 그런 경고를 듣지 못하게 막는 장벽이 존재했다. 내가 나탈리와 이야기를 나누려면 인사책임자(나의 의뢰인)에게 허락을 받아야 했다. 그럼에도 나는 인사책임자를 자주 만났고, 나탈리와 직접 소통하려고 노력했다(그는 나의 친구였고 지금도 그렇다). 나는 다양한 부서의 직원들이 제기하는 문제들을 논의하기 위해 그에게 만나자고 요구했다. 인사책임자는 나의 그런 소통 노력을 전혀 도와주지 않았다. 아마 나의 우회적인 시도에 화가 났을 것이다. 하지만 상황은 '실패를 만회할 시기'가 이미 지나 있었다. 그는 성공적인 제품 출시를 위한 계획과 실행에 집중적으로 매달렸지만 잘못을 수정할 기회가 없었다. 제품 출시는 결국 실패했다.

CEO들이 기업에 대한 통합적 시각을 요구하는데 각 부서 구성원들이 자신의 업무 영역만 들여다보게 되면 그러한 협소한 관점 때문에 피해가 발생한다. 올바른 의사결정을 내리려면 경영진은 자신의 직접적인 업무 영역 밖의 상황을 잘 파악해야 한다. 이를 위해선 기업의 다른 부서를 대표하는 임원들에게 심층적인 질문을 던져야 한다. 질문을 받은 사람들은 나쁜 뉴스를 전달하거나, 자신의 실수를 드러내거나, 자기 부서의 업무 성과가 저조하다는 점을 인정해도 처벌받지 않는다는 것을 믿어야 한다.

진실을 공유하는 문화로 만드는 법

회사의 뿌리 깊은 관례와 사고방식 탓에 진실이 종종 은폐된다는 점을 고려할 때, 이런 문화를 바꾸는 것은 매우 어려워 보일 수 있다. 하지만 변화는 가능하다. 여기 변화에 착수하는 다섯 가지 방법이 있다. 일단 시작하면 기업의 수직적 관계와 수평적 관계에서 진실을 말하는 것을 촉진하는 다른 방법들도 발견할 수 있을 것이다.

1. **개방성과 솔직함을 권장하는 개인적인 스타일을 개발하라:** 흔히 CEO들은 결코 실수하지 않는 것처럼 보이고 싶은 교만 또는 압력에 시달린다. 하지만 실수하지 않는 인간은 없다. 이런 생각은 빨리 버릴수록 낫다. 개인적인 강점(지식, 능숙함, 조직 내 신뢰를 북돋우는 것)은 좋은 뉴스든 나쁜 뉴스든, 솔직함을 권장하는 개방적인 태도에서 비롯된다는 것을 깨달아야 한다. 이런 행동을 시범적으로 보여주고, 동시에 부정적인 뉴스를 전하는 직원들에게 보상을 주어 사람들을 끌어당겨야 한다. 이는 당신이 새로운 상황에 적응할 수 있다는 점을 보여주며, 이로 인해 다른 사람들과 더 많은 정보를 공유하게 된다. 그 결과 당신은 훨씬 더 나은 정보를 이용해 의사결정을 내리게 될 것이다.

2. **위계적 관계를 피할 수 있는 프로세스를 설계하라:** 전통적인 조직은 정보의 흐름을 막거나, 권고 사항을 '두리뭉실하게 만

들어' 상위직급으로 올라갈수록 정보가 불분명해진다. 사람들은 자신이나 자기 업무가 가장 좋아 보이는 방향으로 정보를 공유한다. 이런 성향과 싸우지 말고, 과제나 주제에 대해 제2, 제3의 의견을 구하는 방식으로 새로운 정보 채널을 확보해야 한다. 이를 위해 다른 부서 사람들(임원진, 각 업무 부서, 사업부 등)에게 같은 주제로 보고하도록 요청해보라. 그들은 다른 관점에서 분석한 내용을 보고할 것이다. 다양한 시각을 통해 이슈나 상황에 대해 더 명료한 관점을 얻을 수 있다. 기업의 성과를 단일한 시각으로 바라볼 때 수반되는 사각지대의 문제를 피할 수 있다.

3. **인센티브를 이용하여 개방성을 촉진하라:** 기업에서 정직한 보고를 가로막는 주요 장애물 중 하나는 자원을 둘러싼 경쟁이다. 경쟁이 아니라 협업을 권장하는 인센티브 구조를 갖추면 낮은 성과를 감추거나, 어떤 사업부의 문제점을 투명하게 밝히지 않으려는 동기가 대부분 사라진다. CEO들은 내부 경쟁을 최소화하는 방향으로 경쟁 구조와 직원 보상 및 승진 방식을 만들 수 있다. 포트폴리오 관리자가 사업 단위별로 이익과 손실을 책임지는 방식 대신, 경영진이 기업 전체에 관심의 초점을 맞추어야 한다. 그러면 자원배

분을 놓고 싸우고, 다른 사업부를 희생시키면서 더 나은 성과를 올리려는 욕구를 없앨 수 있다. 각 사업부의 임원들은 동일한 자산 포트폴리오에서 보상을 받으면 서로 개방적으로 바뀐다.

4. **한발 물러서서 더 큰 그림을 보는 방법을 찾아라**: 나무에 너무 가까이 다가서면 얼마나 큰지 볼 수 없다. 외부인의 시각을 확보하는 것은 매우 중요하다. CEO들은 대부분 계획과 전략의 세부 사항에 너무 매몰된 나머지 올바른 관점을 잃는다. 한 걸음 물러서서 큰 그림을 보는 방법 중 하나는 컨설턴트를 고용하는 것이다. 분명히 말하지만, 컨설턴트로서 나는 이 문제에 완전히 객관적이지 않다. 이것은 CEO가 폭넓은 관점을 얻을 수 있는 유일한 방법은 아니다. 두 번째로 일상적인 업무에서 벗어나 중요한 변화를 숙고하기 위해 사무실에서 물리적으로 떠나는 방법, 즉 업무 현장에서 벗어나는 방법이 있다. 세 번째 방법은 역할극 활동이다. '레드팀'에게 경쟁자 역할을 맡기고 그들이 당신을 어떻게 바라보는지 자세히 말하게 한다. 존경받는 HBS 전 교수 클레이턴 크리스텐센Clayton Christensen은 하나의 전체로 만들기 위해 기업의 각 부분을 창의적으로 파괴해야 한다고 믿는

다. 하나의 팀은 이런 창조적 파괴의 모습과 그것의 결과에 대해 논의할 수 있다. 경우에 따라서 CEO들은 이사회에 기업을 독립적으로 평가해 달라고 요청할 수도 있다.

5. **좋은 뉴스와 나쁜 뉴스를 전달하는 사람 모두에게 보상하라:** 성공한 CEO와 리더들은 나쁜 뉴스를 환영할 뿐만 아니라 그것을 예상한다. 나쁜 뉴스를 듣지 못하면 그들은 이렇게 질문한다. "내가 듣지 못한 게 있습니까?" 관찰자들은 '나쁜 뉴스'를 들으려는 이런 태도가 곧장 부정적인 전망과 까다로운 기질에서 비롯된다고 추정하지만, 위대한 리더와 성공한 CEO들은 이런 의구심을 긍정적인 것으로 바꿀 수 있다.

위대한 CEO들은 임원들이 실패할 수 있으며 진실을 숨기고 인정을 받으려는 성향이 있다는 것을 직관적으로 이해한다. 그들은 마음을 누그러뜨리고, 보고를 환영하고, 도움을 요청하는 방식으로 대응한다. 또한 노련한 CEO들은 다음과 같은 내용을 배운다.

A. **자신이 모른다는 것을 인정하고 배우길 원한다.** 보고하는 직원에게 리더가 높은 지위를 직접 또는 간접적으로 이용하여

자신이 똑똑하고 '남들보다 더 많이 안다'는 점을 강조하면 대화의 문은 닫힌다. 리더가 가진 지식의 약점과 공백을 인정하고, 이것을 권위의 취약점이 아니라 인격적인 장점으로 여겨라.

B. **위계질서에 개의치 않고 모든 사람에게 질문한다.** 성공한 리더들은 항상 모든 사람의 직접 보고를 통해 정보나 의견을 얻는다. 또한 여러 사무실을 방문할 때 만나는 직원들에게 피드백을 요청한다. 나는 리더들이 공항까지 태워다주는 운전사와, 건물에서 이동할 때 자신을 수행하는 직원들과 대화를 나누는 것을 보았다. 좋은 리더는 최일선 판매점의 소비자와 공급업자에게 전화를 걸어 현장의 시각을 얻으려고 할 것이다. 또 다른 CEO는 현장에 갈 때 반드시 딜러나 다른 현장 직원들을 만났다.

C. **배운 내용에 대해 고맙다고 말한다.** 정보나 지식을 얻으면 감사를 표시해야 한다. 말을 퍼트린다는 이유로 '메신저를 절대 죽여서는 안 된다.' 그렇게 되면 미래의 메신저는 더 이상 정보를 전달하지 않을 것이다. 보고 내용이 뜻밖이거나 나쁜 경우에도 긍정적으로 반응하는 방법을 강구하라. "당

신이 말한 내용은 정말 중요합니다. 정보를 공유해줘서 고맙습니다. 내가 알아야 할 다른 내용은 없습니까?"라고 말하는 것의 가치를 과소평가해서는 안 된다.

실패를 용인하고 완전한 진실에 귀를 기울여라

끝으로, 기업 내에서 진실을 말하는 것은 실패를 어느 정도 용인하는가에 영향을 받는다. 실패 보고를 환영하는 문화를 통해 품질과 생산성을 개선하는 중요한 정보를 얻을 수 있다. 이런 문화를 창출하는 것은 가능하지만, 희망적 사고가 아니라 장기적이고 의도적인 노력이 필요하다. 대여섯 번의 실패를 겪고 성공을 거두는 CEO를 기꺼이 받아들이는 기업은 거의 없다. 단기적으로는 실패를 용인하기 힘들지만, 이것은 장기적인 성공에 매우 중요하다. 실패와 그에 대한 보고를 수용하는 문화를 발전시키면 완전한 공개 및 정보를 권장하는 직장을 만들 수 있으며, 그것을 기업의 이점으로 활용할 수 있다.

HIDDEN TRUTHS

3

이해관계자 관리 :
이해관계자들의
요구에 적응하라

대부분의 신임 CEO들은 다양하고 많은 이해관계자들이 만남을 요구한다는 점을 잘 알고 있다. 하지만 이런 요구가 감당하기 힘들 정도일 거라고 생각하지도, 준비하지도 못한다. 대체로 그들은 이전의 고위직에 있을 때처럼 이를 충분히 해낼 수 있다고 생각한다. 혹은 다른 CEO나 임원들에게 배운 교훈을 적용하여 지위의 변화에 쉽게 대처할 수 있다고 자신만만해한다.

하지만 실제로 신임 CEO들은 대부분 엄청나게 많은 요구에 충격을 받는다. 고객, 거래처 사람들, 구매측 애널리스트와 판매측 애널리스트, 규제당국, 직원 단체, 공급자들, 노동조합, 동창회, 퇴직자, 수많은 정치 단체, 잠재적 행동주의 투자자, 지역사회 리더들이 모두 CEO의 시간과 관심을 집요하게 요구한다. 시간 단위로 뉴스가 업데이트되고, 트위터, 인스타그램 등 여러 소셜미디어를 이용하게 되면서 CEO들은 이전에는 비교적 쉽게 예상하고 관리했던 이슈들을 훨씬 더 통제하기가 힘들어졌다. 그 대신 그들은 아무런 경고도 없이 일과를 방해하는 사건에 거의 즉각적으로 대응해야 한다.

CEO들은 이런 집단들의 상충된 요구에 최대한 대응하려고 노력한다. 하지만 엄청난 활동 압박과 그것이 자신의 업무 일정에 미치는 영향 때문에 당혹감을 느낀다. 신임 CEO들은 임기 초기의 너무 빡빡한 일정 탓에 CEO의 우선순위 과제인 운영 및 전략 관련 문제를 해결할 시간이 부족하다.

또한 이전에 사업부 리더 또는 간부였을 당시 그들은 직접 보고를 통해 자신이 담당하는 이해관계자들의 요구에 대응할 수 있었다. 여의치 않으면 그들을 상급자와 CEO에게 '의뢰'할 수 있었다. 이전 직책에 있을 때 그들은 이런 압박을 어느 정도 알고 있었지만 완전히 이해하지는 못했다. 그들은 CEO가 직면하는 현실의 폭과 강도를 충분히 관찰할 수 없었다. 그 결과 임원들은 이런 요구를 관리하는 데 필요한 우선순위 설정과 상충된 요구를 조율하는 경험이 부족할 수 있다.

그래서 신임 CEO들은 주요 이해관계자들 대다수가 최고책임자를 직접 만나지 않으면 만족하지 못한다는 사실을 그 자리에 올라서야 알게 된다. 그런데 정말로 대면 요청이 너무도 많기 때문에 CEO들은 모든 이해관계자를 완전히 다 만나볼 수 없다. 신임 CEO들은 우선 이 점을 인지해야 한다. 그리고 초기에 맹렬하게 제기되는 다양한 요구를 잘 헤쳐 나가기 위해 우선순위와 프로세스를 만들어야 한다. 풍부한 정보에 근거해 상충된 요구를 조율하고 모든 요청에 응하지 않는 방법도 배워야 한다. 그리고 신임 CEO로서 필요한 운영 및 전략적 의사결정을 내릴 시간을 확보하기 위해 요구에 대한 한계를 설정하고, 만일의 상황에 대비한 비상 계획도 만들어야 한다.

미친 듯이 바쁜 일정과 끝없는 요구

사무실에 앉아 하루를 시작하면서 매우 중요한 전략 문제를 숙고하는 모습을 상상해보자. 비서실장이 들어와서 이렇게 말한다. "오늘 예정된 회의 일정은 20개입니다. 그리고 몇 가지 중요한 메시지에 회신해야 합니다." 전략을 다루기에는 할 일이 너무 많다. 맥킨지의 전 선임 파트너 도미닉 캐서리Dominic Casserley는 수십억 달러 규모의 보험중개 회사 윌리스Willis의 CEO가 되었다. 그가 CEO 임기를 시작한 직후 비서실장이 그에게 '20개

회의 일정'을 보고했다. 그는 제대로 관리하지 않으면 일정을 통제할 수 없다는 것을 알고 크게 놀랐다. 게다가 캐서리는 엄청나게 다양한 이해관계자들의 우선순위를 정하는 일이 매우 어렵다는 것을 알고 분통이 터졌다. 이해관계자들은 모두 그가 직접 그리고 즉각적으로 살펴주기를 요구했다. 이외에도 캐서리는 임기 초 몇 개월 동안 예기치 못한 강력한 규제, 회계감사, 주주들의 요구사항에 직면했다.

다행히 캐서리는 노련한 CEO들이 사용하는 분류와 위임 방법을 받아들였다. 그는 모든 이해관계자들과의 만남이 요구 즉시 이뤄지지 않아도 된다는 점을 곧 깨달았다. 목소리가 가장 큰 이해관계자가 항상 가장 중요한 문제의 당사자는 아니었다. 응급실의 의사처럼 CEO들은 자신의 일정에 맞추어 사람들을 분류하고 우선순위를 정해야 한다. 금융 문제를 예로 들면, 신임 CEO는 임기 초에 법률자문위원과 최고재무책임자의 도움으로 이해관계자들의 요구에 대응할 수 있다. 그들은 그들이 가진 경험과 전문지식을 이용해 신임 리더가 우선순위를 정하도록 도와주고, 다양한 이해관계자를 대응하는 책임을 대신 떠맡을 수 있다. 그들이 CEO에 쉽게 접근할 수 있으면서도 해당 분야에서 높은 직책을 맡고 있어 이해관계자들에게 신뢰를 주기 때문이다.

매우 노련한 카운슬러였고, 주요 기업의 리더이자 주요 지역의 책임자였던 캐서리조차도 윌리스에서 보낸 처음 며칠 동안 중압감을 느꼈다. 캐서리는 이렇게 회상했다. "나는 컨설팅 경력과 다른 리더 직책의 경험 덕분에 초기의 거센 요구에 대응할 자신이 있었습니다. 하지만 나를 만나겠다고 요구하는 수많은 사람 때문에 충격을 받았죠. 내 일정은 몇 주 동안 나의 것이 아니었어요."

캐서리가 그랬듯이 이런 리스크는 복잡한 업무를 처리하는 법을 배운다고 해서 사라지지 않는다. 이해관계자 관리에 대한 요구는 일반적인 경영 업무에서 늘 제기되는 것이기 때문이다. 여기서 코닥Kodak의 신임 CEO 제프 클라크Jeff Clarke가 직면한 도전을 살펴보자.

클라크는 코닥이 완전히 추락해 위기에 처했을 때 CEO에 취임했다. 수많은 이해당사자들이 줄지어 찾아와 클라크가 이 상징적인 기업을 어떻게 할지에 대해 로비를 하거나 제안했다. 파산 상태에서 벗어나고 있었던 코닥은 적응에 실패한 기업이 어떻게 되는지 보여주는 실물 교재가 되었다. 코닥은 뉴욕 로체스터에 본사를 두었기 때문에 뉴욕 북부지역 및 로체스터 지역 사회의 경제와 지식의 중심이었다. 이 지역의 많은 사람이 한때 자랑스럽고 혁신적인 코닥에 생계를 의존했다. 당연히 지역 사회는 이 기업의 미래와, 회사가 더 추락할 경우 대규모 실직과 지역 전체에 미칠 악영향을 크게 우려했다. 퇴직자들은 연금 상실을 걱정했고, 직원들은 일자리를 잃을지 몰라 두려워했다. 지역 교육 기관들은 코닥의 유명한 연구시설들이 더 이상 학생들을 끌어들이지 못할까 봐 걱정했고, 소매업자들은 소득 상실을 염려했다. 행동주의 투자자와 애널리스트들은 코닥이 디지털 세계에서 시장지배적 지위를 상실함에 따라 최소한 어느 정도 가치를 인정받기 위해 조직을 쪼개어 사업부별로 매각될 것이라고 밝혔다.

끔찍한 일은 이것뿐만이 아니었다. 클라크가 CEO가 된 첫 주에 이사회는 코닥의 주요 사업부인 필름 사업 폐쇄의 타당성에 관해 의견을 제시해 달라고 요구했다. 그것은 깊은 고심과 예측이 필요한 주제였다. 그의 의견은 회사의 재무 상태는 물론 미래 전략과 생존 가능성을 미리 보여주는 것이었다.

여러 이해당사자는 문자 그대로 그의 말 한마디 한마디에 신경을 썼다. 그들은 클라크가 시간을 어떻게 보내는지, 누구와 이야기를 나누는지, 어떤 공장을 방문하는지, 누구를 경영진으로 영입하는지, 그가 기업에 대한 헌신의 표시로 웨스트 코스트의 집에서 로체스터로 이사하는지와 같은 개인적인 사안까지 재빨리 분석하기 시작했다. 이해당사자들의 요구는 이 정도로 강렬할 수 있다.

이런 딜레마는 대기업 CEO만이 겪는 일이 아니다. 어떤 조직이든 가장 높은 곳에서 지휘해야 하는 사람이 겪는 일이다. 보스턴 발레단의 총감독이 된 맥스 호지스Max Hodges의 이야기를 나눠보자. 이 직책에 오르기 전 호지스는 뉴욕시의 작은 예술 단체를 이끌었다. 그래서 비영리 조직을 이끄는 일의 특징과 스트레스를 잘 알고 있었다. 하지만 그는 보스턴에 도착하자마자 즉시 그의 관심을 요구하는 온갖 부류의 이해당사자들에게 인사를 받았다. 비서는 그의 우선순위가 무엇인지 물었고, 마케팅 담당 직원은 며칠 안으로 다음 시즌의 가격 전략을 제시해 달라고 말했다. 개발 담당 직원은 예비 기부자들과의 미팅 날짜를 알려 달라고 했다. 규모가 큰 이사회 구성원들은 취임 후 며칠 만에 그가 파악한 업무의 업데이트 내용과 발레단의 사업 계획이 무엇인지 알고 싶어 했다. 거기에 추가로, 발레단의 창작 활동, 예술감독과 호지스의 관계를 설정해야 했다. 많은 지역사회 리더와 지역대학(발레단 단원들이 다닌 대학) 책임자들은 그를 환영하며 만남을 청했다. 또한 학부모들은 비전문가 훈련 프로그램에 자신의 자녀를 넣어 달라고 전화했다.

여기서 끝이 아니었다. 호지스가 총감독이 된 지 몇 개월 후, 발레단이 운영하는 세 개의 학교 중 가장 크고 수익성이 높은 학교가 임대 문제를 겪고 있다는 사실을 알게 됐다. 임대인이 발레단에 임대를 중단하고 그곳에 빌딩을 개발하기로 했다는 것이다. 호지스는 주요 수입원이 사라졌고 3천 명 이상의 학생을 가르칠 장소를 구해야 했다. 호지스는 이렇게 회상했다. "나는 뉴욕의 예술 단체 총감독이었고, 그전에는 오랫동안 경영 컨설턴트로 일했습니다. 하지만 처음 이곳에 왔을 때 엄청나게 다양한 요구를 받고 충격에 빠졌죠. 나는 내게 주어지는 중요한 일들을 제대로 해내기 위해 매우 신중해야 했습니다."

캐서리, 클라크, 호지스의 상황은 결코 예외적인 일이 아니다. CEO들은 많은 이해관계자들이 시간을 내달라는 요구를 과소평가하고, 그들을 효과적으로 다루는 자신의 능력을 과대평가할 수 있다. CEO라는 직책 때문에 시간을 통제할 수 없는 상황에 놓일 수 있다는 생각조차 하지 않을 수 있다. 그리고 이해관계자 집단이 가하는 강한 압박에 충격을 받을 수 있다. 위 세 명의 CEO가 그랬듯이 대부분의 CEO들은 이해관계자의 강력한 요구를 충족하기 위해 분류하고, 위임하고, 프로세스를 만드는 법을 배울 것이다. 하지만 그러려면 개인적인 대가를 치러야 한다.

내가 잘 아는 CEO인 이사벨라는 소중한 가족 때문에 기업 본사에서 멀리 떨어진 곳에 살면서 매일 먼 거리를 통근한다. 이 기업은 첨단기업은 아니며, 필요할 때 모여서 회의를 하고 다시 흩어지는 형태였다. 이사벨라는 회의 현장에 있어야 했고, 기업의 중심적 존재였다. 아울러 운동 마니아였던 그는 매일 시간을 내어 강도 높은 운동을 했다. 기업의 업무 방식과 이사벨라가 직접 보고를 많이 받는다는 점을 고려할 때, 그는 끝없는 미팅을 통해 단절된 업무부서들을 통합하는 역할을 하고 있었다. 또한 그는 자신의 존재가 핵심 고객들에게 매우 중요하다고 느꼈고, 시간을 쪼개어 많은 지역사회 단체와 재무분석가들을 만났다. 그는 CEO만이 기업의 필요를 가장 잘 대변할 수 있다고 믿었다.

어떤 사람들은 그의 이런 노력을 대단하고 적절한 일로 생각할 수 있다. 하지만 곧 이사벨라에게 문제가 발생했다. 그의 선임 비서는 이사벨라가 핵심 미팅에 집중하지 못하고, 늦은 오후 미팅에서 프레젠테이션을 들을 때 조는 모습을 보았다. 때로는 직원들을 단체로 만날 때 옹졸한 모습을 보이기도 했다. 고객들은 이사벨라의 성품이 좋지 않아서 지나치게 지시적이고 너무 쉽게 화를 낸다고 투덜거렸다. 결국 이사회까지 개입해 이사벨라에게 조직 및 운영 관리의 지원을 위한 방책을 마련하거나 개인적인 업무를 조정하기를 제안했다. 그들은 그를 위해 이 모든 것을 지원하겠다고 말했다. 처음에 이사벨라는 이런 도움을 받는 것이 자신의 약점을 드러내는 일이라고 느꼈다. 하지만 그는 이사회의 이런 관심에 감사를 표하고 자신의 행동을 바꾸겠다고 약속했다. 그런데도 잘못된 행동은 계속 지속되었다. 설상가상으로, 그는 일을 위임하는 데 서툴렀다. 탈진과 실패는 불가피한 듯 보였다.

대부분의 독자들은 이 사례를 읽으면서 업무 위임이 도움이 된다고 생각할 것이다. 물론이다. 하지만 위임은 이런 문제를 해결하는 유용한 도구이지만 만병통치약은 아니다. 위임에 성공하려면 업무를 위임받는 사람들이 일을 처리하는 방법을 제대로 알아야 하고 영향을 받는 집단과 신뢰감 있게 소통해야 한다. 신임 CEO인 경우, 관련 업무에서 '당신을 대변할 수 있도록' 매우 숙달된 직원을 빠르게 준비할 수 있다는 전제가 충족되어야 '위임'을 활용할 수 있다. 이 일은 시간이 걸리고, 직원의 학습 과정을 촉진하려면 처음부터 CEO와 긴밀하게 함께 일해야 하기 때문이다. 이것은 신임 CEO에게 더 많은 부담을 준다.

시간이 흐르면서 성공적인 위임은 더 나은 지렛대가 될 수 있다. 그러나 안타깝게도 현실은, 많은 이해관계자들이 어느 시점이 되면 CEO를 직접 '만나야' 한다는 것이다. CEO는 다양한 집단과 직접 소통해야 한다. 애널리스트들은 기업의 방침과 분기 실적에 관한 최고재무책임자의 자료는 받아들이겠지만, 전략과 산업 비전에 관해서는 CEO만이 최우선 소통 대상이 된다. 규제당국자들은 법률자문위원과 최고재무책임자와 편안하게 소통한다. 하지만 이슈가 매우 예민하거나 위험 요소가 포함되어 주주들이 CEO의 참여를 요구할 경우 사정이 달라진다. 고객들은 사업부 책임자와 정기적으로 만나는 것에 만족할지 모르지만, 사업의 경쟁적 속성 때문에 종종 기업의 최고위 임원이 참석하여 소통해야 한다. 정치인과 지역사회 리더들은 CEO가 아닌 사람과 만나는 것을 매우 싫어한다. 직원 단체와 퇴직자들 역시 CEO의 직접적인 참여를 통해 확신을 보장받기를 기대한다. 따라서 위임은 필요하지만 완전한 해결책은 아니다.

이해관계자 문제에 대처하는 방법

이 문제에 대처하는 간단한 비법은 없다. 상황의 차이, 경영진의 다양한 역량, 기업을 둘러싼 구체적인 이슈, 산업의 상황, 당면 문제의 성격이 결합하여 복잡한 특성이 만들어진다. 모든 상황에서 유일하게 확실한 것은 CEO들이 시의적절하게 대처하기에는 상대할 집단이 너무 많다는 점이다.

CEO 직책의 이런 현실이 혼란스럽고 좌절감을 주지만, 특정한 교훈에 유의한다면 이해관계자 문제를 더 효과적으로 관리할 수 있다.

첫째, CEO에 취임할 때 이해관계자들의 압도적인 요구 경향을 예상하고 그들의 공세에 준비해야 한다. 자신감을 갖고 똑같이 긴박해 보이는 집단들의 요구를 분류하여 우선순위를 정해야 한다. 또한 다른 사람들을 활용해야 한다. 특히 법률자문위원, 최고재무책임자, 최고인사책임자[CHRO]가 우선순위를 정하는 데 도움과 유용한 수단을 제공할 수 있다.

둘째, 신임 CEO가 당면하는 도전 과제를 수행하기 위해서는 단순히 만나고, 배우고, 논의할 시간뿐만 아니라 생각할 시간을 마련하는 일도 필요하다. CEO 직책은 엄청난 정신력이 요구된다. 내 의뢰인들은 흔히 힘든 문제에 대해 숙고할 시간이 없다며 불평한다. 이것은 단순히 일정 문제가 아니라 관련 직원들과 함께 자기반성과 성찰을 할 충분한 시간을 찾는 문제이다. 예비 CEO들은 리더가 되면 이런 시간을 갖고, 다른 사람들에게 모든 자료를 받아서 합리적인 의사결정을 내릴 수 있을 것이라고 믿는다. 하지만 실제로는 이해관계자 관리의 소용돌이에 휩싸여 '만나고 논의하는 일'만이 중요한 도전 과제처럼 느껴진다. CEO들은 이해관계자 관리와 성찰과 전략적 사고 사이의 균형을 찾아야 한다. 이것은 리더로서의 성공을 가장 크게 좌우한다. 다양한 이해관계자와의 만남은 중요하지만, 기업의 미래를 다시 설계하는 일에 집중하지 못하게 할 수 있다.

셋째, 당신과 함께 일할 직원을 신속하게 구성하고 그들을 활용해야 한다. 소수의 신뢰할 만한 보좌진과 함께 신임 CEO 직책에 취임해야 한다. 문제에 접근하는 방식을 예상하고, 필요할 경우 당신을 대변하고, 세부 정보와 유용한 수단을 제공해주는 다른 사람들과 협력할 수 있는 직원이 필요하다.

넷째, 신임 CEO가 되면 이해관계자들을 신속하게 관리할 수 있는 표준화된 방법과 절차를 확립해야 한다. 이해관계자 집단들이 당신의 소통 방식을 알게 되면 그들은 대체로 '그 방침을 따를 것'이다. 하지만 정해진 방식과 절차가 없으면 특정 관점을 옹호하는 집단들은 불만을 품고 '우회로'와 지름길을 찾으려고 한다. 일반적으로 이런 행동은 언론과 소셜미디어를 이용한 압박으로 나타나며, 잘 관리할 수 있는 이슈를 통제 불가능한 사건으로 만든다.

다섯째, 이해관계자 집단과 이슈의 우선순위를 정하는 데 도움을 줄 나이 지긋한 전문가를 찾아야 한다. 많은 조직이 다양한 이해관계자 집단의 정보에 밝고 경험이 많은 임원을 고용한다. 당신이 찾는 사람은 오래된 영국 영화에 등장하는 주인공과 비슷하다. 그는 차분하고 현명한 공무원으로 초보 영국 정치가가 정치계에서 훈련받도록 도와준다. 그는 어떤 집단은 소란스럽지만 쉽게 달랠 수 있고, 어떤 집단은 몇 주 내에 반드시 해결해야 할 타당한 문제를 제기하고 있으며, 또 어떤 집단은 즉시 대응하지 않으면 TV 프로그램 〈60분〉에서 비호의적인 이야기의 주인공이 될 거라는 점을 말해줄 수 있다. 그들은 '제대로 일을 처리하며', 당신이 문제에 잘 대응하도록 도와준다.

여섯째, 비서실장을 두어야 한다. 성공적인 CEO들은 비서실장을 임명하거나, 선임 직원에게 비서실장의 역할을 수행하게 한다. 어떤 CEO들은 비서실장을 두면 자신이 너무 지배적이거나 서열을 따지는 사람처럼 보일까 봐 걱정한다. 이런 두려움에 사로잡힐 필요는 없다. 비서실장이 당신의 문지기 역할을 하는 공식적인 직위를 가질 필요는 없다. 대부분의 CEO는 다양한 직원들이 돌아가면서 이 역할을 맡게 하며, 이를 통해 조직 내에 유능한 사람들을 찾아 보상한다. 비서실장을 맡은 사람들이 가치를 창출하려면 당신의 시간을 최적화하고 업무의 효율성을 높이는 데 필요한 균형점을 찾아야 한다. 그들은 매일, 매월, 매분기별 우선순위에 대해 생각해야 한다. 비서실장은 또한 회의 전 자료를 확보하고 요약하여 생산적인 회의를 만들고, 적절한 회의 결과와 실행 방침을 전달해야 한다.

시간이 가장 중요하다

이해관계자 관리는 시간이 필요한 일이다. 대부분의 CEO는 전략 및 경영 수완을 통해 조직의 가치를 높인다. 이 점을 고려할때, 이해관계자들을 직접 만나고 문제를 숙고하는 일에 시간을 더 많이 할애할수록 당신이 창출하는 가치는 줄어들 수 있다.

이해관계자들은 알게 모르게 서서히 CEO의 시간을 잠식한다. 이해관계자 한 명이 많은 시간을 잡아먹지는 않지만 그들 수가 너무 많다. 그들은 CEO의 업무 시간을 조금씩 앗아간다. 예전에는 이해관계자들이 얼마 되지 않아 그들의 요구를 관리하기가 더 쉬웠다. 하지만 요즘은 CEO가 이런 일을 처리하는 데 대부분의 시간을 소진할 정도로 많다.

이해관계자의 증가는 새로운 현상이기 때문에 CEO들은 대체로 이런 변화에 준비되지 않았다. 그들은 경영대에 다닐 때 이런 이슈를 들어보지 못했다. 하위 직급에서 승진할 때도 이런 문제를 배우지 않았고, 해결하는 방법도 훈련받은 적이 없다.

이해관계자 관리 기술은 배우고 훈련할 수 있다. 그들의 요구를 최대한 짧은 시간 안에 효과적으로 관리하는 법을 익힐 수 있다. 최고의 CEO들은 업무 리듬을 만든다. 즉 이해관계자 관리 업무와 CEO의 핵심적 업무를 번갈아 수행하는 본능적이고 경험적인 방식을 발전시킨다.

　이런 방식을 통해 그들은 전략적 사고를 수행하고 경영 문제를 처리할 시간을 확보한다. 뿐만 아니라 숙고하고 실행하고, 건전한 관점을 유지할 시간을 충분히 갖는다.

4

경영진 교체와 임명 :
변화 관리에
성공하기 위한 최선책

이 장의 핵심 내용은 GE의 전설적인 CEO 잭 웰치Jack Welch가 제시한 지혜에서 비롯됐다. 그가 보스턴으로 옮겨온 후 우리는 정기적으로 오찬 자리를 가졌다. 그러면서 나는 그와 많은 이야기를 나누었다. 그러던 어느 날 웰치가 열렬히 좋아하는 레드삭스의 야구 경기를 함께 보고 있을 때였다. 나는 대대적인 변화 프로그램을 추진하려는 내 의뢰인에게 가장 중요한 조언이 무엇일지 물었다. 그는 잠시 가만있더니 이렇게 말했다. "변화 관리 change management에 성공하는 최선책은 먼저 경영진을 교체하는 겁니다."

이 조언은 표면적인 의미로만 이해해서는 안 된다. 내 경험에 따르면 이 조언은 리더들이 변화 전략을 만들 때 숙고해야 할 가장 중요한 관점을 제공한다. 더 구체적으로 말하면, 이것은 모든 CEO가 다음 사항을 고려해야 함을 말해준다.

- '경영진 교체'의 효과
- 경영진을 교체하지 않을 경우 발생할 위험-수익의 상충관계

중대한 변화를 시작하는 CEO에게 명확한 우선순위는 그것을 성공시킬 수 있는 적절한 사람을 배치하는 것이다. 사실, 리더가 계획하는 변화의 본질보다 그 변화를 실행할 사람들을 확보하는 게 더 중요하다.

이사회가 기업을 운영할 새로운 경영진을 영입하는 것은 경영 활동의 효율성과 효과성 증대는 물론 추진력과 속도를 높이길 원하기 때문이다. 또한 변화를 실행하려는 기존 임원들을 그대로 유지하고 성장시켜 변화를 위한 노력이 미래에도 안정적으로 지속되기를 원하기도 한다. 이런 과정에서 이를 통해 이사회는 변화 관리 프로세스의 '기회비용'을 평가한다. 그들의 가장 큰 두려움은 변화 프로세스가 지나치게 복잡해 기업 내부의 관성 때문에 교착 상태에 빠지는 것이다. 이런 경우 변화의 추진력이 약화되어 그들이 선택한 경영진의 성공 가능성도 낮아진다. 그들은 대책이 없거나 충분한 역량이 없는 사람들에게 투자하

길 바라지 않는다. 그리고 기존 경영진에게 새로운 방법을 채택하도록 설득하면서 시간을 낭비하길 원하지 않는다. 잭 웰치가 명확하게 말했듯이, 역량이 부족하거나 새로움에 저항하는 경영진과 함께 변화를 시도하여 성공하는 것보다 경영진을 완전히 교체하는 게 훨씬 더 쉽다.

이와 똑같은 철학은 1980년대 말에도 적용되었다. 당시 나는 선임 파트너와 또 다른 동료 파트너와 함께 루 거스너^{Lou Gerstner}를 처음 만나는 자리에 동석했다. 그는 새롭게 이름 붙인 식품 회사 RJR 나비스코의 CEO로 막 취임한 상태였다. 거스너는 나비스코를 인수하려는 여러 기업들 간의 치열한 인수전 이후 CEO로 임명되었다. 이 싸움은 워낙 유명하고 격렬해서 베스트셀러《문 앞의 야만인들^{Barbarians at the Gate}》과 동명의 TV 드라마의 배경이 되었다.

거스너는 선임 파트너에게 따뜻한 인사를 건넸다. "와주셔서 감사합니다. 내게는 함께 일할 사람이 전혀 없거든요." 이유를 묻자 그는 이렇게 말했다. "기업 전반(여기에는 RJR, 나비스코 푸드, 준 킹, 어소시에이티드 비스킷, 워커스 UK, 델몬트, 일정 지분을 가진 ESPN이 포함된다)에 대해 여러 명의 전무와 부사장과 회의를 했습니다. 그 결과 그들 중 아무도 가치를 창출할 능력이 없다는 걸 깨달았죠. 그래서 대부분을 해고했습니다. 나는 변화의 필요성에 대해 그들과 논쟁하느라 지쳤어요." 그는 새로운 인재를 모집할 동안 변화 프로그램을 시작하는 것을 도와달라고 요청했다.

거스너의 요청은 웰치의 변화 관리 방법을 그대로 보여주었다. 기존 경영진을 설득해 새로운 전략 방향을 받아들이게 하고 그들의 능력과 역량을 더 높고 생산적인 수준으로 끌어올리는 일은 너무 많은 시간과 노력이 필요하다. 새로운 경영진은 대체로 더 간단하고 빠르고 잘한다. 그리고 위험도 더 낮다.

물론 변화가 너무 급진적이면 안 된다는 주장도 많다. 리더들은 상충관계를 잘 알고 있어야 한다. 조직을 신속하게 바꾸면 조직의 지식을 유지하기 어렵다. 그 반대도 마찬가지다. 속도를 선택한다는 것은 일부 핵심 인력이 떠나 보냄과 동시에 핵심 이해관계자들(고객, 자본 투자자, 주식 애널리스트, 공급자, 규제당국자 등)과의 관계도 사라진다는 뜻이다. 리더는 이런 관계가 얼마나 빨리 재구축될지 판단해야 한다. 많은 사람들이 경영진을 너무 급하게 교체하면 곧바로 기업 전반에 부정적인 영향을 미치며, 시행되는 변화에 대한 두려움과 조직의 불안이 발생할 수도 있다고 주장한다.

그럼에도 불구하고 경영진 교체는 대개 최선책이며 때로 도전적인 상황에 놓인 CEO들의 유일한 선택지이다. 다른 옵션을 고려할 수 있지만 새로운 관점, 혁신적인 아이디어, 결정적인 경험을 가진 새로운 사람을 영입하는 것만큼 영향력이 큰 경우는 거의 없다.

가장 철면피한 CEO들만이 성과가 낮거나 인계받은 임원들을 다룰 때 무정하고 비정하게 비치는 것을 아무렇지 않게 여긴다. 사실 우리는 루 거스너와 잭 웰치의 험난하고 힘들었던 시기에 행한 것을 잘 수용했던 것과 달리, 관리자와 리더들이 인정과 공감력 있기를 바란다. 하지만 성과에 대한 기대는 낮추지 않는다(혹자는 오히려 계속 높아진다고 주장한다). 이런 상황은 다시 새로운 리더와 CEO들을 진퇴양난에 빠뜨린다. '어떻게 하면 성과에 대한 시장의 기대에 맞추기 위해 변화 계획을 적극 실행하면서도, 동시에 경영진을 배려하고 헌신하는 사람으로 평가받을 수 있을까?'

이것은 잘못된 선택지인 것처럼 보인다. 일반적으로 교체할 필요가 있는 사람은 소수의 핵심 리더들이다. CEO에게 직접 보고하는 사람과 고위 임원진은 8명에서 12명 정도다. 이들이 보통 교체가 필요한 핵심 인력이다. 오늘날 소셜미디어를 활용하는 매우 투명한 환경에서도 이 그룹의 교체는 수용되며, 예상만큼 많은 주목을 받지 못한다. 새로운 소셜미디어 환경과 CEO에 대한 집중적인 조사와 기대는 CEO들이 더 많은 것을 변화시킬 수 있는 명분을 제공한다. 결국 가장 중요한 것은 "CEO의 경영진이 아니라 CEO이기 때문이다."

'기업 전체와 이해관계자들'이 관심의 실제적인 초점이 되어야 한다. 이것이 조직적인 관점이며 이런 방식으로 초점을 바꾸면 선택지가 크게 달라진다. 즉, 이제는 기업의 점진적 개선과 새로운 활기 회복 간의 선택 문제가 된다. CEO들은 기존의 관성으로 발생하는 느리고 변함없는 안정 및 침체 상태와, 새로운 활력 중에 선택하게 된다.

경영진 교체에 선행된 모든 노력과 그 결과로 기업과 주주들이 갖는 긍정적인 기대를 고려할 때, 강제력이 있고 행동 중심적인 태도는 매우 중요하다. 안타깝게도 일부 신임 CEO들은 지나치게 조심하면서 점진적 변화를 선택하는 함정에 빠진다.

점진적 변화의 유혹과 위험

많은 경영 자료는 특히 신임 CEO의 경우 시간을 두고 신중하게 경영진을 교체할 것을 권고한다. 이에 따르면 신임 CEO가 기업의 기존 임원진과 함께 일하면서 그들의 스타일과 능력을 파악한 뒤 점진적으로 조정할 것을 제안한다. 대부분의 환경에서는 급진적인 방법보다 점진적인 방법을 더 최선으로 여긴다.

어떤 임원도 CEO가 경영진의 대폭 또는 전면적 교체를 주장할 때 임기를 시작하고 싶어 하지 않는다. 앞서 언급했듯이 조직에 대한 지식이 있고 기업 운영과 시스템, 공급자, 고객을 잘 아는 기존 경영진을 포기하는 것이 지혜로운 선택인지 의문을 제기하는 사람들이 많다. 기존 경영진의 유지를 옹호하는 자들은 그 안에서 새로운 문화 창출을 제안할 것이다. 그들은 새로운 리더십으로 기업 활동 방향이 재설정되면서 발생하는 혼란이 적을수록 더 큰 유익이 있을 것이라고 주장한다.

많은 사람들이 CEO가 기존 경영진의 잠재적 가능성을 분석하여 그들의 역량을 다시 개발하고 재배치해 활용하는 방법을 제안한다. 흔히 그들은 경영진 내 역학관계의 근본적인 속도와 분위기를 분석하고, 신중하고 계획적인 연구를 통해 개인의 강점과 약점을 파악할 것을 주장한다.

이런 관점은 시간이 필요하다. 그리고 대부분의 기업은 시간이 부족하다. 기업 경영을 변화시키려면 임원진이 신속하게 움직여야 한다. 변화를 둘러싼 관성, 새로운 아이디어와 방법 채택에 대한 저항을 과소평가해서는 안 된다. 변화를 위한 노력을 망치는 가장 빠른 방법은 이런 저항이 견고한 토대를 얻도록 허용하는 것이다. 달리 말하면 저항하는 관성은 매우 짧은 시간 안에 감당하지 못할 정도로 커질 수 있다.

기업의 중대한 손실은 대부분 관성에서 시작된다. 1980년대 GM이 로저 스미스의 지휘 아래 계속 추락하고 있을 때 유명한 사건이 발생했다. 스미스의 GM은 끔찍한 상황에 직면하고 있었다. 미국 시장점유율이 급격히 감소하고, 미국 국내 자동차 기업과 일본 자동차 기업과의 경쟁이 격화되고 있었다. 다른 기업들의 자동차 품질 평가는 나아지는 반면, GM의 품질은 점차 수준 이하라는 평가를 받았다.

1990년, 이에 대한 대응책으로서 GM 이사회는 대담한 변화를 추진해야 한다고 생각했다. GM은 뉴욕에서 근무하는 자사 재무담당 임원들 중에서 신임 CEO를 뽑던 기존 관행을 버렸다. 그리고 디트로이트에서 엔지니어로 직업 경력을 시작한 전형적인 GM 내부 인사인 로버트 스템플을 선택했다. 안타깝게도 스템플은 기업의 방향을 대폭 바꾸려는 이사회의 계획을 받아들이지 않았다. 인사 분야는 거의 바뀌지 않았고, 변화를 위한 노력의 많은 부분은 확고한 경영진의 저항을 받았다. 개선하려는 노력이 있었지만 성과는 기껏해야 작고 점진적인 변화일 뿐이었다. 스템플이 취임했을 때 아무런 '변화의 물결'도 일지 않았고, 결국 그는 2년 뒤에 해임되었다. 그 당시 CEO로서는 믿기 힘들 정도로 짧은 임기였다.*

하지만 오늘날 상황이 바뀌었다. 많은 이사회, 컨설턴트, 노련한 CEO들은 변화에 대한 보수적인 접근 방법을 거부한다.

느리고 정중한 변화는 신속하고 실용적인 방식으로 바뀌고 있다. 자동차 산업을 예로 들어보자. 2014년 마크 필즈Mark Fields는 비교적 성공적으로 임기를 마친 앨런 멀럴리Allan Mulally에 이어 포드의 신임 CEO로 내부 승진했다. 필즈의 주요 계획 중 하나는 안전한 베팅처럼 보였다. 이를테면 자동차 생산을 세계 여러 지역에 아웃소싱함으로써 포드 포커스 차종의 판매량과 판매지역을 확대하는 것이다. 이것은 유리한 규모의 경제 효과를 가져올 터였다.

하지만 안타깝게도 필즈와 그의 경영진은 곧 자동차 사업 트렌드가 급격하게 바뀔 것이라는 사실을 예상하지 못했다. 하이브리드와 자율주행차, 테슬라와 다른 전기차, 그리고 우버와 리프트LYFT(그리고 그 이전의 집카ZipCar)와 같이 차량 공유 서비스 등으로 바뀌는 추세였다. 이런 추세가 포드의 전략을 약화시켰고 주식은 급락했다. 결국 포드 이사회는 2017년 5월 자동차 업계와 관련 없는 외부 인사인 짐 해킷Jim Hacket으로 CEO를 교체했다.

---

* http://www.nytimes.com/2011/05/11/business/11stempel.html,
   http://www.nytimes.com/2007/12/01/business/01smith.html.

해킷은 최근 전문기술직 노동자의 필요를 충족함으로써 유명해진 사무용 가구 회사 스틸케이스Steelcase의 성공적인 CEO였다. 해킷의 부상浮上은 과학기술과 이동성이, 전통적인 경쟁 우위의 원천이었던 전 세계 지역의 자동차 생산 아웃소싱을 급격하게 대체했음을 보여주는 신호였다. 해킷은 포드의 변화가 내부 관성으로 지체되지 않도록 임기를 시작하자마자 몇 주 만에 5명의 고위 임원을 교체했다.*

신임 CEO들이 임기를 시작하자마자 재빨리 중요한 변화를 시도한 사례는 많다. 데이비드 캘훈David Calhoun은 보잉의 CEO로 취임한 뒤 그레그 스미스Greg Smith를 고속 승진시켜 운영, 재무, 전략, 기업 서비스, 조직 관리를 감독하는 주요 직책을 맡겼다. 우버의 CEO 다라 코즈로샤히Dara Khosrowshahi는 성공적인 주식상장 이후 우버의 최고운영책임자와 최고마케팅책임자를 해고했다. 외부에서 영입된 웰스파고의 신임 CEO 찰스 샤프Charles Scharf는 (전에 일했던) JP 모건 체이스JP Morgan chase의 한 직원을 새로운 최고운영책임자로 영입했다. 또한 재무 담당 상무와 최고혁신책임자를 퇴직시키고 또 다른 JP 모건 체이스 직원을 카

---

* https://www.nytimes.com/2017/05/22/business/ford-ceo-mark-fields-jim-hackett.html, https://www.nytimes.com/2017/05/22/business/jim-hackett-ford.html, http://www.freep.com/story/money/cars/ford/2017/06/18/jim-hackett-ford-design/399048001/.

드, 소매, 결제서비스를 담당하는 책임자로 고용했다.

이와 같은 경영진 교체 이야기는 거의 매일 들린다. 변화를 추구하는 CEO들이 먼저 새롭고 충성스러운 팀을 구성하는 것이 사업 분야의 표준이 되었다.

시간과 신뢰라는 자원을 최대한 활용하라

기업 리더십 교체는 대개 상황이 좋을 때가 아니라 나쁠 때 일어난다. 이것은 기업이 최고의 성과를 달성하는 데 필수적인 두 가지 요소, 즉 시간과 신뢰가 부족하다는 뜻이다. 매출액이 감소하거나 위협적인 새로운 경쟁자가 등장할 경우 기업은 시간이 부족하다. 임원진이 기업을 제대로 이끌지 못하고 행동주의 투자자들이 주시하고 있다면 그것은 리더십에 대한 신뢰가 낮은 상태다.

이때 대부분의 직원과 다른 이해관계자들은 미래를 불안해하고 현재의 시간을 허비하고 있다고 생각한다. 그들은 시간을 낭비하지 않고 신뢰감을 줄 사람들이 리더십을 확보하길 고대한다. 성과가 낮은 기업의 직원들은 느리고 보수적인 경영진이 효과적이지 않다는 것을 재빨리 파악하고 유능한 경영진이 기업을 이끌기를 간절히 바랄 것이다. 그들은 무기력하고 위험 회피적인 저성과 문화에서 몇 달 또는 몇 년을 일해왔기 때문에 더 과감한 방향으로 전진하길 원한다. CEO들은 신선하고 대담한 방식을 제시함으로써 억눌린 긍정적인 에너지를 발산시킬 수 있다. 그들은 타당한 전략과 그것을 신속하게 집행하는 경영진 덕분에 다시 활기를 찾는다. 직원들은 무기력을 떨치고 역동적으로 신나게 일하기 시작한다.

오랫동안 나는 신속하고 결단력 있는 변화 관리 전략의 결과와 이런 전략이 야심 찬 목표를 달성하는 데 어떻게 기여하는지 보았다. 이런 노력 중 일부는 극적이고 과감했다. 어떤 것은 더 조용하고 미묘했다(하지만 나름 강력하고 신속했다). 다음 두 가지 사례에서 다루는 리더들은 기존 임원진을 교체하고 그들의 특정 상황에 맞추어 변화 전략을 수립했다.

성공적인 경영진 교체 전략:
아메리칸 항공과 하버드

2013년 US 항공US Airways의 CEO 더그 파커Doug Parker는 아메리칸 항공American Airlines 매수라는 과감한 변화를 시도했다. 이 사례는

'피라미'가 '고래'를 잡아먹은 경우였다. 피라미 기업은 연간 매출액 140억 달러의 5위 기업이고, 고래 기업은 연간 매출액 420억 달러의 3위 기업이었다. 기업 매수 당시 아메리칸 항공은 파산 상태에서 막 벗어나 외부 상황에 상당히 취약했다. US 항공은 영향력이 큰 노동조합과 고분고분한 채권단에게 더 나은 성과를 약속하며 인수전에 뛰어들었다. 결과는 US 항공과 더그 파커의 승리였다.

기업을 매수한 다음 중요한 결정이 내려졌다. 이것은 정확히 합병인가, 인수인가? 구체적으로 이 책의 관점에서 말하자면, 변화 관리는 핵심 임원의 교체로 이루어져야 하는가? 두 기업의 통합 경영진을 통해 이루어져야 하는가? 2005년 파커가 아메리카 웨스트 항공의 CEO였을 때 이 회사는 규모가 더 큰 US 항공을 인수했다. 그때 파커는 기존 아메리카 웨스트 임원진을 활용해 합병으로 탄생한 새로운 기업을 경영했다.

그는 다시 똑같은 변화 관리 방법을 이용하기로 결정했다. 2015년 아메리칸 항공의 신임 CEO로서 파커는 아메리카 웨스트에서 영입한 팀을 활용해 US 항공을 운영하기로 선택했다. 다섯 명의 고위 임원들이 각각 운영, 재무, 판매 및 마케팅, 인사, 대내 및 대외 의사소통 업무의 책임자를 맡았다. 2013년 여섯 명으로 구성된 이 그룹은 오랫동안 서로 알았고, 높은 신뢰와 확신을 키워왔다. 최고운영책임자 로버트 아이솜Robert Isom은 이 팀이 남달리 가까웠다고 말했다. "우리 팀은 전통적인 CEO와 고위 임원진 관계가 아니었습니다. 훨씬 더 비형식적이고 가족적인 관계였습니다."

하지만 US 항공 팀의 강점에도 불구하고 두 기업의 엄청난 규모 차이를 고려할 때 아메리칸 항공의 경영진 교체가 성공할 수 있을까? 게다가 두 기업의 문화가 매우 다르고, 아메리칸 항공은 고객 서비스에 중점을 두는 '마케팅 중심 기업'인 반면, US 항공은 운영 효율성에 훨씬 더 많은 관심을 두었다.

파커는 초기부터 임원진의 관점에서 이것을 기업 인수로 판단했다. 훨씬 더 폭넓은 차원의 통합을 위해 병합할 요소들이 많았다. 서로 다른 시스템, 프로세스, 조직 직급 등. 이에 파커는 노력했고 하나로 통합하는 것을 이루었다. 하지만 임원진은 통합할 수 없었다. 시간이 결정적인 요인이었다. 두 기업의 고위 경영진의 진정한 통합에 소요되는 시간 그리고 부수적인 노력과 비용은 곧 지체와 관성을 의미했다. 파커는 2013년 초 새로 합병되어 출범한 항공사의 본사는 피닉스(US 항공의 본사 위치)가 아니라 댈러스(아메리칸 항공의 본사 위치)가 된다고 말했다. 하지만 US 항공의 고위 경영진이 모두 댈러스로 가서 통합 항공사를 이끌 것이며, 아메리칸 항공의 기존 임원진의 다수는 필요 없을 것이라고 발표함으로써 그의 의도를 분명히 했다.

파커는 그와 함께 새로운 기업을 이끌 핵심 고위 경영진을 US 항공에서 선택했다. 그 때문에 고위 임원진 사이에서 '변화의 정신'을 만드느라 시간을 허비할 필요가 없었다. 그는 대대적인 변화를 유발하는 동기와 역량을 지닌 팀이 필요했다. 그는 팀을 신뢰했고, 실행할 모든 변화를 정직하고 객관적으로 말했으며, 처음부터 힘든 과제에 대해 솔직한 대화를 요구했다.

파커는 US 항공의 경영진만을 배타적으로 활용한다면 아메리칸 항공 직원들의 인식이 나빠져 변화에 저항할 수 있다고 생각했다. 그래서 세 명의 핵심적인 아메리칸 항공 임원들을 주요 직책에 임명했다. 그는 아메리칸 항공의 최고정보책임자에게 통합 항공사 시스템과 기술 플랫폼을 맡겼다. 이는 항공사에서 엄청나게 중요한 직책이다. 아울러 통합 항공사에는 원래 재무 담당 직책이 없었지만 아메리칸 항공의 구조조정 및 재무 담당자를 그대로 유임시켰다. 그 대신 아메리칸 항공 전 최고위험관리책임자CRO에게 두 기업의 통합 과정을 담당하는 최고통합책임자라는 신설 직책을 맡겼다. 또한 아메리칸 항공의 전 대관업무 책임자를 유임시켰다. 이런 임명을 통해 파커는 자신의 경영진이 그의 요구를 실행하기에 가장 적합하며 새로 통합된 항공사의 임원진이 이제 출범했음을 모든 사람에게 알렸다.

그는 고위 경영진을 공격적으로 교체하고 US 항공 임원진을 중요하게 기용함으로써 모든 사안을 논의할 수 있는 환경을 만들었다. 그리고 아메리칸 항공의 옛 방식 중 일부는 곧 사라질 것이라는 점을 분명히 했다.

경영진 교체에 성공하기 위해 극적이거나 돌발적일 필요는 없다. 전 하버드대 총장 드루 파우스트Drew Faust는 2007년 대학 총장이 되었을 때 주요 대학(법대, 경영대, 문리대 등)의 학장을 모두 조용히 바꾸었다. 그는 자신의 리더십 스타일을 이렇게 설명했다. "우리는 매우 엄격하면서도 동시에 예의 바를 수 있습니다. 엄격하다는 것이 소란스럽다거나 잔인하거나 공격적이라는 의미는 아닙니다. 자신의 주장을 피력하고 목표를 추구하며 사람들에게 공평하고 품위 있다는 뜻입니다."

파우스트는 래리 서머스Larry Summers에 이어 하버드대 총장이 되었다. 서머스 총장의 임기는 불과 5년밖에 되지 않았다. 그의 몇 가지 논쟁적인 변화 조치와 견해 때문이었다. 서머스의 리더십은 성급한 스타일이었지만 대학의 미래를 위한 그의 계획 중 다수는 파우스트가 채택했고 더욱 발전시켰다.

서머스의 비전 중 가장 유명한 것은 하버드의 많은 단과대학을 한층 더 통합하는 일이었다. 파우스트의 리더십 아래 이 계획은 2011년 '하나의 하버드'로 알려지게 되었다. 하지만 서머스와 달리 파우스트는 이런 변화를 눈에 띄지 않게 조용히 실행했다. 그는 단과대들의 협력 연구와 교과목 교류를 권장했다. 그리고 그의 비전을 공유하는 학장을 임명하면서 신속하게 실행에 옮겼다. 그가 임명한 문리대 학장 마이클 스미스Michael Smith는 파우스트의 '하나의 하버드' 비전을 소리 높여 지지했다. "우리가 하려는 일 중 하나는 이공계 분야의 개별적인 기초연구를 발전시키는 것은 물론 전문대학원과 연계하는 것입니다."

전통적으로 하버드대의 12개 단과대학은 '누구나 자기 힘으로 살아야 한다'는 목표를 독립적으로 추구해왔다. 각 단과대학의 강한 독립성이 오랜 세월 쌓여 온 점을 고려할 때 대학의 '경영진을 교체하려는' 동기는 매우 논리적이고 유용해 보인다. 파우스트의 경영진 교체가 지속적인 성공을 유지할지 여부는 여러 해가 지난 뒤에야 평가할 수 있을 것이다. 하지만 이 비전을 향한 그의 첫 발걸음은 전략적일 뿐만 아니라 단호했다. 그는 2018년 은퇴할 때 하버드대의 거의 모든 이해관계자들에게 폭넓은 인정과 찬사를 받았다.

변화에는 공감, 명료함, 용기가 필요하다

변화 관리에 경영진 교체가 필요하다고 해서 다른 사람에 대한 공감을 저버리거나 자신의 의지를 떠들썩하게 밝힐 필요는 없다. 드루 파우스트처럼 새로운 리더는 드라마를 연출하지 않고도 변화를 이룰 수 있다. 파우스트가 역시 입증했듯이 변화 계획을 철저하게 이행하는 데 필요한 것은 자신이 믿는 변화를 실행할 때 자기주장을 확고히 하는 것이다. 파우스트는 논쟁적인 환경에서 사임한 전임자의 주요 목표 중 일부를 지속할 정도로 온건했다. '하나의 하버드'를 만들겠다는 전임자의 비전을 확신했기 때문이다. 그는 이 목표를 정한 다음 세심하고 과감하게 변화를 실행했다.

성공적인 신임 CEO와 마찬가지로 파우스트는 자신이 추구하는 목표가 명확했고 확신에 차 있었다. 다시 말하지만, 리더가 될 때 철저하고 폭넓은 준비를 갖추는 것은 매우 중요하다. 준비를 통해 명료해지고, 사람들의 반대에도 자신의 계획을 고수할 용기를 발휘할 수 있다. 야심 찬 변화 목표를 세우고 당신이 신뢰하는 임원진을 구성할 때 명료함보다 훨씬 더 중요한 것은 확신과 자신감이다.

더 구체적으로, CEO는 다음 세 가지 방식으로 이런 중요한 자질을 보여줄 수 있다.

1. **공감**: 조직의 장기적 생존 가능성에 확신을 줌으로써 직원들의 우려에 공감하고 있음을 보여준다. 공감은 단순히 '부드러운 태도'가 아니라, 얼마나 사람들에게 관심이 있는지를 표현하는 것이다. 공감을 말로만 표현하면 직원들은 냉소적으로 바라볼 수 있다. 아메리칸 항공에서 더그 파커는 항공사를 살리기 위해 할 수 있는 모든 것을 하겠다는 의지를 보여주며 공감을 얻었다. 그는 직원들의 더 큰 이익과 고용 유지에 관심을 두었다. 이런 행보에 사람들은 그가 기업에 깊은 관심을 갖고 있다는 사실을 '알았다.' 공감은 또한 남은 사람들의 죄책감을 완화해준다. 변화 프로그램이 시행될 동안 일부 사람들은 직장을 잃는다. 기업이 합병·인수되면 보통 중복된 직책이 존재하고, 많은 경우 그들 중 한 사람만 남는다. 이때 떠나는 사람들이 공정하게 대우를 받았다는 확신을 주어야 한다. 이런 공감을 통해 남은 사람들에게 인정을 받을 수 있다.

2. **명료함**: 자기모순이나 모호한 태도를 보이는 CEO는 변화를 제대로 실행할 수 없다. 리더는 명료함을 위해 자신의

원칙을 고수할 필요가 있다. 확고한 원칙을 통해 자신의 주장이 무엇인지, 어떻게 그 신념에 헌신할 것인지를 보여주어야 한다. 변화 관리 전략을 실행하는 CEO의 말과 행동이 다른 경우는 너무나 흔하다. 그 결과 이해관계자들은 리더십에 대한 신뢰를 잃는다. 아울러 일관성은 명료함과 밀접한 관계가 있다. 때와 상황에 상관없이 원칙에 따라 행동할 때 사람들은 리더가 어떤 사람인지, 리더에게 중요한 것이 무엇인지 알게 된다. 리더는 단순히 상황에 따라 반응하는 것이 아니라 확고한 토대 위에서 움직이는 사람이다.

3. **용기**: 변화의 리더는 저항을 예상하고, 반발이 발생하면 확신에 찬 용기를 보여주어야 한다. 반발은 직원, 노동조합, 소비자운동 단체, 투자자, 이사회 등 다양한 집단에서 나올 수 있다. 내가 어떤 기업의 이사회에 참여했을 무렵, 기업이 정부 관련 사업을 많이 수행하는 다른 기업을 인수했다. 인수 계약에 따른 재무 상태와 기본 계획으로 약 2천 명의 직원을 감축해야 했다. 한 이사가 CEO와 만나 직접적으로 물었다. "그 많은 사람을 꼭 해고해야 합니까?" 그 이사는 옹졸한 사람이 되고 싶지 않았다. 그는 CEO에게 인수 비용 문제에 대한 다른 해결책을 제시해

달라고 강하게 압박했다. CEO는 물러서지 않았다. 그는 정부의 제품 사양과 비용 요구 조건에 부합하는 제품을 생산하려면 해고 외에 달리 방법이 없다고 주장했다. 변화는 종종 사람들을 힘들게 하고, 모든 사람이 동의할 수 없는 선택을 해야 할 때도 있다. 반대에 맞서서 용기 있게 이런 선택을 하는 CEO가 변화 계획을 성공시킬 가능성이 가장 높다.

HIDDEN TRUTHS

5

관계 재정의 :
고립에서 벗어나라

CEO들이 겪는 가장 큰 아이러니는 많은 비서진, 임원, 직원 그리고 관심을 가진 외부인들에게 둘러싸여 있으면서도 스스로 고립되었다고 느끼는 것이다. 신임 CEO들은 리더가 겪는 가장 놀라운 일이 고독이라고 말한다. 리더의 시간과 관심을 요구하는 사람들은 넘쳐난다. 온라인과 직접 대면을 통한 지속적인 소통이 잠시도 쉬지 않고 계속 이어진다. 그의 곁에는 무언가를 원하는 사람들이 항상 존재한다. 예정된 미팅, 점심 식사, 콘퍼런스, 토론이 리더의 일정을 가득 채우고 전화, 이메일, 문자가 끊임없이 온다. 그에게 접근하는 사람들은 리더 개인에 대한 관심 없이 모두 공적인 의제를 갖고 온다. CEO의 고립감은 바로 여기에서 비롯된다. 다른 임원들과 마찬가지로 CEO들도 의지할 수 있는 직장 동료나 친구가 필요하다. 이 책을 쓰기 위해 CEO들을 인터뷰할 때, 많은 리더가 결국 '홀로 리더 직책을 감당한다'고 말했다.

이런 고립감은 리더들이 이전 직책에 있을 때 자신을 경영진의 중요한 일원으로 느꼈다는 사실 때문에 심각해진다. 리더는 심리적으로 다른 사람과 단절되는 직책이다. 그들은 임원, 직원, 이사회, 고객, 주주, 다른 이해관계자 등 사방에서 강도 높은 주목을 받는다. 도움, 상담, 또는 최소한의 이해와 공감을 요청할 윗사람이 더 이상 없다. 리더들은 약점을 내보이거나 불확실성, 두려움, 좌절을 표현할 수 없다고 느낀다. 그들은 외부 사람에게 강하고 자신감에 찬 리더가 되어 불굴의 용기와 힘을 보여주어야 한다. 그런 느낌이 들지 않을 때도 말이다.

하지만 최고위 직책에 앉은 당신은 내면적으로 고독하다. 이것은 CEO에게 부정적인 심리 상태이다. 다행히 이런 심리 상태가 절대적이지는 않다. CEO들은 고립을 피하고 더 많은 유대감을 형성할 능력이 있다.

왜 고립되는가?

CEO들은 임기 중 어느 때라도 고립을 느낄 수 있지만 가장 강하게 느끼는 시기는 막 취임했을 때이다. 고립감의 출발점에 대해 생각해보자.

기업은 높은 기대를 갖고 신임 CEO를 맞이한다. 대개 이전의 리더십 문제와 실수가 해결되고 사업이 정상적인 궤도로 올라가길 바란다. 하지만 동시에 리더십 변화는 관련 당사자들의 불안을 유발한다. 이사회는 그들의 선택에 의문을 품고, 은퇴하는 전임 CEO는 자신의 업적이 지속될지 염려한다. 고위 임원들은 신임 CEO가 경영진을 그대로 유지할지, 직원들은 어떤 변화가 다가올지 궁금해한다. 애널리스트와 외부 이해관계자들은 새로운 방향을 보고 싶어 한다. 신임 CEO는 새로운 방향, 새로운 우선순위, 새로운 업무 방식을 제시한다. 임원과 직원은 CEO와 고위 경영진이 제시한 변화에 어떻게 적응하느냐에 따라 자신들의 경력이 쌓이거나 단절될 수 있다는 점을 안다. 모두가 자신의 가장 좋은 모습을 보여주기 위해 CEO를 신중하게 파악하려고 노력한다.

이런 환경을 고려할 때 CEO들은 매우 불편한 상황에 놓이며, 이전에는 경험하지 못한 특별한 소통과 정보 획득이라는 도전 과제에 직면한다. 특히 내부에서 승진한 CEO들은 한때 의존했던 임원과 직원들이 더 이상 예전처럼 스스럼없이 다가오거나 솔직하지 않다는 것을 알게 된다. 그 결과 CEO가 친구처럼 신뢰할 수 있는 사람은 물론, 솔직한 피드백을 얻을 기회도 거의 사라진다. CEO에게 친구와 솔직한 피드백이 없으면 기업과 이슈에 대해 당연히 알아야 할 내용을 모르기 때문에 더 위험해진다. 흔히 이런 두 가지 어려움이 겹쳐져 새로운 고립 상태가 발생하고, 이것은 신임 CEO의 정서적 거리감과 스트레스를 증가시킨다.

영업 매출액 증대나 기술 발전의 필요성처럼 분석 가능한 이슈와 달리, 이런 상황은 미묘해서 제대로 인식하고 바로잡기가 어렵다. 기업에 대해 더 많이 알고 싶은 CEO들은 자기도 모르는 사이 자신을 단절시킬 수 있다.

강력한 권한을 가지는 리더라는 자리에 오른 CEO들은 보통 심리적으로 준비되지 않은 채 새로운 역할을 맡게 된다. 이런 준비 부족은 그들을 방어적으로 만들어 불리한 입장에 놓이게 한다. 그러면 그들은 리더십과 유대감을 개선할 수 있는 소통 문제에 관심을 기울이기보다 자신의 감정적 불편에 사로잡히게 된다. CEO들이 불편한 뉴스와 힘든 피드백에 방어적으로 반응하면 당장은 기분이 좋을 수 있다. 자신이 상황을 통제하고 있다는 착각을 일으키기 때문이다. 하지만 기업을 성공적으로 이끌려면 반드시 관리해야 할 취약한 인간관계를 더 악화시킬 뿐이다.

게다가 사람들은 대부분 상황이 변화하는 속도와 강도에 준비되어 있지 않다. CEO들은 머리로는 기업의 수장이 되면 관계가 바뀌고 일상 업무가 달라진다는 것을 알고 있다. 하지만 단순히 더 큰 책임과 권한을 가진 직책으로 승진하는 것과 비슷하리라고 생각한다. 그 결과 급격하고 근본적인 업무 환경의 변화에 미처 대비하지 못한다. 그들은 예전에 일상적으로 자신의 사무실에 들렀던 동료들이 더 이상 찾아오지 않는다는 사실에 놀란다. 기업의 위계적 속성 탓에 누구든지 '최고의 직책에 오르면' 혼자가 된다. 최근 기업의 수평조직화 추세에도 불구하고 위계질서는 여전하다.

당신의 예상과 반대로 CEO들의 고립감은 외부 영입보다 내부 승진일 경우 더욱 심하다. 당신이 외부인이라면 당신의 예상은 현실과 비슷하다. 당신은 아는 사람이 거의 없고 협력자도 별로 없는 기업의 CEO로 취임한다는 것을 알고 있다. 그래서 이 직책의 고립감에 좀 더 잘 준비한다. 하지만 내부 승진의 경우 당신은 낯익은 얼굴에 둘러싸여 있다. 대양에서 목마른 선원처럼 사방이 물이지만 마실 물은 한 방울도 없다. 당신은 변화된 관계를 다루는 데 어려움을 겪는다.

스스로 방어막을 세우는 CEO들

어떤 CEO들은 정직하고 개방적인 소통을 가로막는 장벽을 세워서 나쁜 상황을 더욱 악화시킨다. 흔히 그들은 자신의 행동 때문에 고립되고 있다는 점을 깨닫지 못한다. 그 결과 사람들은 나쁜 뉴스를 공유하거나 자신의 직위를 위태롭게 만들 만한 일을 주저하게 된다.

에두아르도는 4년 동안 대기업의 CEO였다. 그는 아주 무서운 존재였다. 풍채가 크고 위압적인 데다 목소리도 쩌렁쩌렁했다. 에두아르도는 그럴 의도는 없었지만 사람들에게 위협적이었다. 그는 똑똑하고 역량이 뛰어났을 뿐만 아니라 공격적이면서도 위엄 있는 태도를 보여주었다. 그가 CEO가 되자 고위 경영진은 그를 두려워했다. 에두아르도가 그들을 냉혹하게 비판했기 때문이다.

에두아르도의 경영 코치는 그가 다른 사람들에게 얼마나 위협적인지 알려주고 피드백을 제공했다. 하지만 그는 자신의 행동을 합리화했다. 자기 사무실 문은 언제나 열려 있고, 사람들이 그를 '좋은 사람'으로 보고 있다고 확신했다. 직원들도 원하는 것을 자유롭게 말한다고 믿었다. 에두아르도는 자신이 강한 리더라고 생각했고, 그 강함이 실제로는 정보와 생각을 차단한다는 사실을 인정하지 않았다. 그는 종일 많은 사람과 이야기를 나눴다. 하지만 비유적으로 표현하자면 그는 고립되어 있었다. 그와 다른 의견은 듣지 못했고, 그가 화낼 만한 부정적인 뉴스도 알지 못했다.

앤서니 역시 자신을 고립시킨 또 다른 CEO였다. 리더가 되고 몇 개월 뒤 그는 래리를 주요 고위 직책에 임명했다. 래리는 훌륭한 실적을 올린 최고의 임원이며, 자기 생각을 솔직하게 말하는 사람이었다. 래리의 솔직함은 앤서니가 그를 선택한 이유 중 하나였다. 앤서니는 큰 책임이 따르는 직책을 주고 그의 직설적인 말을 환영했다. 그는 래리에게 자신의 계획에 대한 피드백을 받았으며, 래리의 솔직한 태도를 소중하게 생각했다. 한동안 상황은 순조로웠다.

하지만 얼마 후 래리는 앤서니와 의견이 부딪쳤던 내용을 부하직원들에게 이메일로 보내기 시작했다. 이메일에서 그는 앤서니와 다양한 정책을 논쟁했고 그의 실행력 부족에 얼마나 실망했는지 자세히 언급했다. 래리는 앤서니가 지나치게 조심하고 있으며, 그가 '더 큰 배짱을 보여준다면' 회사가 더 나아질 것이라고 말했다. 앤서니는 그 일을 알고 즉시 래리를 해고했다. 물론 래리는 부하직원을 상대로 앤서니에 대해 불평하는 잘못을 저질렀다. 게다가 안전하지 않은 소통 도구를 이용해 상황을 더 악화시켰다. 앤서니는 자신의 행동이 정당하다고 느꼈다. 그러나 앤서니의 해고 결정은 경영진에게 갈등이나 반대 상황을 좋아하지 않는다는 신호를 보낸 셈이었다. 래리가 해고되자 앤서니의 의견에 반대하는 다른 경영진들은 이제 말하기 전에 한 번 더 생각하기 시작했다. 앤서니는 많은 직원과 만나 대화를 나누었지만 반대 의견이나 달갑지 않은 뉴스에서 더욱 고립되었다.

과거에는 에두아르도와 앤서니 같은 CEO가 일반적이었다. 강력한 개인주의자가 조직의 리더가 되어 고립을 즐겼다. 방위사업체 레이시언Raytheon의 데니스 피카드Dennis Picard, 통신기기 제조업체 ITT의 랜드 애러스코그Rand Araskog는 내가 함께 일한 CEO 중 협력보다는 지시와 통제를 중시하는 강력하고 단도직입적인 리더십으로 유명하다. 오늘날 이런 리더십 방식은 바뀌고 있다. 우리는 다른 사람과 흔쾌히 협력하고, 다양한 의견을 환영하고, 스포트라이트를 나누는 리더를 더 많이 보고 있다. 하지만 아직도 고립주의는 중요한 문제다. 다른 사람과 연결되려는 의지가 강한 리더들조차도 예전의 나쁜 행동으로 돌아가기 쉽다. 흔히 일어나는 일은 CEO들이 한동안 협력적인 모습을 보이다가 나중에는 승자와 패자가 있는 결정을 내리는 것이다. 패자는 속상해하고, CEO는 다른 사람들을 의사결정에 참여시킨 것을 후회한다. 그리고 그런 불만에 대해 협력 과정을 철회하는 방식으로 대응한다.

좋은 의사소통 방식으로 바꾸기

신임 CEO가 직면하는 새로운 의사소통 환경

많은 CEO가 재임 기간을 돌아볼 때 '정상은 외롭다'는 말을 적절한 묘사라고 생각할지 모른다. 하지만 반드시 그렇지는 않다. CEO의 고립 상태는 보통 일련의 중대한 실책을 범한 뒤에 발생한다. 빈약한 의사소통과 방어적인 태도에 근본적인 이유가 있으며, 이 실책은 피할 수 있다.

CEO와 직원들 간에 벌어지는 나쁜 의사소통은 큰 영향을 미치지만, 이것이 고립을 유발하는 방식은 미묘하다. 이를 알아보기 위해 두 가지 상황을 가정해보자. 하나는 직원들과 정보를 공유할 생산적인 방법을 찾은 '앤더슨' CEO이고, 다른 하나는 그렇지 못한 '제이컵스' CEO이다.

앤더슨 CEO와 제이컵스 CEO의 이야기에서 시작 부분은 사실상 똑같다. CEO가 되기 전에 그들은 훌륭한 경영 수완을 보여주었다. 각자의 팀을 잘 이끌었을 뿐만 아니라 기업의 위계 조직 내에서 다수의 팀을 이끌기도 했다.

하지만 CEO로 승진하자 앤더슨과 제이컵스는 예전의 직장 동료들과 문제가 생겼다. 사내 정치를 거의 공유하지 못했고, 긍정적인 전망과 견해가 덧붙여져 사전에 포장된 정보가 전달됐다. 회의가 연기된 뒤에는 복도에서 동료들과의 생산적인 비공식 회의가 이어지지 않았다. 사람들은 예전보다 훨씬 더 빈번하게 그들의 의견에 동의했다. 직원들에게 정직한 피드백을 요청해도 리더의 관점에 도전하는 생각이나 정보를 제공하는 경우는 드물었다.

앤더슨과 제이컵스에게 이런 상황은 충격적이었다. CEO가 되기 전에 두 사람은 동료 직원들과 많은 정보를 공유했다. 하지만 이제는 모든 의사소통 수단이 사라졌다. 역설적으로 기업에서 가장 큰 권한을 가진 사람이 되었음에도 말이다. 그들은 리더의 직책에 올라도 성공의 한 요인이었던 모든 의사소통과 동료애가 지속될 거라고 생각했다. 하지만 이제 리더로서 그들은 이전에 자유롭게 소통했던 생각과 정보에서 단절됐다. 그들은 위험이 큰 의사결정에 더 많은 정보와 토론이 필요하다는 점을 알고 있지만 그것에 접근하는 방법을 모른다. 사람들이 그들에게 말하지 않거나 아이디어와 정보를 제공하지 않는 것은 아니다. 아이디어와 정보가 전달될 때 걸러지고 형식화될 뿐이다. 그들과 직원들 사이에는 정보가 거의 통과할 수 없는 스크린이 세워진 것처럼 느껴진다.

이런 고립의 원인은 기업마다 다양하지만, CEO의 단절에 기여하는 한 가지 조직적 요인이 있다. 이를테면 상급자에게 존경심을 갖는 것이다. 많은 사람이 기업의 리더를 높은 곳에 있는 분으로 대접하는 경향이 있다. 마치 기업이라는 영토를 다스리는 세속적인 왕 또는 왕비처럼 말이다. CEO들의 업적은 탁월하지만 그들 역시 우리처럼 흠이 있는 인간이다. 동료 직원들이 리더의 인간성(인간의 강점과 특히 약점)을 인식하지 못한다면, CEO와 이해관계자들 사이에 가장 일차적인 의사소통 장벽이 생긴다.

CEO는 자신의 고립 상태를 완전히 알지 못하거나 본능적으로만 반응할 수도 있다. 어느 쪽이든, 그들에게는 이런 상황에 대처할 수 있는 선택지가 있다. 어떤 것은 더 낫고 어떤 것은 더 나쁘다. 일단 CEO가 어떤 선택을 하면 그 결정에 따라 의사소통 패턴이 만들어진다. CEO의 행동이 조직 전체에 빠르게 전달되기 때문에 CEO가 원하는 초기 소통 방식은 거의 순식간에 기업의 관례와 경험칙이 될 수 있다.

대부분의 신임 CEO처럼 제이컵스도 기업이 어려운 시기에 영입됐다. 기업은 12개월 전에 중요한 기업 인수를 단행했지만 새로운 기업의 통합은 형편없이 진행됐다. 제이컵스는 두 기업의 강점이 잘못 통합된 문제인지, 문화적 차이가 원인인지, 또는 어떤 외부 이슈가 상황을 악화시키고 있는지 확실히 알지 못했다.

CEO로 취임한 지 한 달 후 제이컵스는 점점 절망했다. 낮은 성과의 해결책을 여전히 파악하지 못했기 때문이다. 그는 얼마 뒤 몇몇 유명한 애널리스트가 그의 리더십 스타일에 의구심을 퍼트리고 있다는 소문을 듣고 깜짝 놀랐다. 그들은 '미온적인', '우유부단한'이라는 단어를 사용해 그의 리더십을 묘사했다. 제이컵스는 이전에 그런 평가를 받은 적이 없었다. 그는 취임 초기에 그렇게 강도 높고 부정적인 평가를 받는 이유를 이해할 수 없었다. 기업의 주가는 그의 승진 이후 불과 며칠 만에 하락했지만 하락폭은 그를 '미온적인'이라고 평가할 정도로 크지 않았다. 무엇이 잘못되었을까?

제이컵스는 미래에 두려움을 느끼기 시작했고, 해결책을 더 찾기 힘든 방식으로 이 두려움에 반응했다. 그는 기업의 핵심적인 정보를 확보할 다른 방법을 찾는 대신, 미래에 대한 그의 불안을 은폐했다. 그는 '예기치 않은 상황'을 만날 가능성을 최소화했다. 자기 능력을 의심받지 않기 위해 직원들에게 최소한의 열린 질문을 던지고 폭넓은 주제에 대한 의견을 거의 요구하지 않았다. 개방성과 대화를 촉진하기 위해 다른 임원들과 일대일 관계를 발전시키려고 노력하는 대신, 모든 사람을 똑같은 방식으로 대함으로써 '힘'과 '공정성'을 보여주려고 했다. 그는 자기만족을 원하는 리더를 경멸했지만 몇몇 '예스맨 직원'이 그의 주변을 둘러싸게 되었다. 하지만 제이컵스는 그들을 똑바로 보지 못했다. 많은 임원의 관점과 반대로 제이컵스는 '예스맨 직원'을 기업에서 가장 똑똑한 사람이라고 생각했다.

신임 CEO의 잠재적 고립을 완화하는 법

CEO 앤더슨은 제이컵스와 매우 비슷한 상황에 직면했다. 하지만 그는 점진적인 고립을 인식하고 그것을 최소화하기 위한 조치를 취했다. 앤더슨은 기업의 당면 과제가 너무나 복잡해 세부 사항까지 챙길 수 없다고 생각했다. 또한 실패에 대한 두려움 때문에 솔직한 대화보다는 지시하는 방식을 사용하고, 열린 마음으로 토론하기보다 세세한 사항까지 통제할 가능성도 인정했다. 그는 혼자서는 성공할 수 없다는 점을 깨닫고 주변 인재에게 최고의 도움을 받기 위해 직원들과 소통하는 습관을 만들기로 결단했다.

앤더슨은 어려운 상황에서도 비판적인 의견을 듣는 것을 싫어하지 않았다. 그럼에도 CEO 직책에 따르는 새로운 도전 과제와 문제에 봉착했다. 처음에 그는 다른 사람들에게 '너무 바빠서' 대화할 수 없다는 신호를 보내고 있음을 깨닫지 못했다. 하지만 그는 임원들과의 대화가 대체로 짧고, 공유하는 수치 자료와 사실 정보가 많이 부족하다는 점을 알아차렸다. 그래서 이런 상황을 바꾸기로 했다. 먼저 임원진이 자신의 아이디어를 공개적으로 나누고 그를 파악할 기회를 주기 위해 각 임원과 사무실 밖에서 정기적으로 만났다. 그들은 일대일로 만나 가벼운 대화를 나누었다. 이것은 의식적인 행동이었다. 그는 이를 우선순위에 놓고 적극적으로 대화하기 위해 노력했다. 앤더슨은 각 임원이 어떻게 소통하고 관계를 맺고 싶은지, 자신에게 어느 정도의 인내와 끈기가 요구되는지 알고자 했다. 많은 수고가 필요한 목표였지만 앤더슨은 장기적으로 유익한 일이라고 믿었다.

일대일 대화를 나누면서 앤더슨은 각 임원의 말을 경청하고 많은 질문을 했다. 이 질문들은 임원의 전문지식에 존경을 나타낼 뿐만 아니라 앤더슨의 겸손을 보여주었다. 그는 사업에 대해 잘 모르는 부분을 솔직하게 말하면서 임원들에게 진지하게 배우려고 했다. 몇 주간 대화가 있은 뒤 임원들은 앤더슨을 초연하고 접근하기 힘든 사람으로 보지 않았다. 대신 그가 직접 묻지 않아도 정보를 공유했다. 또한 그들은 완벽할 필요가 없다는 점을 알게 되자 점점 더 편안해졌다.

이사회와 친밀한 관계를 맺어라

CEO들이 직접 보고 방식의 의사소통을 채택할 경우 이사회를 포함한 기업 전체가 이를 모방하는 경향이 있다. 그 결과 CEO들은 경영진과 직원들은 물론 이사회로부터 멀어질 수 있다. 이사회가 솔직한 대화, 포용, 연결을 위한 기회를 제공한다는 점을 인식하기 바란다. CEO들은 부하직원들보다 이사회와 더 자연스럽게 관계를 맺을 기회가 있다. 설령 CEO가 직원들과 자유롭게 정보를 교환한다고 생각할지라도 그의 우월한 지위는 힘의 불균형을 발생시켜 직원들을 솔직하지 못하게 만든다. 이와 대조적으로 이사회실에서 CEO는 동등한 지위를 가진 사람들의 대표이며, 비슷한 역량과 성과를 가진 친구들에게 둘러싸인다. 그들은 CEO에게 정말 필요한 경험과 솔직함을 제공할 수 있다. 아울러 CEO가 팀의 일원이라는 느낌을 주고, 소속감과 포용 의식을 촉진하는 솔직한 대화와 공감적인 경청을 제공한다.

CEO들이 직원과 강한 소통 채널을 만들려고 노력할 때 이사회와 유대감을 형성하는 것은 필수적이다. CEO들은 비밀을 털어놓고, 정직한 피드백을 제공할 수 있는 사람들이 필요하다. 우호적인 이사회가 없다면 CEO들은 기업이 직면한 많은 현실을 파악하지 못할 뿐만 아니라 이사회에서 의심을 받거나 때로 경시당할 수 있다. 그 결과 기업 내에서 CEO들의 안전한 피난처는 사라지고, 그들의 스트레스와 고립감은 증가한다.

믿을 만한 친구를 옆에 두어라

앞서 논의한 고립 요인들 이외에도 CEO는 직책에 수반된 업무 유형 때문에 다른 사람들과 장벽이 생긴다. CEO가 되면 전략, 운영, 법률, 규제에 관한 문제와 끝없이 씨름해야 한다. 법률과 규제 문제는 흔히 관련 이슈가 많고 해결책을 찾기가 어려운 탓에 CEO에게 가장 성가신 일이다. 예전에는 이런 이슈가 적었고 쉽게 해결할 수 있었다. 그러나 지금은 직원들이 성폭력 소송을 제기하고, 바로 다음 날에 정부 당국이 기업에 불리한 명령을 내릴 수 있다. 복잡한 세금 문제와 정치적인 문제도 고려하고 다양한 정부 기관들도 상대해야 한다.

CEO는 이런 요구들 때문에 탈진할 수 있다. 그들은 종종 위기에 처한 것처럼 보이며, 중요한 기업 운영과 조직 문제를 처리할 시간이 부족하다. 보고와 감독 업무는 벅차고 미래에는 훨씬 더 그럴 것이다. 리더는 법률이나 규제 문제를 처리하느라 대부분의 시간을 허비할 수 있다. 그리고 항상 적에게 둘러싸여 있다는 강박관념에 시달리게 된다.

그래서 CEO는 법률자문위원과 최고재무책임자를 가장 친한 친구로 만들어야 한다. 나의 전 직장 동료인 보험중개 회사 윌리스의 도미닉 캐서리와 스트로즈 프리드버그Stroz Friedberg의 마이클 P. 폭스Michael P. Fox는 법률자문위원을 깊이 신뢰했다. 그들은 수많은 규제 문제를 적절히 처리하도록 도와주는 법률자문위원을 칭찬했다. 그들은 법률자문위원의 도움으로 자신이 혼자가 아니라는 중요한 점을 깨닫게 되었다. 이와 유사하게, 믿음직한 최고재무책임자는 수치 자료를 해석하고 자본 투자자, 신용평가 기관은 물론 수많은 재무분석가, 주주, 규제당국의 감독에 대응하기 때문에 매우 소중한 존재다.

CEO의 어깨를 짓누르는 중압감은 고립을 심화시킨다. 리더는 업무나 힘든 의사결정뿐만 아니라 일상적으로 정신적, 육체적 탈진을 경험한다. 일주일 24시간 업무 수행이라는 용어는 진부한 표현이지만 과장이 아니다. CEO들은 항상 대기 상태이며, 그들의 일정표는 늘 꽉 차 있어 잠시 느긋한 시간을 갖고 상황을 돌아볼 여유가 없다.

내가 인터뷰한 CEO 중 많은 이들이 동료 직원들과 천천히 점심을 먹으면서 마음껏 토론할 시간이 없다고 말했다. 그들은 다른 문제로 방해받지 않고 편안하고 쫓기지 않는 상태에서 문제를 깊이 생각할 수 있는 시간도 없다.

또한 그들은 건강을 유지하기가 정말 힘들다고 말했다. 규칙적으로 운동할 충분한 시간이 없고, 정신적으로 소진되어 체육관에 갈 여유를 갖기도 어렵다. 출장은 쉴 새 없이 이어지고 때로 비행기 안에서 가장 많은 시간을 보내는 느낌이 든다고 했다.

아마 리더 직책의 압박을 가장 잘 보여주는 일은 회의 참석일 것이다. CEO가 아닐 때 당신은 회의에 참석하지만 항상 '주의를 기울일' 필요는 없었다. 당신은 회의의 중심인물이 아니었다. 혹여 당신이 중심인물일 때에도 다른 사람에게 중앙 무대를 맡길 수 있었다. 하지만 CEO가 되면 모든 눈이 당신에게로 향한다. 모든 사람이 당신의 말은 물론 표정, 몸짓, 어조, 전반적인 분위기에 집중한다. 엄청나게 주목을 받는 여러 회의를 마치고 나면 녹초가 된다.

모든 사람이 당신에게서 무언가를 원한다. 셰브론-텍사코Chevron-Texaco의 CEO 존 왓슨John Watson은 자신의 일정을 통제할 수 없고, 설상가상으로 리더 직책이 그와 그의 자아에 얼마나 많은 영향을 주는지 알고 깜짝 놀랐다고 말했다. 항상 건강을 자랑하던 왓슨은 원할 때 운동을 할 수 없을 뿐만 아니라 자신이 다른 사람의 게임 말이 되어 이 회의에서 저 회의로, 이 도시에서 저 도시로, 이 단체에서 저 단체로 이동하는 것 같다고 했다.

왓슨은 석유 가격이 배럴당 100달러였을 때 영웅이 되었지만 30달러로 떨어지자 곤경에 빠졌다. 모든 행동주의 투자자, 주주 집단, 직원 단체가 주가가 하락하자 소리를 질렀다. 그가 말했다. "나는 주가를 바꿀 수 없는데도 그들은 당연히 내가 해야 한다고 생각해요. 석유 시장 덕분에 주가가 올랐다고 해서 내가 천재가 아니고, 또 석유 가격 탓에 주가가 하락한다 해서 내가 바보가 아니라고 생각하기가 매우 어려웠죠."

어느 신임 CEO가 이렇게 말한 적도 있었다. "비디오카메라로 당신의 모든 시간을 찍고 당신이 하는 모든 행동과 말, 어투를 실시간 보여준다고 상상해보세요. 아주 힘들 겁니다."

이런 상황은 자신이 통제할 수 없고 고립됐다는 느낌을 준다. 이에 대응하는 한 가지 방법은 신뢰할 만한 친구를 두는 것이다. CEO의 정신적, 육체적 건강을 염려하면서 경청하고 조언을 해주는 사람 말이다. 이런 친구는 배우자나 절친이 될 수도 있다. 어떤 리더들은 이전의 동료, 멘토 등 '키친 캐비닛', 즉 비공식적인 조언자들을 둔다. 그런가 하면 다른 리더들은 다행스럽게도 이사회 구성원과 유대감을 형성한다. 친구가 누구인지는 크게 중요하지 않다. CEO가 직책에 따른 고립을 완화하도록 도와줄 수 있는 사람이면 된다.

소통을 유지하는 다섯 가지 방법

CEO는 미처 깨닫지도 못한 채 고립 상태에 빠질 수 있다. 그들은 너무 바쁘고 사람들에게 둘러싸여 있기 때문에 늘 소통하고 참여하는 것처럼 생각한다. 또 CEO는 다양한 사람들에게 끊임없이 정보를 받기 때문에 자기도 모르게 사람들을 위협하거나 무시해서 듣고 싶지 않은 정보를 걸러낼 수도 있다. 아울러 리더가 얼마나 외롭고 정신적으로 지치는 일인지 인정하지 않고, '어려움을 참고 견디려고' 노력하면서 신뢰할 만한 사람들의 도움을 구하지 않는다.

앞에서 말했듯이, 리더의 고립에 대응하는 두 가지 방법은 친구를 찾고 법률자문위원을 가장 가까운 친구로 만드는 것이다. 당신은 다음 다섯 가지 방법을 이용할 수 있다.

1. **부정하는 마음과 싸워라**: 특히 약점을 보이기 싫어하는 강하고 권위적인 리더는 힘든 것을 부정한다. 그는 계속 버티면서 고통을 느끼지 않는 것처럼 행동하기가 더 쉽다. 하지만 시간이 지나면서 CEO는 점점 더 고립되고 결국 부정의 대가를 치른다. 탈진하고 외롭다고 느끼면 그것을 인정하고 관리할 방법을 찾는 것이 더 낫다.

2. **단상에서 내려와라:** CEO가 되면 사람들은 당신을 남들과 다르게 대한다. 그들은 자신의 마음을 털어놓거나, 나쁜 뉴스를 말하거나, 당신의 생각에 반대하기가 더 어려워진다. 당신이 모든 정보에 열려 있다는 것을 말이나 행동으로 전달하라. 나쁜 뉴스도 듣고 싶다거나 당신의 집무실 문은 항상 열려 있다는 말로는 충분하지 않다. 그 말이 당신의 진심이어야 하고, 말과 일치하는 방식으로 행동해야 한다.

3. **소통의 중요성을 경영진과 공유하라:** 당신이 개방성, 정직, 신뢰하는 관계를 기대한다고 모든 경영진에게 표명해야 한다. 이것은 반드시 공유해야 할 필수 요소다. 경영진은 당신의 행동을 그대로 따라 하기 때문에 소통을 중시하는 사고방식과 행동을 모범적으로 보여주는 것이 중요하다.

4. **예전으로 돌아가지 마라:** 나는 CEO가 한동안 소통하기 위해 노력하다가 예전의 고립적인 패턴으로 돌아가는 것을 자주 보았다. 그들이 일부러 그러는 것은 아니다. 하지만 그들이 오랫동안 지시와 통제에 익숙한 전통적인 리더였고 짧은 기간 소통을 연습했다면 관성 때문에 예전으로 돌아갈 수 있다. 옛날 습관으로 돌아가지 않도록 경계해야 한다.

5. **'기업 내 최고의 경청자'가 되라:** 마지막 조언을 잘 설명해주는 이야기가 있다. 빌 러셀^{Bill Russell}은 NBA 역사상 가장 위대한 선수 중 하나였다. 보스턴 셀틱스에서 뛸 당시 그의 감독은 전설적인 레드 아워백^{Red Auerbach}이었다. 러셀과 인터뷰할 때 그는 자신이 아워백을 위해 '경기'를 한 적이 결코 없다고 말했다. 한 팀으로서 그들은 '함께 뛰었기' 때문이다. 아워백은 각 선수와 대화를 나누었는데, 선수에 따라 소통하는 방식을 바꾸었다. 그의 목표는 각 선수의 요구를 듣고 그에 따라 조언을 조정하는 것이었다. 러셀은 아워백이 'NBA에서 최고의 경청자'였다고 말했다. 훌륭한 경청자가 되는 것은 리더십의 일반적인 요구 사항이 아닌 것처럼 보일지도 모른다. 하지만 경청은 사람들과 소통하기 위해 꼭 필요하다.

자문해보라. 나는 회사에서 최고의 경청자인가? 아니라면 이 능력을 발전시키기 위해 열심히 노력해야 한다. 경청을 통해 다른 사람과 관계를 맺고, 진실을 파악하고 더 친밀하게 소통할 수 있다. 또한 리더의 직책에 수반되는 단절 및 고립감과 싸우는 데 도움이 된다.

6

멘토링 :
후임자를 선택해
멘토링을 시작하라

"직속 부하직원의 멘토가 되고 싶지 않습니다."라고 말하는 CEO는 찾아보기 어렵다. 하지만 CEO들은 진정한 멘토가 되는 것을 피한다. 멘토링을 제대로 하기가 쉽지 않고, 시간이 많이 소요되며, 당면한 성과 문제에 항상 직결되는 것은 아니기 때문이다. 아울러 심리적인 문제도 있다. CEO들은 자신의 후계자를 찾고 훈련하며 승진시킬 책임이 있다고 생각한다. 그들은 이것이 자신의 역할임을 인정하지만, 행동에는 적극 나서지 못한다. 그들을 대신할 사람을 준비하는 것은 힘든 일이다.

적극적으로 조언하는 것이 어렵고, 또 CEO의 멘토 역할이 반드시 필요하지는 않다는 점을 알려주기 위해 일부 CEO들은 후계자를 키우는 일관되고 지속적인 노력을 기울이지 않는다.

이로 인해 이사회는 곤란한 입장에 처한다. 경험이 많은 CEO 후계자가 없으면 이사회는 CEO의 리더십 문제를 해결해야 할 때 세 가지 선택지 중 하나를 고르게 된다. 첫 번째는 기존 CEO를 유지하면서 성과가 개선되기를 바라는 것, 두 번째는 기업의 상황은 잘 알지만 충분히 준비되지 않은 내부 직원을 승진시키는 것, 마지막 세 번째는 더 큰 위험을 감수하면서 외부에서 CEO를 영입하는 것이다. 후임자가 없는 상황에서 CEO가 실패하면 기업은 힘들게 선택지를 골라야 한다.

멘토링의 중요성

오늘날, 변화의 속도와 세계 경제의 도전 과제가 증가하면서 효과적이고 장기적이며 기업 차원의 멘토링 활동이 중요해졌다. 멘토링은 젊은 임원들의 건전한 발전과 민첩한 기업 문화 형성에 기여한다. 이 두 가지는 계속 변하고 역동적인 경제 환경의 요구에 대처하는 데 매우 중요하다.

지시와 통제가 중시되던 과거에는 고위 임원이 지배적인 경향이 있었고, 간부들은 자신에게 기대하는 역할을 잘 알고 있었기 때문에 멘토링은 그다지 중요하지 않았다. 약간의 지도와 엄청난 성과 압박에도 직원들은 긍정적으로 반응했고, 학습은 주로 경험을 통해 이루어졌다. 그러나 오늘날, 시장과 모든 직원은 더 훌륭한 직원 개발 활동, 학습의 긍정적인 수용, 개인적 성장 추구, 발전적인 학습 기회를 기대하고 요구한다. 이런 활동을 촉진하는 사람이 바로 멘토다. 그들은 행동 지침과 지원을 제공할 뿐만 아니라 개인의 성장 과제를 달성하도록 도와준다. 전통적인 하향식 사고방식을 지닌 임원들과 달리, 멘토는 오늘날 수평적인 조직에서 매우 중요한 역할들을 수행한다. 그들은 코치, 교사, 친구, '라이프스타일 조언자'가 된다.

멘토 역할을 잘 수행하려면 기업과 개인 모두 상당한 노력이 필요하다. 이는 기업이 여러 업무기능을 통합하는 팀 체제를 점점 더 많이 이용하기 때문에 특히 그렇다. 기업은 예기치 않은 도전 과제를 다룰 때 여러 부서에서 직원을 차출한 팀을 이용한다. 예를 들면, 마케팅, 기술, IT와 관련된 부서들은 새로운 제품이나 서비스를 출시할 때 기업 내 다양한 사업부와 밀접하게 협력한다. 이러한 상호 협업은 반복적으로 일어나며, 이를 위해서 사람들은 협력하고 소통하며 여러 업무와 사업부를 두루 배워야 한다. 그에 따른 조직구조는 일반적으로 '모체'에서 발생한 많은 변형 중 하나로 인식되며, 이는 유연하고 강력하면서도 더 복잡한 형태의 조직이다.

노련한 고위 임원들이나 주요 사업부 리더들은 이런 유형의 조직을 잘 다루기 위한 기술을 습득하는 등의 노력을 할 것이다. 기업이 성공을 거두려면 모든 사람이 '끊임없이 적응하고 변하는' 기업 조직에서 일하는 법을 배워야 하기 때문이다. 축구장이나 농구장에서 계속 이어지는 경기와 비슷하다. 스포츠 감독이 팀플레이를 가능하게 하는 것과 마찬가지로 기업에서는 멘토가 직원들의 뛰어난 역량과 업무 유연성을 발전시키는 데 핵심적인 역할을 한다.

성공적인 기업은 직원들이 중요한 민첩성을 발휘하도록 돕기 위해 '나' 문화 대신 '우리' 문화를 발전시킨다. 이런 문화에서는 개인의 성공보다 팀 또는 기업의 성공이 우선시된다. 어떤 때에는 특정 직원이 대형 프로젝트의 '스타'가 되지만, 다른 때에는 그 직원이 지원 역할을 담당한다. 어느 경우든 특정 직원의 전체적인 '성공'은 개인의 성취만이 아니라 그가 참여한 프로젝트의 성공 정도에 따라 평가된다. 또한 동료 직원들에게 받는 존경도 영향을 미친다.

멘토의 역할과 책임

기업이 민첩한 '우리' 문화를 만들고 유지하려면 일대일 관계로 개인의 재능을 개발하는 과정인 멘토링을 받아들여야 한다. 안타깝게도 많은 기업이 강의실이나 현장 밖 수련회에서 제공하는 공식적인 교육훈련 프로그램을 훨씬 더 강조한다. 과거 연구에 따르면 공식적인 교육훈련 프로그램은 장기적으로 그다지 효과적이지 않다. 교육훈련 시간은 직원들이 서로 긍정적인 관계를 맺고 협력하는 데 유용하다. 또한 직원들에게 일정한 보상 요인이 된다. 하지만 직원들이 업무 역량을 쌓고 협력하는 데 반드시 필요한 것은 아니다.

기업에서 학습하는 것의 대부분은 사실상 '실행을 통한 배움'과 '함께 일함'을 통해 이루어진다. 내가 맥킨지에 있을 때 동료들은 우리가 배운 것의 80퍼센트를 직장 동료, 의뢰인, 파트너와 함께 일하면서 습득했다고 생각했다. 하지만 '효과적인' 학습은 다양한 사람들이 함께 일하게 하는 것만으로는 이루어지지 않는다. 멘토는 직원들이 배워야 할 것과 이를 일상 업무에 적용하는 법을 알려준다.

최고의 멘토는 멘티들의 경력과 관련된 세 가지 요소, 즉 (전통적인 의미의) 코칭coaching, 경력 안내career guidance, 후원자 역할

sponsorship에 초점을 둔다. 코칭은 직원이 시간에 따른 변화에 대처하도록 도와준다. 새로운 직책의 기본 사항부터 더 중요하게는 새로운 리더의 책임을 감당하는 방법까지 포함된다. 경력 안내 역할에서 멘토는 젊은 직원이 개인 및 직업적인 목표와 책임, 기업과의 관계, 당면한 미래와 장기적 미래를 위한 결정 간의 균형을 이해하도록 도와준다. 마지막으로, 후원은 멘티들에게 매우 유익하다. 잠재력을 지닌 직원들은 경력 초기에 큰 실수를 하거나 전도유망한 기회를 놓칠 수 있다. 후원자 역할에서 멘토는 멘티가 특정한 과제를 달성할 수 있으며, 훌륭한 인재를 개발하기 위해 더 많이 투자하고 인내할 가치가 있다는 점을 사람들에게 확신시킴으로써 중요한 도움을 제공한다.

맥킨지에서 멘토링 효과는 매우 분명하게 나타났다. 선임 파트너는 누가 다른 동료에게 멘토링 지원을 하는지 알고 있었다. 이런 지원은 사람들 눈에 띄었고, 그 결과 더 많은 선임 직원들이 멘토링 지원에 '동참했다.' 성공적인 멘토링은 관련 당사자들이 모두 보람 있는 관계를 맺으며, 이해와 애정의 유대감이 평생 이어질 수 있다.

이사회의 기대, CEO의 저항

CEO들이 멘토링에 모범을 보이면 그들의 행동은 조직 전체로 확산된다. 그들은 멘토링이 단순히 말로만 하는 것이 아니라 우선적인 실천 과제임을 분명하게 전달한다. CEO가 공식적인 멘토링 프로그램을 시작하고 지원하는 것도 중요하지만, 그들이 가장 크게 기여할 수 있는 부분은 후임자와 관련된 멘토링을 하는 것이다.

이것은 CEO가 실행하기에 힘든 일일 수 있다. 어떤 CEO들은 변명하거나 얼버무리고, 때로 이런 책임을 진지하게 받아들이지 않는다. 나는 CEO들이 충분한 경험을 가진 후임자가 없는 문제는 시간이 지나면 해결된다고 이사회에게 말하는 것을 들은 적이 있다. CEO들은 인내심을 갖고 경영진의 역량 개발에 더 힘써야 한다고 주장했다. "후임자 문제에 관한 일을 하는 것은 너무 이릅니다. 새로운 경영진이 조직에 동화하고, 옛 경영진이 탄탄한 실적을 쌓으려면 시간이 필요합니다." 또는 이사회가 선정된 후보자들에 대해 의구심을 보이자 CEO들은 다음과 같은 공교한 주장을 펼쳤다. "지금의 후보자들은 준비가 되어 있지 않지만 시간이 지나면 나아질 것입니다." 그들은 어떤 고위 임원이 아직 CEO 직책을 맡을 준비가 되어 있지 않지만, 자신의 부서를 훌륭하게 운영하기 때문에 해임하고 싶지 않다고 주장한다. 또한 더 나은 CEO 잠재력을 지닌 사람을 영입한다 해도, 단기적으로는 그 임원만큼 성공적이지 않을 것이라고 주장한다.

하지만 CEO들은 이사회가 후임자 문제를 오랫동안 내버려둘 수 없다는 점을 깨달아야 한다. 이사회는 리더십의 연속성을 진지하게 고려해야 하는 오늘날의 비즈니스 환경에서 CEO 승계업무를 핵심 과제로 우선시한다. 그들은 특히 CEO들이 사내에서 후임자를 키우길 원한다. 이사회가 기업 밖에서 후임자를 찾는 것은 종종 이사회의 경영 실패로 비치기 때문이다.

내 아버지는 "불가피한 상황에 협력하라"는 표현을 종종 사용했다. 나는 CEO에게 똑같은 조언을 하고 싶다. CEO는 후임자의 필요성을 자신에게 유리하게 이용해야 한다. 이것을 자신의 연임에 대한 위협으로 보지 않아야 한다. 올바른 후임자 후보들을 찾고 키우면 여러 면에서 유익하다. 이런 CEO는 이사회의 사랑을 받을 뿐 아니라, 기업의 다른 사람들이 보고 따라 할 수 있는 멘토링의 모델이 될 것이다.

레이시언의 데니스 피카드는 이런 도전을 잘 보여준 CEO이다. 피카드는 1970년대부터 CEO 겸 이사회장을 맡았던 톰 필립스Tom Phillips의 후임자였다. 피카드는 독자적이고 군림하는 스타일로 1990년대 레이시언을 이끌었다. 하지만 피카드는 쉽게 멘토가 되어 다른 사람을 훈련하고 키우는 사람이 아니었다. 그는 강하게 밀어붙이는 권위적인 스타일이었다. 이런 방식은 주주들에게 안정적인 성과를 제공했지만, 그는 협업과 멘토링을 통해 고위 임원진들을 CEO 직책으로 승진시킬 준비는 거의 하지 않았다. 피카드가 물러날 때가 되자 이사회는 처음으로 기업 밖에서 후임자를 찾았다. 이사회는 방위 산업체 출신의 대니얼 버넘^{Daniel Burnham}을 CEO로 선임했다. 이 과정에서 이사회는 그들과 피카드가 기업의 차기 리더를 키우는 일에 실패했다고 인정했다.

후임자 멘토링은 전임자의 성과 유지 측면에서도 유익하다. CEO는 임기 중 성과뿐만 아니라 그들의 성과가 장기적으로 기업에 얼마나 도움이 되었는지에 따라 평가받는다. GE의 잭 웰치는 모든 업적에도 불구하고 결국 부정적인 평가를 받았다. 이것은 그가 제프리 이멜트를 차기 CEO로 지명할 때 보여준 후임자 멘토링과 선임 과정 때문이었다. 웰치는 4명의 CEO 후보자들에게 매우 신중하고 투명한 '경쟁'을 시켜 찬사를 받았다. 웰치와 이사회가 제프리 이멜트를 선택했을 때 많은 이들이 그 선택을 칭찬했다. 또한 웰치는 다른 후보자들이 보잉, 홈 디포^{Home Depot}, 쓰리엠^{3M}의 CEO라는 대단한 직책을 갖게 될 것이라고 보장했다. 이 이야기는 웰치의 탁월한 리더십을 한층 더 빛나게 했다. 하지만 그로부터 몇 년 뒤, GE의 CEO인 이멜트는 임기 내에 발생한 어려움과 문제들 때문에 웰치의 성과 유지에 거의 기여하지 못했고, 어떤 면에서는 빛나던 업적을 퇴색시켰다.

따라서 CEO들은 에머슨 일렉트릭Emerson Electric, 애벗 랩스Abbott Labs, 다나허, 아메리칸 익스프레스American Express와 같은 선도적인 기업의 선례를 고려해야 한다. 이들 기업은 조직 관리 및 운영 직책을 통해 고위 임원의 역량을 개발하여, 자신의 전문지식을 뛰어넘어 최고위 직책에 필요한 능력을 발전시키는 것으로 유명하다.

또한 이사회와 CEO 간의 후임자 승계를 둘러싼 싸움은 기업 문화에 큰 해를 미칠 수 있다는 점을 알아야 한다. 많은 경우 CEO는 고락을 함께 겪으면서 신뢰를 쌓은 후보자를 선호한다. 그래서 쉽게 분별력을 잃고 '충성스러운 보좌관'이 CEO 직책으로 승진할 준비가 제대로 되어 있는지 알아보지 못할 수 있다. 그러나 CEO는 자신의 팀을 냉정하게 바라보면서 충성심과 지도자로서의 역량을 구분하려고 해야 한다. 후임자에게 필요한 리더십이 준비됐는지 엄격하게 자문해야 하며, 다른 사람들이 보여주는 충성심이나 개인적 약속을 제쳐놓아야 한다. 이사회는 CEO가 후임자를 냉정한 입장에서 추천하길 기대하기 때문이다. CEO가 자기 친구를 추천한다는 의구심을 갖게 되면 심각한

갈등이 발생해 지속적으로 악영향을 미칠 수 있다.

세르게이의 사례를 생각해보자. 대규모 상장 기업의 CEO인 그는 오랫동안 해당 산업에서 일했고, 탁월한 CEO로 널리 인정받았다. 그가 거둔 성공의 많은 부분은 오랜 시간 세르게이와 함께 여러 회사를 옮겨가며 충성을 다해준 임원들 덕분이었다. 조직을 탈바꿈하는 중요한 합병 계획 때 세르게이와 그의 충직한 팀은 산업계를 선도하는 더 크고 탁월한 합병 회사의 핵심 경영진이 되었다. 산업의 판도를 바꾸는 합병이 완료된 후 이사회는 자연스럽게 후임자 계획을 요구했다. 세르게이는 충직한 경영진 중 누구를 후임자로 추천할지 결정해야 했다. 세르게이는 그와 가장 가깝고 충성스러운 사람을 추천해야 한다는 의무감을 느꼈다. 그 후보자의 경영 스타일과 리더십이 거칠고 마찰을 일으킬 가능성이 있음에도 말이다.

하지만 이사회는 그의 추천을 진지하게 보류했다. 세르게이가 추천한 사람은 훌륭한 '2인자'이지만 CEO로서 결함이 있다고 생각했기 때문이다. 이사회와 CEO는 새로운 기업의 역사에서 매우 중요한 시점에 근본적인 문제로 충돌했다.

이사회는 다른 임원을 더 나은 후임자로 제안했다. 이 임원은 다른 기업에서 화려한 경력을 마친 후 2년 전 최고재무책임자로 이 기업에 합류해 합병 과정에서 탁월한 두각을 나타낸 사람이었다. 처음에 세르게이는 이사회의 제안에 반대했다. 세르게이와 이사회는 여러 차례 회의에서 열띤 논쟁을 벌였고, 비난과 긴장의 수위가 점차 높아졌다. 결국 이사회는 단호한 태도를 보였고, 세르게이는 마지못해 이사회의 선택을 따랐다.

세르게이가 차기 CEO로 밀었던 후보자는 그 말을 듣자 자신이 질책을 받았다고 느끼고 즉시 사임했다. 그는 경쟁사에 합류해 유력한 CEO 후보자가 되었다. 그의 이직과 최고재무책임자가 최고운영책임자로 승진하면서, 한때 탁월한 팀워크를 보였던 세르게이 팀은 사실상 해체되었다. 고위 임원진의 결속력은 세르게이의 지난 성공에 매우 중요했지만 이제 무너졌다. 또한 세르게이와 이사회의 관계에도 부정적인 영향을 미쳐 이전에 없었던 긴장과 적대감이 생겨났다.

멘토가 해야 할 일과 하지 말아야 할 일

CEO가 멘토링 역할 모델이 되는 것은 필수적이며 중요하다. 단순한 롤 모델 이외에도 기업 내에서 코칭, 안내, 후원의 역할을 촉진하는 방법은 많다.

첫째, 멘티에 적합한 멘토링을 해야 한다. 멘토링은 맞춤형

활동으로, 누구에게나 똑같이 적용되지 않는다. 멘토 역할은 개인의 요구와 상황에 적절할 경우에만 효과를 발휘한다. 어떤 사람들은 후원보다는 코칭이 더 필요할 수 있다. 또한 멘토는 특정 상황에 직면한 사람들에게 그 문제를 해결할 기술이나 경험에 초점을 맞추어 조언해야 한다. 어떤 사람들은 특정한 성격적 결함이 있거나, 다른 팀원에게 미치는 영향을 보지 못하기 때문에 애를 먹을 수도 있다. 어떤 사람은 매우 뛰어난데도 조직에서 인정받지 못한다고 느낄 수 있다.

멘토가 개인의 요구 사항을 더 많이 해결할수록 성과가 더 나아질 것이다. 그 결과 조직의 더 많은 사람이 주목하고 멘토 역할을 하게 될 것이다.

둘째, 공식적인 멘토 프로그램은 비공식적이고 유기적인 프로그램보다 효과가 낮다. 멘토 역할을 의무 사항으로 지시하기는 어렵다. 의무적으로 다른 사람의 멘토 역할을 배정하면 그들은 적절한 관계를 형성하려는 노력 없이 멘토 활동을 수행할 수 있다. 그들은 기계적으로 코치하고, 성의 없이 안내하고, 거의 후원하지 않을 수 있다. 멘토 역할은 매우 개인적이며, 승진하려거나 힘든 사람들을 돕고 싶다는 마음을 느껴야 한다. 이상적으로는, 자신과 멘티와의 관련성을 인식해야 한다. 멘토는 멘티와 같은 관심, 스타일, 재능, 태도를 갖고 있으며, 멘티를 돕기 위해 기꺼이 시간과 에너지를 사용하려고 한다.

셋째, 인사부서만 멘토 활동에 책임이 있다고 기대하지 마라. 물론 인사부서는 공식적인 후임자 프로그램을 시행해 진행 상황을 검토하고, 그 결과를 데이터베이스로 통합해 사람들을 다양한 개발 그룹에 배정한다. 하지만 이렇게 배정하는 것은 일대일 멘토링과 다르다. 인사부서는 조직의 기능이기 때문에 어쩔 수 없이 매우 개인적인 멘토링 활동의 실제적인 질과 효과보다는 이런 프로세스와 그 평가에 초점을 맞춘다.

멘토링은 상층부에서 시작된다. CEO가 보여줄 수 있는 가장 좋은 모범은 후임자를 선택하여 멘토링을 시작하고, CEO의 이런 노력을 모든 직원에게 알리는 것이다.

7

롤 모델링 :
조직 변화의
롤 모델이 되어라

롤 모델링은 CEO들이 갖고 있으면서도 잘 사용하지 않는 가장 강력한 도구다. CEO들이 조직의 목표를 실현할 아이디어를 자세히 설명하고 모범적인 행동을 보여주면 기업의 문화, 사기, 업무 방식에 엄청난 영향을 미칠 수 있다.

안타깝게도 CEO들은 대체로 시간 배정, 업무 우선순위, 집중 분야, 만나는 사람과 장소, 여행 방식, 함께 여행하는 사람과 같은 개인적인 롤 모델 활동의 영향을 과소평가한다. 물론 이런 것들은 CEO들이 롤 모델이 되어야 할 핵심 활동 중 일부에 불과하다. 하지만 그들은 다른 사람들에게 크게 주목받는 사람들이다. 위와 같은 일상에서 CEO가 보여주는 행동 방식은 기업의 문화를 바꾸는 데 강력한 무기가 된다.

롤 모델링의 영향에 대한 과소평가 외에도, CEO들은 리더 역할의 힘을 이해하지 못하기 때문에 자신의 활동이 시사하는 가치를 잘 모른다. HBS 1학년생에게 가르치는 필수과목인 조직행동론에서 우리는 이러한 리더 역할의 중요성을 강조하기 위해 '등대형 리더'를 설명한다. 리더는 등대에 비유된다. 등대는 까다로운 해류와 위험한 모래톱을 지나 최종 목적지에 도착하도록 안전한 항로를 비춰준다. '등대형 리더'라는 비유는 어려운 바다를 통과하기 위해 따라야 할 행동, 태도, 사고방식을 안내하는 CEO의 역할을 강조한다.

또한 어떤 CEO들은 자신의 존재를 과소평가한다. 그들은 겸손하고 평등하고 점잖은 태도를 보이며, 다른 사람들이 함께 주목받기를 원한다. 어느 정도의 겸손과 절제된 자존감은 칭찬할 만하다. 하지만 이런 CEO들은 대부분의 조직에서 자신이 진정한 리더이며, 다른 직원들이 그를 모방한다는 점을 알아야 한다. 겸손과 공손한 태도는 CEO의 유용한 자질이지만, 바람직한 행동에 대한 롤 모델의 필요성과 그 가치를 간과해서는 안 된다.

CEO들이 롤 모델링을 충분히 사용하지 않는 또 다른 이유는 힘들기 때문이다. 당신이 무엇을 하고, 누구를 만나고, 어디서 회의를 하고, 무엇을 강조하고, 어떤 일에 얼마나 시간을 사용하고, 당신의 어조가 즐거운지 차가운지 등을 매일 신경 쓰는 것은 결코 쉽지 않다. 이것은 지치고, 끝이 없고, 그저 힘든 일일 뿐이다. 리더가 본사 사무실, 해외 출장, 판매점에서 돌아다니며 사람들을 만나 관계를 맺는 것은 매우 중요하다. 이를 통해 리더들은 모르는 사람들과 알게 된다. 이때 사람에 대한 관심과 품위 있고 배려하는 모습이 필요하다. 그런데 놀랍게도 어떤 CEO는 수줍음 때문에 이런 관계를 피한다. 또 어떤 CEO는 끊임없이 사람들에게 노출되는 것을 좋아하지 않고, 어떤 CEO는 시간을 생산적으로 이용하는 모습을 보여주지 못할까 봐 염려하고, 어떤 CEO는 진심으로 이런 행동이 '격에 맞지 않는다'고 생각한다. 그들은 임원이나 직원들이 CEO의 행동이 아니라 지시한 명령대로 따르기를 바란다.

필수적인 변화 관리 자산

이해하기 힘든 사실은 CEO들이 변화 계획을 촉진하는 데 필요한 롤 모델링을 좋아하지 않는다는 점이다. 컨설턴트로서 나는 CEO들이 사무실에 있는 것을 낙으로 삼는 모습을 보고 매우 놀랐다. CEO들이 업무 현장에서 실무진과 만나는 경우는 별로 없었다. 중요한 인수 및 합병, 통합 등을 진행할 때 CEO들은 대개 '전략회의실'에 있지 않고 통합팀과 비공식 만남도 거의 갖지 않았다. 대부분 그들은 모두가 참석한 대회의실에서 열리는 공식적인 검토회의를 선호했다. 그 결과 진행 상황에 관한 실제적이고 근본적인 사실들이 아니라, 고도로 요약해 파워포인트로 신중하게 표현된 정보만 받았다. 반면 전략회의실에 앉아 팀 리더들과 비공식적인 대화를 하는 CEO들은 공식적인 소통수단에서 얻는 것보다 훨씬 더 많은 것을 배운다.

이와 비슷하게, CEO들이 사전 약속된 회의와 신중하게 조율된 의제 없이 주요 시설을 방문하는 일은 훨씬 더 예외적이다. 비공식적인 '깜짝 방문'은 보통 일어나지 않는다. 따라서 CEO들이 갑자기 업무시설에 나타나는 경우는 드물다. 공급사나 고객과의 회의에서는 사전에 정한 의제를 다루며, 누가 누구를 만날 것인지 미리 정하고 격식을 갖춘다. 그 결과 학습 수준과 롤 모델링은 매우 제한적이다.

나는 오래전 월마트Walmart의 롤 모델 제도화에 관한 교훈적인 이야기를 듣고 감탄했다. 월마트 임원들은 점포에 들러서 현장의 점포 관리팀과 일정 기간 함께 일했다는 서면 확인서 없이는 지출보고서를 제출할 수 없다는 내용이었다. 그것은 리더들이 롤 모델 행동을 실천하도록 강화하는 훌륭한 방법이었다. 비용을 정산해주지 않겠다는 위협은 행동을 강화하는 이상적인 방법은 아니지만 메시지를 확실하게 전달한다.

CEO들이 바람직한 새로운 행동을 보여줄 때 변화 계획이 성공할 가능성이 더 높아진다. 직원들은 보통 리더가 주장하는 변화의 메시지를 이해하지만, 매일 그리고 매주 그 의미를 받아들여 실천하는 데 어려움을 겪는다. 고상한 메시지를 행동으로 옮기는 방법도 모른 채, 많은 이들이 이렇게 자문한다. "변화를 받아들이면 외톨이가 되지 않을까?" 우리는 많은 사람이 함께하면 안전하다고 느낀다. 사람들은 혼자 앞장서기보다는 변화하는 물결의 일부가 되길 원한다. CEO들은 변화 계획을 대략 설명해주기만 해서는 안 된다. 자신의 행동을 바꿈으로써 변화 계획의 내용을 입증해야 한다. 아울러 고위 경영진도 의미 있는 변화를 일으키는 롤 모델링을 실천해야 한다.

CEO들은 롤 모델링이 무슨 의미인지 알지만 직장에서 이 도구를 이용하는 다양한 방법은 잘 알지 못한다. 따라서 구체적인 적용 방법을 살펴볼 필요가 있다.

롤 모델링을 통해 메시지를 전달하는 네 가지 방법

롤 모델링은 타인에게 보이는 모습에 신경을 쓰고, 평상시보다 많이 돌아다니려고 노력하는 것보다 훨씬 더 높은 차원의 행동이다. 여기에는 직원들이 수용하고 행동하기를 바라는 신념, 업무 프로세스, 변화 우선순위에 관련된 모든 소통 방식이 포함된다. 더 구체적으로, CEO들이 롤 모델링을 할 수 있는 여러 가지 방법이 있다.

1. **일정 관리**: CEO들의 일정은 큰 주목을 받는다. 그들이 시간을 사용하는 방식은 조직에 강력한 신호를 보낸다. CEO의 일정 관리는 직원들에게 기대하는 행동과 일치해야 한다. 당신은 사무실보다 출장에 얼마나 많은 시간을 사용하는가? 팀 회의에는 얼마나 정기적으로 참석하는가? 자신의 시간을 전략에만 많이 투자하고 인재 개발에는 거의 투자하지 않는가?

   앞서 언급했듯이 나는 잭 웰치가 보스턴에 살 때 그와 정기적으로 많은 시간을 보냈다. 한 언론에서는 웰치가 인재 평가, 직원 훈련, 개인적 발전을 위한 봉사활동에 자신의 시간 50퍼센트 이상을 사용한다고 보도했다. 그와 점심 식사를 하던 어느 날, 나는 그 보도가 얼마나 정확한지 물었다. 웰치는 50퍼센트는 실제 자신이 사용하는 시간보다 '적게 표현한 것'이라고 말했다. 그리고 이것이 GE의 성공에 중요한 변수이며, 모든 사람에게 알려주기 위한 것이라고 말했다. 그는 이렇게 덧붙였다. "내가 이런 시간을 투자할 수 있다면 다른 사람들도 그렇게 할 수 있을 겁니다."

2. **소통 스타일과 내용:** 시간과 장소 이외에도 롤 모델링은 소통 방식에 더 많은 주의를 기울이는 것을 의미한다. 일관된 메시지는 필요한 변화를 강조하고, 우선적인 가치와 프로그램에 부합하는 행동을 하도록 동기를 부여한다.

   언젠가 나는 중요한 전환을 시작한 한 제약 회사의 CEO와 긴밀하게 협력하고 있었다. 그는 이사회 회의를 열 때마다 회사의 사명과 지난 시기 동안 그 가치를 실현하기 위해 해온 일들을 다시 돌아봤다. 이런 반복적인 행동은 그들의 사명이 소중하고 이를 위해 일관되게 노력해왔다는 메시지를 깊이 인식시켰다. 그는 이것이 회사의 사명을 전달하기를 원하는 이사회의 기대를 롤 모델링을 통해 보여주는 방법이라고 말했다.

나는 또한 대규모 합병이나 거래를 추진 중인 CEO들에게 계약과 상관없는 사람들과 회의를 시작할 때도 거래 이유를 요약한 내용을 읽으라고 조언한다. 회의 주제는 실제 거래와 아무 상관이 없을지도 모르지만, 모든 사람이 그 거래를 해야 할 이유를 계속 되새길 수 있는 기회다. 직접 관여하지 않는다 해도 사람들은 주요 사건의 자세한 내막을 알고 싶어 한다. 또 그 일을 계속 언급하기 때문에 이것은 거래의 이유를 효과적으로 강화하며, 아울러 중요한 소통 수단이 된다.

3. **의사결정 방법**: CEO는 롤 모델링 관점에서 자신이 직면한 폭넓은 선택지를 살펴보아야 한다. 직원들이 어떤 의사결정 방식을 따라 하기를 원하는가? 직원들이 의사결정을 내리기 전에 폭넓게 조사하기를 원하는가? 직원들이 항상 공식적인 의사결정 과정을 따르기를 원하는가? 다양한 집단이 의사결정을 검토하기를 원하는가? CEO를 위해 일하는 고위 경영진과 관리자들은 CEO에게서 의사결정의 실마리를 얻을 것이다. 모든 의사결정에는 상충관계가 존재하기 때문에 CEO가 기업의 우선순위와 상충된 요구를 조율하는 방식, 세부 사항과 위험 특성 등에 얼마나 주의를 기울

여야 하는지에 대해 신호를 보내는 것이 중요하다.

4. **일과 사생활의 균형**: CEO의 업무 방식에 따라 일과 사생활의 적절한 균형에 대한 회사의 분위기가 정해진다. CEO들이 일중독자 모델인가 아니면 전통적인 9시 출근, 6시 퇴근 모델인가? CEO가 균형과 개인적 성찰, 가족을 위한 시간의 필요성을 지지하면서 모범적인 행동을 보여주지 않는다면 그들의 메시지는 비록 완전히 사라지지는 않는다 해도 희석된다.

회사를 되살린 롤 모델링: 코닝

앞서 말했듯이 롤 모델은 조직 전체에 강력한 메시지를 전달할 수 있다. 하나의 예로 유리제품을 생산하는 대기업 코닝Corning의 제임스 호턴James R. Houghton과 웬들 윅스Wendell Weeks는 2000년대 초 모범적인 행동을 통해 기업을 도산 위기에서 구했다.

뉴욕 주 코닝에 있는 이 상장 기업은 약 170년의 기업 역사 동안 대부분 호턴 가문이 경영했다. 코닝은 가족 경영의 기업 문화에서 기대할 수 있는 품질, 통합, 성과, 리더십, 혁신, 자립,

개인의 가치에 기반하여 기업을 운영했다.

1990년대 말 닷컴 기업의 호황기에 윅스는 광섬유와 그 장비를 만드는 사업부를 맡고 있었다. 새로 등장한 인터넷 덕분에 광대역 디지털 통신 수요가 폭발적으로 늘어났고, AT&T, 월드컴WorldCom과 같은 통신 회사들이 장거리 광섬유 네트워크를 공격적으로 구축했다. 코닝은 이런 네트워크용 광섬유의 세계적인 공급사였다. 이 시기의 비이성적인 과열 속에서 닷컴 기업과 통신 관련 기업들의 주가가 급상승해 새로운 고점을 찍었다.

이때 코닝에서 윅스의 광섬유 사업부는 코닝 수익의 3분의 2 이상을 담당했다. 2001년 코닝의 주가는 주당 113달러까지 상승했고, 기업 가치는 1,150억 달러 이상이었다.

그러나 곧 코닝은 붕괴했다. 2000년에 처음으로 닷컴 버블이 터진 것이다. 인터넷 기업들은 문을 닫거나 축소되었고, 광대역 통신 수요도 줄었다. 이런 상황은 광섬유 네트워크가 지나치게 많이 구축되었음을 보여주었고, 새로운 건설은 거의 중단되었다. 닷컴 기업에 이어 통신 회사의 주가가 나락으로 떨어졌다. 코닝도 마찬가지였다. 코닝의 1주 가격은 약 1달러로 폭락했고, 기업 가치는 150억 달러가 되었다. 상황은 암울해 보였다. 윅스는 이렇게 말했다. "기업이 공격당하고 있었습니다."

이때 은퇴했던 호턴이 코닝을 구하기 위해 다시 CEO로 복귀했다. 보통의 CEO라면 기업의 현금흐름을 거의 책임졌던 사업부의 수장인 웍스를 즉시 해고했을 것이다. 하지만 2002년 호턴은 웍스를 CEO로 가기 전 단계인 최고운영책임자로 승진시켰다. 그는 웍스에게 말했다. "당신이 회사를 망쳤으니 당신이 다시 고쳐야 합니다." 그리고 이렇게 덧붙였다. "우리 기업은 지난 150년 동안 살아남았습니다. 당신도 앞으로 150년 동안 이 기업을 번영시킬 계획을 제시해야 합니다."

이때 호턴의 행동이 롤 모델 역할을 해 기업 전체에 명확한 신호를 보냈다. 외부 인사를 영입하는 대신 웍스를 승진시킨 것은 코닝과 이 기업의 가치에 대한 신념을 보여주었다. 호턴은 기업을 살릴 수 있다는 믿음을 보여주었고, 다른 사람들도 그런 믿음에 따라 행동해야 한다는 신호를 보냈다. 호턴의 신임으로 웍스는 기대를 저버리지 않고 성공하겠다는 결의를 다졌다.

코닝은 제대로 돌아가지 않는 봉건영주 가문 같았다. 광섬유는 총애하는 부유한 아들이고 나머지는 버려진 듯했다. 호턴과 웍스는 이런 오해를 바꾸고 사업 부문의 균형과 팀워크의 회복에 착수했다. 그들은 코닝의 여러 사업부에서 시간을 보내며 세부적인 상황을 배우는 방식으로 이런 의도를 보여주었다. 즉, 롤 모델링을 통해 직원들에게 원하는 행동 방식을 보여주었다.

웍스 역시 호턴의 뒤를 따라 개별 제품이 아니라 코닝의 문화와 가치가 성공의 이유라는 메시지를 강조했다. 윅스는 연구 개발팀에서 계속 시간을 보냄으로써 코닝이 높게 평가하는 가치가 혁신임을 보여주었다. 그리고 혁신을 통해 고객이 원하는 것을 제공하여 새로운 기회를 찾으려고 했다. 그는 엔지니어, 과학자, 연구자, 마케터로 이루어진 혁신팀과 함께 일했으며, 고객과 깊은 관계를 맺기 위해 상당한 노력을 기울였다.

2005년 윅스는 CEO로 임명되었다. 그때까지 코닝은 10분기 연속으로 매출액이 증가했다. 코닝은 평면 디스플레이 사업을 발전시켰고, 지금은 최고의 수익을 올리는 사업부가 됐다. 윅스는 고릴라 글라스의 성공에도 깊이 관여했다. 이것은 애플의 CEO 스티브 잡스와의 만남에서 시작됐다. 잡스는 새로운 터치 스크린 방식을 적용하는 모바일 폰을 개발하고 있었다. 애플이 기존에 시도했던 플라스틱 커버는 너무 쉽게 스크래치가 생겼다. 그래서 잡스는 윅스에게 휴대폰 전면을 유리 터치 화면으로 만들기 위해 얇고 강한 유리를 개발해 달라고 요구했다. 윅스는 그동안 코닝의 연구 현황을 파악한 덕분에 1960년대 처음 개발된 유리가 애플의 요구에 부응하는 출발점이 될 수 있다는 사실을 알았다. 그는 잡스에게 애플의 빡빡한 일정에 맞추어 휴대폰용 유리 제조가 가능하다고 장담했다. 이것은 코닝의 성공이 긴밀한 고객 접촉과 혁신 능력의 결합에서 비롯된다는 메시지를 롤 모델링을 통해 또다시 보여주었다.

윅스는 계속해서 밸러^{Valor} 유리 용기를 개발해 제약 산업에서도 같은 유형의 롤 모델링을 보여주었다. 윅스는 2009년부터 2020년까지 머크^{Merck} 그룹의 이사로도 일했다. 선도적인 제약 회사들과의 대화에서 윅스는 그들이 오랫동안 백신 패키징에 애를 먹고 있다는 사실을 알게 되었다. 약 100년간 사용된 기존의 유리 용기는 약물을 병에 넣는 공정에서 걸려서 움직이지 않거나 깨지고, 금이 가거나 미세한 유리 입자가 백신 안으로 유입되었다. 윅스가 이 문제를 코닝의 연구원들에게 설명하자 그들은 기존 유리 용기보다 훨씬 더 강한 새로운 유리를 만들었다. 이 용기는 외부 표면의 마찰이 적어 조립 생산라인에서 서로 미끄러지며 지나갔다. 그러자 걸려서 멈추거나 깨지는 현상이 사라져 병입 및 마감 공정의 생산성이 증가했다. 세계가 코로나 바이러스19 백신을 구할 때, 코닝의 밸러 유리 용기는 백신 생산 및 이용을 촉진하는 데 기여했다.

그 결과 현재 윅스는 평면 TV용 유리, 광섬유, 세라믹 기판, 승용차와 트럭의 배기가스 제어용 미립자 필터, 제약 산업용 유리 용기, 오늘날 스마트폰 화면의 표준인 코닝의 고릴라 글라스를 생산해 한해 110억 달러 이상의 매출액을 올리고 있다.

매우 적극적으로 참여하는 윅스의 경영 스타일처럼 그의 사무실 책상은 거의 사용한 적이 없는 것처럼 보인다. 윅스와 소통하는 최선의 방법 중 하나는 그가 경영진과 방문할 때 다양한 사무실 주변을 함께 걷는 것이다.

이사회 의장이자 CEO로서 그의 행동은 혁신 과정에 적극 참여하고, 다양한 부서와 협력하고, 고객의 요구를 경청하고 해결할 때, 그리고 무엇보다도 코닝의 핵심 가치와 사람들을 믿을 때 성공한다는 것을 보여준다.

결과적으로, 직원들은 리더의 행동을 모방한다. 의식하든 아니든 직원들은 리더를 관찰하고 리더의 신념과 방법을 받아들인다. 이것은 내가 아버지에게 스키를 어떻게 배웠는지 생각나게 한다. 슬로프에 처음 섰을 때 아버지는 내 앞에서 이렇게만 말씀하셨다. "나를 따라오면서 내가 하는 대로 해보렴." 내가 아버지보다 실력이 나아졌을 때 나는 스키 실력이 더 좋은 사람들을 찾아서 그들의 동작을 모방했다. 똑같은 모방 과정이 기업에서도 일어난다. 다만 앞서가는 사람이 CEO일 뿐이다.

적극적으로 참여하라

CEO들은 자신이 예상하는 것보다 훨씬 더 큰 영향을 미친다.

그들의 행동과 의사결정의 영향력은 많은 역할의 유용성, 가시성, 투명성이 높을 때 커진다. CEO들은 항상 조직에서 돋보이는 역할을 맡지만 그들 중 다수는 적극적으로 움직이지 않는다. 많은 시간을 사무실에서 보내고 임원진들만 만난다. 또 메모를 이용해서만 직원들과 소통한다. 그러나 오늘날 CEO들은 모든 의사소통 수단을 이용해 다양한 팀, 직원들과 적극적으로 소통한다. 그들은 규칙적으로 트위터나 블로그를 이용하고 본사, 공장, 지역사회, 산업 활동에 폭넓게 참여한다.

실제적인 참여는 리더의 말과 행동의 영향력을 높인다. 로저 크론은 이런 참여를 이용해 기업의 이익에 기여한 CEO다. 앞서 말했듯이, 크론은 정부 기관의 IT 및 관련 시스템을 관리하는 소프트웨어 서비스 기업 레이도스의 CEO이다. 레이도스는 직원이 4만 명이 넘는 대기업이다. 이 기업의 성공 비결은 다양한 정부 기관에 제공하는 소프트웨어와 서비스 기술을 갖춘 사람을 고용, 유지, 개발하는 능력이다. 크론은 워싱턴 본사에서 일하는 월요일마다 인재를 모집하고 유지하는 일의 중요성을 강조한다. 그는 매주 열리는 신입 직원 오리엔테이션에 반드시 들른다. 이런 행동은 신규 채용에 도움을 줄 뿐 아니라 인재 채용과 유지의 중요성에 관한 명확한 메시지를 전달한다. 신입 직원들은 이런 메시지를 듣고, 출근 첫 주에 CEO와 만났다는 사실을 오랫동안 기억한다. 이는 크론이 기업의 사명을 전달하는 방법이기도 하다. 크론은 임원진과 만나 우수 인재 채용보다 더 중요한 것은 없다고 말할 때 이런 신념의 증거로 신규 직원과의 월요 만남을 언급한다. 회의실에 참석한 모든 임원은 이 말을 듣고 이렇게 생각한다. '그의 말은 진심이구나. 나도 더 분발해야지.'

때로 CEO들은 대담하고 깜짝 놀랄 만한 행동을 보여준다. 이것 역시 깊은 인상을 남길 수 있다. 3장에서 나는 코닥의 CEO 제프 클라크가 코닥 역사상 가장 힘든 시기에 리더가 되어 직면한 여러 이해관계자 문제를 설명했다. 전통적인 필름과 카메라 사진은 급격히 소멸하고 있었다. 코닥은 2012년에 파산을 신청했고 미래는 암울해 보였다. 그들은 외부에서 클라크를 영입해 CEO로 임명했다. 그는 첫 번째로 직원을 대폭 감축했다. 디지털로 급변하는 상황은 코닥의 매출액을 크게 감소시키고 확실하고 영구적인 영향을 미쳤기 때문이다. CEO 취임 첫 주에 이사회는 할리우드 스튜디오에서 영화제작에 사용하는 코닥의 필름 사업을 중단할 것인지 결정하라고 요구했다. 그는 이 핵심 사업을 중단하는 것은 최악의 조치라고 판단하고, 기업이 살아남기 위해선 이 유산을 유지해야 한다고 생각했다.

클라크는 할리우드로 가서 든든한 필름 옹호자였던 스티븐

스필버그^{Steven Spielberg}, 프랜시스 포드 코폴라^{Francis Ford Coppola}와 같은 영화감독들과 이야기를 나누었다. 클라크는 필름의 품질이 디지털보다 더 탁월하다는 신념을 세상에 전달할 필요가 있다고 말했다. 그는 영화감독들이 필름을 선호한다는 목소리를 내지 않으면 필름 사업부를 계속할 수 없다고 강조했다. 그들은 클라크의 요청에 따랐고, 코닥은 살아남을 수 있었다.

코닥이 계속 고투하면서 클라크는 결국 CEO 직책을 떠났다. 하지만 그는 고객에 대한 헌신이 코닥의 생존에 가장 중요하는 점을 강조하기 위해 노력했다. 이런 의사결정 과정과 여기서 보여준 신호를 통해 클라크는 전통적인 CEO 역할에서 벗어나 적극적으로 참여하는 대담한 리더가 되었다. 상징적인 브랜드를 구하기 위해 제품 인플루언서들에게 기꺼이 찾아가 그들의 확신을 세상에 말하도록 설득하는 CEO는 거의 없다. 클라크의 행동은 내부적으로나 외부적으로 긍정적인 결과를 낳았다. 그는 위험을 감수하면서 코닥의 생존에 필요하다고 생각한 행동을 모범적으로 보여주었다.

당신이 보여주는 행동에 주의하라

CEO들은 롤 모델링을 전략적으로 이용하는 법을 배워야 한다. 예전의 낡은 행동을 보여주거나 기업을 곤경에 빠뜨린 운영 방식을 답습한다면, 분명히 역효과가 발생할 것이다. 롤 모델링은 리더가 행동으로 보여주는 딱 그 만큼 효력을 발휘하기 때문이다. CEO가 일상적인 업무에만 얽매어 있다면 롤 모델링의 실행과 효과를 기대할 수 없으며, 그들 자신의 행동이 만들어내는 결과를 깨닫지도 못할 것이다.

레이시언의 CEO 데니스 피카드가 거의 매주 보여주었던 경영 방식의 영향을 살펴보자. 피카드는 레이시언 역사상 최고라 할 만큼 탁월한 프로젝트 관리자였다. 국방 관련 기업인 레이시언은 이 프로젝트에서 저 프로젝트로 효율적으로 이동하는 능력에 따라 기업의 생존이 결정되기 때문에 이런 역량을 가진 관리자가 꼭 필요하다. 피카드는 엔지니어링과 마케팅을 통합하여 최첨단 기술로 프로젝트의 요구 사항을 충족시키는 데 뛰어났다. 피카드는 레이시언에서 거의 모든 주요 활동, 투자, 프로그램에 관여하는 최고의 프로젝트 리더가 되었다. 레이시언 본사를 방문하면 피카드는 대형 회의실에 앉아 있고, 프로젝트 관리팀이 다양한 사무실에서 그를 만나기 위해 대기하는 모습을 볼 수 있었다. 하루 동안 대기하는 프로젝트팀이 12개나 될 정도였다. 피카드는 프로젝트 추진 능력 덕분에 엄청난 부가가치를 창출하고 자원을 배분할 수 있었다. 하지만 그의 게이트키핑 역할은 본의 아니게 사람들이 그의 검토 없이 행동할 수 있는 능력을 빼앗아버렸다.

나는 이런 프로세스가 초래한 병목현상을 직접 경험했다. 내가 피카드와 약속을 잡기 위해 그의 선임 비서에게 물으면 어김없이 두세 시간 뒤에 가능하다고 답할 것이다. 그만큼 효율성이 떨어졌다. 많은 이들이 이것이 레이시언이 실패한 원인이며, CEO로서 피카드가 기대한 만큼 임기를 잘 마무리하지 못한 이유라고 주장할 것이다. 피카드가 보여준 프로젝트 관리자에 관한 롤 모델링은 기업에 유익했지만 그에 못지않게 상당한 문제를 일으켰다.

질레트의 CEO 짐 킬츠 역시 기업에는 탁월한 일을 많이 했지만, 역효과를 유발하는 롤 모델링을 보여준 리더였다. 킬츠는 분명 CEO로서 보스턴에 기반한 이 상징적인 소비재 기업의 상황을 반전시키는 데 기여했다. 그는 기업 측에서 보면 외부인이었고 보스턴 출신도 아니었다. 킬츠는 거래의 달인으로 꽤 유명했는데, 이전에 나비스코의 상황을 호전시켜 기업을 RJR에 매각했다. 킬츠는 질레트의 자산을 축소하고 운영을 개선할 필요성을 신속하게 파악해 이 일에 착수했다. 이런 전략을 통해 첫 성공을 맛본 뒤, 킬츠의 계획은 두 가지 문제 때문에 반대에 부딪혔다. 하나는 '질레트는 보스턴에 얼마나 오래 남아 있을 것인가', 그리고 다른 하나는 '나비스코에서 했던 방식으로 질레트를 매각할 것인가'라는 문제였다.

킬츠는 매각을 잘 조율했고, 확실히 주주들에게는 이익을 제공했다. 만약 킬츠의 거주지 이전 문제에 대한 반발이 표면화되지 않았다면 또 다른 긍정적인 결과가 발생했을 수도 있다. 킬츠는 뉴욕 스카스데일의 집을 그대로 둔 채 보스턴의 고급호텔에 임시 거처를 마련했다. 그 때문에 많은 질레트 직원은 그가 장기간 회사에 머물지 않을 거라 예상했다. 자연스럽게 이런 불평이 쏟아졌다. "CEO가 보스턴으로 이사하지 않고 이곳 지역사회의 일원이 될 생각이 없는데, 어떻게 이 대대적인 변화 프로그램에 헌신할 수 있겠습니까?"

킬츠는 보스턴 지역에 영구 거주지를 마련하지 않았고, 이는 직원들에게 그가 단기간 머물 것임을 보여준 셈이었다. 특히 변화를 추진하는 CEO의 경우 이런 행동마저도 기업과 조직에 강한 메시지를 준다. 변화를 지속하고 기업 문화를 유지하려는 CEO라면 이런 결과를 만들 수 있는 행동을 직접 보여주어야 한다.

사람들의 마음을 움직인 두 리더 이야기

롤 모델링에 관해 내가 매우 좋아하는 두 가지 이야기가 있다. 하나는 내가 일했던 기업의 리더와, 또 다른 하나는 전 NBA 스타와 감독에 관한 이야기이다.

맥킨지의 마빈 바우어Marvin Bower는 현대 경영컨설팅 산업의 창시자이자 이 기업의 오랜 경영 파트너였다. 바우어는 전문성의 가치를 옹호한 것으로 유명했다. 그는 맥킨지가 전통적인 일반 기업보다는 카운슬러 기반의 법률 회사처럼 고객 중심의 전문기업으로 운영되길 원했다. 그는 높은 전문성 유지가 중요하다는 점을 계속 강조했다.

바우어는 모든 직원을 위한 입문 교육 프로그램에 오랫동안 참석했다. 직원들은 반나절 동안 바우어의 이야기를 들었다. 그들에게는 바우어가 세계 곳곳을 다니면서 회의에 참석하는 것보다, 전문성에 관한 사고방식을 강의해주는 것이 훨씬 더 유익했다. 이 일은 기업 규모가 커지고 바우어의 나이가 많아지면서 더 이상 할 수 없을 때까지 계속됐다.

그럼에도 바우어는 전문성의 가치를 계속 모델링할 방법을 찾았다. 맥킨지는 애리조나주 피닉스에서 파트너 회의를 열었다. 맥킨지의 가장 강력한 수석 파트너 중 한 사람이 신규 고객 확보를 위한 투자를 포함해, 새로운 지역으로 사업을 확장할 계획을 제시했다. 그 '사업 계획'에는 투자수익률과 예상 수입에 관한 내용이 포함됐다. 회의실 뒤편에 앉아 있던 바우어는 그 계획이 자신이 오랫동안 옹호해온 전문성의 가치를 침해한다고 보았다. 바우어는 발표를 즉각 중단시켰다. 그리고 수백 명의 파트너 앞에서 맥킨지의 전문가 문화에 도전하는 사업 계획을 어떻게 만들 수 있는가에 대해 수석 파트너와 질의응답 시간을 가졌다. 수석 파트너는 바우어를 설득할 수 없었고, 바우어는 관리 담당 이사가 중재한 뒤에야 비로소 자리에 앉았다. 맥킨지 역사에서 전설적인 순간이었다. 그때 회의실에 있던 모든 사람이 바우어에게 기립박수를 보냈다. 우리가 실천하기 위해 훈련받는 행동을 그가 모범적으로 보여주었기 때문이다.

그 이후 바우어는 세상을 떠났지만, 맥킨지에 입사하는 많은 신입 직원은 그날의 발표와 바우어의 개입 장면을 찍은 영상을 본다. 오랜 세월이 지났지만 바우어의 롤 모델 행동을 담은 이 영상은 맥킨지의 핵심인 전문성에 대한 가치를 심어주는 데 도움을 준다.

모리스 칙스Maurice Cheeks와 마빈 바우어는 직업 측면에서 공통점이 거의 없다. 하지만 그들은 모든 CEO에게 유익한 롤 모델링의 특성을 보여준다.

모리스 칙스는 NBA의 필라델피아 세븐티식서스^{76ers}의 스타 포인트가드였다. 그리고 나중에 포틀랜드 트레일블레이저스^{Trailblazers} 팀 감독이 되었다. 2003년 칙스의 포틀랜드 팀과 댈러스 매버릭스^{Mavericks} 팀 간의 경기 직전, 13세 소녀가 미국 국가를 불렀다. 소녀는 국가를 부르다가 너무 긴장해서 그만 가사를 잊어버렸다. 칙스는 망설임 없이 소녀 옆으로 가서 걱정하지 말라며 다시 노래를 부르라고 격려했다. 그가 노래를 부르기 시작하자 소녀도 함께 따라 불렀다. 칙스의 목소리는 끔찍했지만 그것은 중요하지 않았다. 모든 선수와 (화를 잘 내고 고지식한) 댈러스 감독 돈 넬슨^{Don Nelson}을 비롯해 스타디움에 있던 모든 사람이 함께 불렀다. 마법 같은 순간이었다. 경기를 마친 뒤 넬슨 감독은 포틀랜드 팀의 라커룸으로 찾아갔다. 그리고 칙스의 행동이 자신이 본 가장 인상적인 일이었다고 말했다.

칙스는 당혹스러운 상황에서 본능적이고 진정성 있게 반응했다. 그때부터 칙스가 팀원들을 지원하고 팀 전체의 유익을 위해 희생하라고 말할 때 선수들은 그의 말을 절대 의심하지 않았다. 그는 모든 사람에게 지울 수 없는 깊은 인상을 남기는 방식으로 본보기를 보여주었다.

바우어처럼 칙스는 진정성 있는 행동을 통해 바람직한 조직의 가치를 전달했다. 많은 CEO가 이렇게 행동한다면 메시지를

더 빨리 소통하고, 웅변적인 사명 선언문보다 더 큰 영향을 미칠
것이다.

8

인센티브 도입 : 심리적 보상을 활용하라

CEO가 지닌 가장 강력한 무기는 금전적 인센티브다. 전통적이고 위계적인 조직 대부분은 돈을 인센티브로 지급함으로써 사람들의 행동을 원하는 대로 바꾸려고 한다.

하지만 CEO들은 금전적 인센티브가 제한적인 도구라는 것을 안다. 이런 한계점은 잠시 뒤에 논의하고, 먼저 순수한 금전적 인센티브와 대응관계인 심리적 보상에 대해 살펴보자. 심리적 보상은 사람들의 성과와 기여를 인정해주는, 감정에 기초한 인센티브다. 이것은 개인이 자신의 존재 가치와 보람을 느끼게 해주는 방식으로 인정과 보상을 바라는 심리적 욕구를 충족시킨다. 이런 보상의 방법으로는 높은 성과에 대한 공개적 인정, 개인적인 칭찬, 우수한 생산성에 대한 표창, 핵심 팀이나 위원회 배정 등이 있다.

이런 심리적 보상의 가치와 힘을 생각해보자. UPS는 매년 2천만 개 이상의 화물을 배송하기 위해 10만 대가 넘는 승용차, 밴, 트랙터, 패널 밴을 보유하고 있다. UPS의 문제는 이런 트럭이 운전하기에 크고 다루기 힘들며, 사고에 취약하고, 그에 따라 막대한 수리 비용, 보험료, 법률 수수료가 지출된다는 것이다. 당신이 UPS 리더라면 운전자들이 더 안전 운전하도록 어떻게 동기를 부여하겠는가? 배송 실적의 향상을 위해 금전적 인센티브를 제공하는 것을 가장 먼저 떠올릴 것이다. 실제 UPS도 그렇게 행할 가능성이 높다. 하지만 UPS는 항공 재킷 지급이라는 심리적 보상을 함께 사용했다.

양털을 덧댄 단순한 가죽 재킷은 운전자에게 어떤 가치가 있을까? UPS는 25년 동안 무사고 운전기록을 달성한 운전자에게 이 재킷을 상으로 주었다. 25년! 이것이 어떻게 동기부여가 될 수 있을까? 그들은 단순히 (운전할 때 입는) 항공 재킷만 받는 것이 아니라 그들의 갈색 셔츠를 UPS 빌딩의 옷걸이에 거는 의식에 참석한다. 스타디움의 전설적인 스포츠 스타 유니폼처럼 말이다. 이 운전자들은 유니폼 소매에 부착하는 특별한 패치를 받고, 창고 근처에 있는 특별 주차장소도 배정받는다. 2013년에는 약 1,500명의 운전자, 즉 UPS 전체 운전자의 7퍼센트가 이 엘리트 그룹에 속해 있었다. UPS는 항공 재킷 비용으로 화물차 운전자들에게 동기를 부여해 더 안전하게 배송하도록 만들었다.

모든 조직의 CEO들은 항공 재킷 인센티브와 유사한 방법을 활용할 수 있다. 이런 심리적 보상을 이용하는 방법을 집중적으로 알아보기 전에, 잠시 전통적인 금전적 인센티브를 살펴보자.

금전적 인센티브의 한계

금전적 인센티브는 전통 기업의 결과지향적 성향을 반영한다. 즉, 기업 이익이 생산직원에게 구체적으로 제공돼야 한다는 신념이다. 하지만 실제로 위계 조직은 보편적인 인센티브가 필요하고 보상시스템을 적용하는 방식도 공평해야 한다고 본다. 많은 경우 집단 교섭 또는 비슷한 직원 집단들 사이에 조정이 필요하기 때문에 동일한 방식의 인센티브 구조가 만들어진다. 그 결과 인센티브 시스템은 그다지 유연하지 않고, 개별 대상에 맞춘 금전적 인센티브는 어렵다. 많은 단체협약이나 공무원의 요구 사항에는 흔히 획일적인 재정적 보상 내용이 포함된다. 그래서 변화 계획을 추진하기 위해 금전적 인센티브를 활용하려면 목표와 그에 대한 구체적인 평가 기준이 마련되어야 한다.

아울러, 현금 인센티브의 효과(또는 경제학자들이 말하는 '효용')는 시간 경과에 따라 감소한다. 재정적 보상의 필요성은 결코 사라지지 않겠지만, 임금이 최저 요구 수준에 도달한 이후에는 금전적 보상 증가에 따른 매력과 동기부여 효과가 줄어든다. 직원이 특정 연봉에 도달하거나 충분한 부를 축적하면 임금 증가나 보너스는 동기를 부여하는 힘이 예전보다 떨어진다. 시간이 흐르면 사람들은 보상의 '매력, 욕심'으로 움직이기보다, 비금전적 보상을 더 중요하게 여길 가능성이 높아진다.

물론 뛰어난 운동선수, 스타 영화배우, 주요 투자자, CEO 등 소수 엘리트들은 금전적 인센티브를 통해 동기부여를 받는다. 이런 사람들은 금전적 보상을 간절히 원하고 요구한다. 언뜻 보기엔 부를 축적하려는 끝없는 욕구를 가진 것 같다. 하지만 대다수의 사람들에게 중요한 것은 부 자체뿐만 아니라 살면서 받게 되는 부에 따른 평가다. 엄청난 돈을 요구할 만한 위치에 있는 소수의 사람들은 소득 능력을 자신의 가치를 가늠하는 척도로 이용할 수 있고, 흔히 그렇게 한다. 많은 사람들이 이것을 자신과 동료를 비교하는 기준으로 삼는다.

하지만 CEO가 동기를 부여하려는 직원들에게 더 의미 있는 요소, 즉 새로운 마음가짐과 행동을 유발할 수 있는 요소를 주지 못한다면 금전적 인센티브만으로는 한계가 있다. 아울러 CEO

들은 전통적인 금전적 인센티브 시스템을 계속 발전하는 규제와 세금 요건에 맞추어 시행, 관리, 갱신, 유지하기가 힘들다는 점을 즉시 깨닫는다. 금전적 인센티브의 가치는 직원들에게 제한적일 수 있다. 세금, 퇴직, 비현금 조정, 부분적 보상 연기 외 기타 요소들 역시 금전적 인센티브의 가치를 감소시킨다. 투명성과 공정성을 유지하는 것과 마찬가지로, 개인이나 집단이 재정적 목표를 얼마나 달성했는지 판단할 자료를 확정하는 것도 쉽지 않다.

CEO들이 인센티브를 바꾸면 원하는 변화의 결과를 기다려야 한다. 목표의 변화가 제대로 이루어지려면 몇 개월 또는 1년이 걸릴 수도 있다. 또한 이런 인센티브 구조에 포함된 여러 요소 간의 균형을 맞추는 복잡한 문제를 해결해야 하고, 원하는 행동과 실제적인 보상 패키지 간의 관련성을 임원들이 인식하기를 바라야 한다.

금전적 인센티브의 한계를 고려할 때 CEO들은 이용할 수 있는 인센티브 유형을 확대하는 것이 현명하다.

공식적인 유형과 비공식적인 유형

CEO들이 이용할 수 있는 심리적 인센티브는 상당히 다양하지만 크게 두 가지 기본 범주, 곧 공식적인 것과 비공식적인 것으로 나눌 수 있다. 공식적인 인센티브에는 기업 환경의 기존 체계와 프로세스를 이용하는 조치가 포함되지만, 비공식적인 인센티브는 일시적이고 개인 중심적인 성향을 띤다. 구체적인 예를 살펴보자.

- **공식적인 유형**

  위원장에 임명하기

  프로젝트 활동의 리더로 임명하기

  외부 청중에게 기업의 한 부서 또는 기업 전체를 대변하는 사람으로 임명하기

  외부 교육훈련 프로그램에 참가할 수 있는 자격 부여하기

  품질 기준 달성을 인정하는 상과 명칭 부여하기

  외부 또는 내부 청중에게 연설할 수 있는 기회 부여하기

- **비공식적인 유형**

  공개적으로 칭찬하기

이사회에 초대해 연설 기회 부여하기

CEO가 직접 편지를 쓰거나 전화하기

회의 석상에서 구두로 인정하기

만찬 석상에서 CEO 옆자리에 앉는 기회 부여하기

이등석 대신 일등석으로 업그레이드하기

교육 연수 목적으로 경영대학원에 보내기

이 목록은 이미 만들어진 구조(공식적)와 CEO의 생각(비공식적)에 따라 기업마다 상당히 다르다. 하지만 두 가지 목록에서 보듯이 특히 전통적인 금전적 인센티브와 비교해 이런 방법이 얼마나 효과가 있을지 의문이 들 수 있다. 심리적 보상의 몇 가지 사례를 통해 이런 보상이 효과를 내는 방식과 이유를 살펴보자.

내가 맥킨지에서 일할 때 나와 팀 파트너들은 동료들의 존경을 받고 싶은 욕구에서 동기부여를 받았다. 우리는 의뢰인의 성공과 영향력을 위해 분투했지만, 궁극적으로 우리의 성공 기준은 동료 파트너에게 존경받을 수 있는 능력이었다. 이런 기본 원칙은 우리의 전체 평가와 보상시스템을 지배했다. 아주 다양한 질적 요소가 보상을 결정했지만 우리는 매출액과 유용성이 아니라 의뢰인을 탁월하게 도와주는 능력과 동료 직원들의 존경을 받는 전문성에 따라 평가받았다.

맥킨지가 가진 문화와 컨설팅 업계에서 차지하는 선도적 위치 때문에 맥킨지가 대부분의 기업보다 심리적 보상에 더 적합해 보일지 모른다. 하지만 인재 중심의 모든 기업들은 이런 방식을 활용할 수 있다. CEO들은 전통적인 성과급 지급 시스템과 함께 보상과 인정을 받고 싶은 심리적 욕구를 이용할 수 있다. 실제로 심리적 보상과 전통적 보상 시스템은 서로를 향상하는 시너지 효과를 발휘한다. 사람들은 자신의 성과에 공정한 보상과 인정을 받는다고 느끼면 두 배로 분발하려는 의욕을 가진다.

CEO들은 심리적 인센티브를 활용하여 변화 활동을 촉진할 수 있다. 매우 가시적으로, 사내 위원회에 배정하거나 특별 프로젝트 참가자로 선정하거나 직원들 앞에서 개인적 기여를 언급하는 등으로 변화 프로그램의 사고방식과 행동을 강화할 수 있다. 이런 보상은 개인 맞춤식으로 쉽게 시행할 수 있는 장점이 있다. 아울러 새로운 사고와 업무 방식이 필요한 사람들의 반응에 중요하고 즉각적인 영향을 미친다.

다양한 유형의 기업들이 심리적 보상을 성공적으로 이용해 왔다. 앨라배마의 리전스 뱅크Regions Bank는 대대적인 비용 절감과 효율성 개선을 위해 노력했다. 그 일을 마친 후, 은행장은 참여한 모든 직원에게 노고에 감사하는 편지를 친필로 써서 보냈다. 이것은 단순한 행위였지만 직원들에게 충성심을 이끌어냈다. 또한 성과 공유를 통해 장래 프로그램에서 그런 인정을 받고 싶다는 욕구를 불러일으켰다.

캠벨 수프Campbell Soup의 더글러스 코넌트Douglas Conant CEO는 리더가 되었을 때 남들과 다른 개인적이면서도 효과적인 방식으로 변화를 만드는 방법을 찾았다. 당시 그는 이렇게 말했다. "나는 스프레드시트의 잘못된 숫자나 직원들의 실책을 찾도록 교육받았습니다. 대부분의 기업 문화는 직원의 공헌을 축하하는 일에 능숙하지 못합니다. 그래서 나는 직원들에게 편지를 쓰는 관행을 만들었습니다." 코넌트는 매일 20통씩 직원들의 성공과 기여를 축하하는 편지를 손으로 직접 썼다. "10년 동안 쓴 편지는 모두 합해서 3만 통 이상이었습니다. 우리 회사의 직원은 2만 명뿐인데도 말입니다."[*]

CEO들은 심리적 보상을 더 미묘한 방식으로 활용할 수도 있다. 앞서 언급한 더그 파커를 기억할 것이다. 그는 아메리칸 항공과 US 항공이 합병한 회사의 CEO가 되었다. 그는 새로운 아메리칸 항공의 로고와 항공기 디자인을 만들 계획을 세우고 이 작업에 심혈을 기울였다. 회사는 기업의 상징적인 은색 항공

---

[*] 로저 딘 덩컨Roger Dean Duncan, "캠벨 수프의 전 CEO는 어떻게 회사를 바꿨나How Campbell's Soup's former CEO turned the company around", 《패스트 컴퍼니》(2014년 9월 18일자)에서 각색.

기 디자인을 대폭 변경하여 즉시 전 세계에 공개하겠다고 밝혔다. 하지만 파커는 합병에 참여한 모든 고위 직원에게 이 디자인 변경 작업을 계속 진행해야 할지 확신이 서지 않는다고 말했다. 그는 잠시 작업을 중단하고 전체 직원에게 이 문제를 함께 고민해 달라고 요청했다. 그는 아메리칸 항공과 US 항공 직원 모두의 의견을 들으려고 했다. 그들은 결국 디자인 변경을 계속 추진하기로 동의했다. 하지만 핵심은 파커가 인정을 통해 직원들에게 보상했다는 점이다. 그는 합병 회사에서 그들이 가치 있음을 인정했으며, 모두의 의견을 구함으로써 한 가족임을 보여주었다.

CEO들이 심리적 보상을 잘 활용하지 않는 이유

언뜻 상장이나 축하 편지가 실질적인 보상에 비해 하찮게 보일지도 모른다. 하지만 이를 반박하는 증거가 있다. 심리적 보상의 실제 가치는 그것이 박탈될 때 제대로 알 수 있다. 레이도스의 CEO 로저 크론을 다시 떠올려보자. 크론이 계획한 초기 정책 중 하나는 장기근속상 제도를 단계적으로 폐지하는 것이었다. 그의 목표는 모든 임원과 직원이 이전의 기업보다 새로운 레이도스에 집중하게 하려는 것이었다. 임원들과 일반 직원들은 개인적으로 의미 있는 이 상이 사라지는 것에 실망감을 강하게 표출했다. 크론은 재빨리 자신의 실수를 인정하고 결정을 취소했다. 그가 수용한 장기근속상은 지금도 레이도스가 직원들의 성공적인 근무를 축하하는 가장 중요한 제도다. 사람들이 과거보다는 레이도스의 미래에 집중하길 원했던 그의 의도는 좋았다. 하지만 많은 다른 CEO와 마찬가지로 크론은 심리적 보상의 힘을 과소평가했다.

심리적 보상을 잘 이용하지 않는 두 번째 이유는 CEO가 상당한 시간을 투자해야 하기 때문이다. 직원들에게 손편지를 모두 직접 쓴 캠벨의 더글러스 코넌트를 떠올려보라. 많은 CEO는 자신에게 생일 선물을 준 모든 사람에게 감사 편지를 쓰라는 요구를 받은 아이처럼 반응한다. 그들은 이 일을 위해 시간을 투자해야 할뿐더러 평소에 안 하던 일 때문에 CEO의 일과를 중단해야 한다.

세 번째로, CEO들이 성과급 제도에 고착되어 있기 때문일 수 있다. 무엇보다도 성과급 제도는 그들에게 평가와 보상을 위한 기초다. 기업들은 대개 성과를 평가할 때 오랫동안 질적 자료보다 계량적 자료에 의존한다. 계량적 자료는 쉽게 설명하거나 정당화할 수 있다. 하지만 질적 자료는 구체적이지 않아 특히 숫자를 중시하는 사람들에게 의심을 불러일으킨다.

마지막 네 번째 이유로, CEO들은 보상체계 측면에서 그들이 할 수 있는 일에 제한이 있기 때문에 기존 보상시스템에 심리적 보상을 추구하는 것을 경계할 수 있다. 그들은 오래전에 구축되어 직원들에게 널리 인정받고 기업 문화에 깊이 스며든 기존 임금체계를 물려받는다. 회계감사인, 보상체계 관련 컨설턴트, 이익 관리자들은 지금 제시된 제도를 인정하기 위해 노력해왔다. 규제당국은 기본적인 방식을 인정하고, 노동조합은 근로계약서에 동의했다. 이로 인해 CEO들은 대부분 기존 재무 구조의 변화를 고려할 때 신중한 태도를 취한다.

기업은 금전적 인센티브만으로는 생존할 수 없다

보상체계 변경은 어려운 문제다. 방금 언급한 네 가지 요인은 CEO들이 심리적 보상을 통합하는 문제를 주저하게 만든다. 하지만 심리적 보상을 무시하면 기존의 보상체계가 최적의 효과를 낼 수 없다. 따라서 CEO들은 다음과 같은 현실을 염두에 두고 보상체계를 바꿔야 한다.

성과급은 거의 모든 기업이 선호하는 인센티브 체계이며 앞으로도 그럴 것이다. 기업들은 대부분 맥킨지처럼 심리적 보상에 필요한 적절한 요소가 많지 않다. 사실 맥킨지는 예외적인 사례로, 강력한 감정적 인센티브를 통합하기 위해 협력적이고 파트너십에 기초한 문화와 이점을 활용할 수 있다. 기업들은 대부분 이런 이점을 갖고 있지 않지만 그렇다고 해서 심리적 보상을 피해야 한다는 뜻은 아니다.

또한 리더의 헌신이 필수적이다. 공식적인 그리고 비공식적인 심리적 보상을 시행하기 위해 리더가 시간과 노력을 투자하려는 의지가 없다면 이런 일은 불가능하다. 나는 맥킨지의 한 파트너와 함께 세계를 선도하는 자산관리 기업의 CEO를 만난 적있다. 그는 전 세계의 파트너를 관리하는 맥킨지의 능력에 관심을 보였고, 자신의 회사가 똑같은 능력을 어떻게 개발할 수 있는지 물었다. 우리는 동료 평가 프로세스와 '동료의 존경'에 기반한 위원회 중심의 개인 평가 활동을 설명했다. 그는 이 프로세스에 소요되는 시간을 물어보았다. 우리는 전문가가 동료 평가를 시행하려면 6~8주가 걸린다고 설명했다. CEO는 크게 놀라며 이렇게 말했다. "도대체 왜 그런 짓을 합니까? 최고의 전문가들을 이용해 동료의 존경이 어떤지 알기 위해 8주를 허비하다니. 제정신이 아니군요." 우리는 서둘러 그의 사무실을 빠져나왔다.

당연히 당신은 시간을 내서 노력해야 한다. 하지만 원하는 변화를 추진하고 목적 달성의 동기를 부여하기 위해 또 다른 도구를 활용하면 당신의 헌신은 충분히 보상받을 수 있다. 금전적 수익과 인센티브가 인간의 삶에 미치는 영향은 항상 포물선처럼 감소한다. 금전적 보상은 초기에는 강력한 동기부여 효과가 있다. 하지만 최소 임계치를 넘기면 지속적인 금전적 인센티브의 가치는 감소한다. 금전적 보상만 할 경우 시간이 흐르면 그 효과가 줄어든다. 하지만 심리적 보상의 효과는 이런 한계가 없다. 사람들은 남들과 차별성을 갖는 보상을 얻기 위해 또는 금전적 보상에 상관없이 기분 좋은 개인의 성취감 때문에 움직인다. 리더의 칭찬이라는 보상은 절대 퇴색하지 않는다. 게다가 공식적, 비공식적 인센티브의 수는 많고 다양해서 새로운 상태를 유지할 수 있다.

고위 임원들의 사고방식을 바꾸고 싶다면 심리적 보상이 금전적 보상보다 훨씬 더 효과적이다. 금전적 보상은 대개 행동 변화(성과물)를 촉진하기 위해 계획된다. 하지만 고위 임원들의 관점을 바꾸거나 새로운 이론을 개발하려면 심리적 보상이 꼭 필요하다. 심리적 보상은 사고방식의 변화는 물론 지속적인 행동 변화를 촉진하는 데도 도움이 된다.

로저 배니스터Roger Bannister의 이야기는 사고방식 변화의 가치를 보여준다. 1954년 영국의 대학생이었던 그는 최초로 1마일

(약 1.6킬로미터)을 4분 이내에 주파하는 기록을 세웠다. 배니스터는 놀라운 성취 덕분에 여러 해 동안 찬사를 받았다. 이는 옛날부터 인류가 깰 수 없는 기록이라고 생각했기 때문이다. 하지만 불과 45일 뒤 호주 육상선수 존 랜디John Landy 역시 1마일을 4분 이내에 달려 기록을 깼다. 그 후 1년이 지나지 않아 세 명의 달리기 선수가 1마일을 4분 이내에 주파하는 기록을 세웠다.

무엇이 바뀌었을까? 수십 년 동안 깰 수 없을 것처럼 보였던 기록이 어떻게 1년 안에 다섯 명의 달리기 선수에게 깨졌을까?

바뀐 것은 새로운 달리기 방법이나 더 나은 훈련, 영양 보충 등이 아니었다. 바로 사고방식이었다. 배니스터는 1마일을 4분 이내 달리기가 난공불락이 아님을 보여주었다. 그 목표가 달성된 뒤 다른 사람들은 비록 더 뛰어나지는 못해도 똑같은 일을 하기가 훨씬 쉬워졌다. 오늘날 1,400여 명의 남자 달리기 선수들이 1마일을 4분 이내에 달리는 기록을 달성했다.

CEO들은 사고방식 변화의 가치를 알아야 한다. 그들은 위계질서에 대한 믿음에서 팀에 대한 믿음으로, 질서를 지키는 사고방식에서 혼란을 용인하는 사고방식으로 이행할 리더가 필요하다. 당신은 '금전적 보상만으로는' 이런 변화를 이룰 수 없다. 1마일을 4분 이내 달리기라는 엄청난 장벽을 깬 배니스터와 다른 주자들의 유일한 동기부여 요인이 금전적 보상이 아니었던 것처럼 말이다. 경쟁 환경에서 그들의 자존감과 운동 성취감은 목표 달성 및 획기적인 실력 향상과 긴밀한 관련이 있었다.

9

이사회와의 관계 구축 :
이사회와 동반자
관계를 유지하라

역사적으로 CEO는 항상 이사회와 복잡한 관계를 맺어왔다. 궁극적으로 이사회는 CEO의 '보스'이며, CEO를 고용하고 해임할 수 있다. 이사회는 주주의 최고 이익을 대변할 법적 책임을 부여받은 수탁자이기 때문에 CEO와 잠재적 경쟁 관계에 놓여 있다. 하지만 기업을 운영하고 사업의 성과와 건전성을 유지하는 데 중요한 의사결정을 내리는 사람은 CEO다. CEO는 매일 기업의 성공에 필요한 선택을 하기 위해 끊임없이 노력하고, 기업을 운영하는 데 고려해야 할 수많은 이슈를 염려한다. 하지만 비행기를 타고 와서 분기마다 하루 또는 이틀 동안 진행되는 회의에 참석해 CEO가 수행한 많은 일을 평가하고, 질문하고, 판단하고, 비판하는 것은 이사회다. 이사회는 결코 많은 시간을 일하지도 않고, CEO가 지닌 깊은 지식도 없지만 CEO의 성과를 최종적으로 판단한다. 이 말은 이사회에 대한 공격이 아니다. 다만 CEO와 이사회의 관계를 힘들게 하면서도 거의 논의되지 않는 현실을 그대로 인정하자는 것이다.

이사회가 중요하지 않다거나, 기업을 운영하고 성장시키는 데 유용한 파트너가 아니라고 말하는 CEO는 없을 것이다. 그러니 CEO가 이런 숨은 진실을 널리 알릴 것이라고 기대하지 말아야 한다. CEO와 이사회의 관계는 늘 쉽지 않다. 때로 아주 힘들고 종종 논쟁이 벌어져 끊임없이 주의를 기울여야 한다. CEO들은 이런 복잡한 관계를 효과적으로 관리하기 위해 다양한 접근 방법을 취한다. 어떤 CEO는 기업의 세부 활동 상황을 이사회에 완전히 공개하지 않거나, 고위 경영진과의 소통을 허용하지 않는다. 사실 어떤 CEO는 이사회를 최대한 존중해야 할 파트너라기보다 기업 지배 구조에 따른 필수적인 감독기관으로 본다.

우리는 복잡하고 가변적이며 도전적인 시대를 살고 있다. CEO는 홀로 존재하는 섬이 아니다. 리더는 이제 더 큰 결정과 선택을 더 자주 해야 하며, 과거 어느 시기보다 많은 요구에 직면해 있다. 리더는 얻을 수 있는 모든 도움이 필요하다. 이사회는 비록 잘 활용되진 않더라도 이미 존재하는 기본 자원이다. 이사회는 엄청나게 소중한 지혜를 갖고 있다. 그들은 객관적인 조언을 제공하고 아이디어에 대해 의견을 나눌 수 있는 이상적인 집단이다. 그리고 이런 지혜를 더 적극적으로 활용하는 것은 CEO의 몫이다.

오늘날, 이사회와 CEO 모두에게 똑같이 힘든 점은 책임이 크게 늘어난 시대라는 것이다. 이사회는 CEO에게 철저하게 책임을 물으라는 압박을 받고 있다. 그들은 주주와 이해관계자, 지역사회의 요구를 충족시켜야 하기 때문에 과거보다 훨씬 엄격하다. 이런 상황은 이사회와 CEO의 관계를 더 크게 압박한다.

'거리를 유지해야 하는' 전통적인 CEO와 이사회 관계는 시대에 맞지 않다. CEO는 이사회를 관리하기 위해 더 현대적인 방식을 수용하고 선도해야 한다. 현재 상황을 자세히 들여다볼수록 CEO가 이사회와의 관계를 새롭게 개선해야 할 이유가 더욱 분명해진다.

이사회를 왜 활용해야 하는가?

왜 CEO가 이사회와의 관계를 개선해야 하는가? 그 이유 중 하나는 도전적인 합병과 인수, 기타 거래의 증가로 CEO와 이사회가 관련 문제에 대해 서로 솔직해질 필요가 생겼다는 것이다.

일전에 한 식품 기업이 경쟁 기업을 인수할 때 업무지원을 맡은 팀의 일원으로 참여한 적 있다. 우리는 정기이사회 보고서를 준비했다. 이번 인수의 속도와 통합에 관한 최신 내용이었다. 우리는 인수 계약의 긍정적인 측면과 도전 과제의 세부 내용을 담은 보고서 초안을 제출했다. 그리고 나중에 최종적으로 편집된 보고서에서 경영진이 대규모 거래에 수반되는 매우 다양한 분야의 통합 문제를 이사회에 보고하지 않기로 했다는 사실을 알았다. 경영진은 늘어나는 도전 과제와 느린 통합 속도에 관한 우리의 결론보다는 인수 진행 과정에 관한 내용을 더 원했다. 경영진의 보고서 수정 이후 이사회는 새로운 기업이 어떤 형태인지, 얼마나 많은 사람이 언제 본사 소재 도시에서 다른 곳으로 이동하는지, 얼마나 많은 시설이 통합되는지, 재정 통합과 필요한 IT시스템 통합의 시기가 언제인지에 관한 정보만 보고받았다. 하지만 이사회는 많은 리더가 품고 있는 기업 인수에 대한 의구심과 불확실성은 듣지 못했다. 새로 확보하는 체인점 고객의 특성에 관한 근본적인 문제, 경영진과 기업 운영 문화에 관한 우려는 공유되지 않았다.

경영진과 이사회의 관계가 전통적인 방식과 다르고 더 투명했다면, 이런 의구심과 불확실성이 이사회에 전달됐을 것이다. 경영진은 이사회가 핵심적인 질문을 던지도록 유도하고, 기업 인수에 더 많은 안내를 제공할 수도 있었다. 이런 잘못의 책임은 경영진에게 있지만 이사회 역시 자신의 역할을 다하지 않았다. 나는 이런 통합 업무를 진행하면서 몇 번 회의에 참석한 적이 있었다. 그때 이사회가 대규모 인수에 무관심한 태도로 일관하며 경영진에게 세부 사항을 거의 질문하지 않는 것을 보고 놀랐다.

또한 나는 병입 작업과 유통망을 기업 내부로 수직 통합하려는 음료 회사와, 경쟁사를 인수한 제약 기업을 위해서 비슷한 업무를 수행했다. 두 건의 인수 계약은 커다란 문화적 갈등을 일으켰다. 인수된 기업들은 기존 기업과는 운영 방식이 매우 달랐기 때문이다. 당신은 이사회가 이 문제를 오랫동안 고심하고 문화 차이를 완화하여 수십억 달러짜리 기업 통합을 매끄럽게 진행하도록 노력하리라 생각할 것이다. 그러나 또다시 초점은 통합 과정에 맞추어졌고, 엄청난 문화적 차이 문제는 간과되었다. 이사회는 이런 문제점을 어느 정도 분명하게 알았지만 기업들의 문화 차이를 통합하는 방법은 거의 묻지 않았다.

이런 일은 예외적인 경우가 아니다. 부분적으로는 기업 리더들이 거침없고, 때로 위험할 정도로 적극적인 데서 그 이유를 찾을 수 있다. 2018년 2월 21일자 〈월스트리트 저널〉의 기사에는 GE의 '성공 극장'과 부정적인 뉴스에 귀를 막는 문화를 조사한 내용이 실렸다. 기사에 따르면, GE 이사회는 CEO 제프리 이멜트가 퇴임하고 몇 개월이 지날 때까지 발전설비 사업부가 직면한 문제가 얼마나 심각한지 분명하게 알지 못했다.

나는 GE의 수익성 하락과 이멜트가 사임한 중요 원인이었던 발전설비 사업부의 고위 임원을 인터뷰할 기회가 있었다. 이런 실패의 핵심 요인은 잘못된 조언에 기초해 프랑스의 알스톰Alstom을 시장 최고가격인 110억 달러에 인수한 것이었다. 나는 그를 비롯한 다수의 임원이 그 기업 인수에 엄청난 의구심이 든다고 말했음에도 거래가 이루어지게 된 이유를 물었다. 그는 CEO가 인수를 원했고, 인수를 통한 규모의 경제가 전략적으로 매우 중요했다고 말했다. 그리고 그 거래를 반대했다면 임원진 중 누군가는 신임과 일자리를 잃을 가능성이 있었다고 덧붙였다.

더 충격적인 사실은 이사회가 발전설비 사업의 시장 주기가 어떤지 제대로 평가할 수 있는 충분한 배경 자료를 받지 못했고, CEO의 거래 전제조건에 이의를 제기하는 일에도 무관심했다는 것이다. CEO와 이사회 모두 관리자 역할을 제대로 하지 못했다. CEO는 해임되었고, 이사회는 감독 부실로 비난받았다. 많은 이사가 새로운 이사회장 겸 CEO 래리 컬프에 의해 교체되었다. 이런 사례는 CEO가 이사회를 받아들이고 활용해야만 하는 이유와 이사회가 더 탐구적인 태도로 열심히 일해야 하는 이유를 일깨워준다.

　어려운 인수 및 합병 과제가 이사회를 더 효과적으로 활용해야 할 유일한 이유는 아니다. 오늘날 기업은 합병이나 인수는 물론 팀, 사업부, 다른 집단을 통합해 더 큰 다양성을 확보하여 이해관계자들과 주주의 요구를 충족하기 위한 글로벌 운영 역량을 키우려고 한다. 이때 통합을 쉽게 수행하려면 이사회의 지혜가 필요하다.

　근래 기업을 힘들게 하는 복잡한 이슈들은 모든 사람의 협력을 요구한다. 하지만 CEO들은 자신이 모두와 함께 일하지 못한다는 사실을 모른다. 이 글을 쓰는 지금 세계는 국제무역이 사실상 막힌 팬데믹의 재앙에 빠져 있다. 기업이 대처해야 할 세계 경제와 사회적·정치적 도전 과제는 거대하고, 설상가상으로 참고할 수 있는 역사적 선례도 없다. 기업들은 엄청난 무지에 직면해 있고, CEO들이 이 위기에서 헤쳐 나가려면 많은 사람의 지혜가 필요하다. 이 시기에 이사회는 자주 긴급회의를 열어 바이러스의 규모와 영향에 대한 새로운 정보를 보고받고 기업의 대책을 듣는다. 많은 CEO와 이사회가 어떻게 협력하여 미지의 도전 과제에 대처하는지 살펴보는 일도 흥미로울 것이다.

　현재 팬데믹 위기 상황에서는 더 폭넓은 경고가 나오고 있다. 한 CEO는 내게 기존 생산제품 대신 부족한 의료용 시험 장비를 생산하라는 미국 정부의 요구를 받았다고 말했다. 그는 정부의 요구가 얼마나 무지한 말인지에 대해 토로했다. 그 기업은 필요한 장비에 들어가는 여러 부품을 단순히 조립만 하는 회사였기 때문이다. 아시아 국가들의 수출 통제와 원자재 부족 탓에 제품 생산을 늘리는 것은 불가능했다. 나는 그 문제를 어떻게 처리했는지, 이사회는 어떤 의견이었는지 그에게 물었다. 그는 지난 3주간 이 문제를 혼자 고심했다고 말했다. 이사회는 그가 해결하길 바랐기 때문에 해결책을 알지도 못했고, 관심도 없었다는 것이다. 그는 대책을 찾으면 그때 이사회에 보고할 것이라고 말했다. 그는 위기를 겪는 동안 이사회라는 소중한 자원을 활용하지 않기로 선택함으로써 좋은 기회를 잃어버렸다. 이사회가 정말 무관심한지, 아니면 CEO의 오해인지 상관없이 말이다. 이 이야기는 많은 다른 CEO들이 위기 상황에서 얼마나 이사회를 활용하지 못하는지 궁금증을 갖게 한다.

팬데믹 위기 외에, 경영진과 이사회가 대처해야 하는 최근 이슈를 몇 가지 생각해보자. 직원 차별 소송, 팀 중심의 조직개편, 격화되는 글로벌 경쟁에 대한 대응, 디지털 전환의 필요성, 파괴적인 혁신 추구, 온갖 형태의 행동주의 투자자의 등장, 미투 운동, 기후 변화, 소득불평등 문제는 고위 경영진과 이사회에 힘든 이슈를 제기한다. 이런 과제에 대응하기 위해 소중한 자원을 활용하지 않는 것은 용납하기 어렵다. 우버, 폭스바겐, 위워크 WeWork, 퍼시픽 가스 앤 일렉트릭Pacific Gas and Electric, 보잉 이사회의 실패와 그에 수반된 많은 CEO의 실패를 생각해보라. CEO와 이사회가 더 긴밀하게 협력해야 할 필요성은 명백하다. CEO와 이사회의 협업은 CEO가 필요한 변화를 수행할 시간을 벌기위해서라도 개선돼야 한다. CEO의 임기는 점점 짧아지고 있다. 미국이사협회National Association of Corporate Directors, NACD(2019년 10월 5일자)에 발표된 "CEO 퇴직자수 최고 기록"이란 제목의 글에 따르면, 2019년 1~9월까지 1,009명의 CEO가 사임했다. 이 글이 지적하듯이 일부 CEO들은 '사임 압박을 받았고', 위워크 공동 창업자 겸 CEO 애덤 노이만Adam Neumann과 같은 사람들은 이사회에게 해고당했다. CEO들은 예전에 비해 훨씬 취약하며 성과를 내라는 압력을 더 빨리 받고 있다. 보다 개방적이고 참여적인 이사회와의 관계는 CEO와 기업에 최고의 이익을 가져다준다.

이사회 역시 기업이 당면한 중요한 이슈에 더 많이 참여해야 할 강력한 이유가 있다. NACD 블루리본위원회 보고서 〈미래 적응: 이사회 리더십의 긴요한 과제Fit for the Future: A New Imperative in Board Leadership〉에서는 이렇게 언급했다. "이사회는 완전히 새롭고 급변하는 전략과 위험 요인들에 더 주도적으로, 깊게, 자주 관여해야 한다. 그에 따라 경영진의 사고에 적극적으로 이의를 제기하고, 필요할 경우 경영진과 함께 생각하는 파트너의 역할을 수행하여 새로운 전략적 도전 과제에 효과적으로 대응해야 한다."

주도적으로 관계를 개선하라

CEO와 참여적인 이사회 관계는 그냥 생기지 않는다. 누군가는 이 관계를 관리해야 한다. 최고의 CEO들은 적절한 관계를 확립하려는 진보적인 생각과 충분한 자신감을 갖고 있다. 예전처럼 관계를 수동적으로 받아들이기 보다는 더 낫게 바꾸려는 노력을 한다.

이런 주도적인 태도는 (합병이나 다른 유형의 거래 이후 이사회를 새로 선임한 경우에 비해) 이사회를 승계한 CEO들에게 특히 더 필요하다. 그들은 이사회 구성원을 알아야 한다. 이사회가 CEO에게 품고 있는 기대부터 선호하는 운영 방식까지 말이다. 또한 이사회 중 어떤 사람이 가장 영향력을 발휘하는지도 파악해야 한다. 당연히 이런 일은 시간과 노력이 필요하다. 많은 CEO가 운영 및 전략 업무를 우선적으로 고려하느라 그럴 여유가 거의 없다고 할지 모르겠다. 하지만 리더들이 선도적인 이사와 영향력이 큰 이사를 파악하고, 이해하고, 소통하며 그들이 가진 중요한 자원을 활용하는 일은 매우 중요하다.

이것은 정기이사회에서 단순히 특정 개인과 따로 만난다는 의미가 아니다. 진정한 관계는 더 많은 노력이 필요하다. 구체적으로 다음 세 가지 방법을 추천한다.

1. **이사회실이 아닌 사교 장소에서 교류하라**: 이사들이 다른 도시에 사는 경우 그곳에 찾아가 만나라. CEO들은 만남 장소를 확대할 필요가 있다. CEO가 이사들을 부르면 그들은 낮은 자리에 위치하게 된다. 하지만 집에서 이사들을 만나면 허심탄회하고 생산적이며 관계중심적인 대화를 할 수 있는 자리가 마련된다.

2. **자신감과 겸손을 균형 있게 갖추어라**: 흔히 리더는 강한 관점을 제시해야 한다는 압박을 느낀다. 특히 CEO 임기를 시작할 때 그렇다. 새로운 리더는 이사회 앞에서 우유부단하거나 약한 모습으로 비칠까 봐 과도하게 염려한다. 자신감을 갖는 것은 좋지만 기꺼이 경청하려는 태도를 함께 보여야 한다. 예컨대, 이사들에게 당신을 다른 사람들과 연결시켜 달라고 요청해보라. 특정 전문지식을 얻기 위해 그들

의 인맥을 활용하게 해달라고 요청해보라. 이런 요청은 기막히게 좋은 것인데도 CEO들은 활용하지 못한다. 이것은 당신이 모든 것을 다 알지 못하며, 아울러 이사들의 지식과 인맥을 소중하게 여긴다는 점을 인정하는 것이다.

3. **이사회가 경영진과 함께 일하는 것을 고려해보라:** 물론 이것은 이사회와 고위 경영진을 엄격히 구분해야 한다고 믿는 기업의 경우 논란이 될 수 있는 권고다. 하지만 이 방법은 CEO들이 이사회와 더 강한 관계를 형성하고 이사들의 전문지식을 활용하는 데 도움이 된다. 과거에는 대부분의 CEO들이 이사회와 경영진을 분리했다. 그러나 이사들이 고위 경영진을 알거나 함께 일하는 것은 경영진에게 유익하다. 뿐만 아니라 이사회 역시 경영진의 역량과 그들이 CEO에게 제시하는 도전 과제들을 알 수 있다. 이사들이 통찰과 발전의 우선순위를 경영진과 함께 나누면 이사회와 CEO의 관계가 더 깊고 풍성해진다.

도움에 대한 반사적 거부감

사람들은 오늘날 리더가 직면한 수많은 과제를 고려할 때 그들이 이사회와 진정한 파트너십을 맺을 기회를 받아들일 것으로 생각한다. CEO들은 겉으로는 강하고 자신감이 넘쳐 보이지만, 많은 이들이 불안해하며 취약한 모습을 숨기려고 한다. 그들은 이사회에 적극적으로 도움을 요청하면 자신이 약하거나 우유부단하게 보일 거라고 생각한다. 그래서 그들은 기업의 전략, 운영, 직원 채용, 성과에 대한 이사회의 자유로운 관점을 제한한다.

오늘날 리더십에 대한 정의는 더 취약하고, 투명하며, 수평적으로 바뀌고 있다. 그럼에도 많은 CEO가 여전히 자신을 배의 선장으로 바라본다. 그들은 자신의 결정에 다른 사람들이 의문을 제기하거나 합리적 근거를 요구하는 것을 달가워하지 않는다. 그들은 변화의 방향에 적극적으로 자문을 구하는 대신 주도권을 쥐고 타고난 지식에 근거해 기업을 이끄는 것을 좋아한다. 그들은 새롭고 현명한 사고방식을 인정하지만 행동은 종종 말과 상반된다. 많은 리더가 이사회를 잠재적으로 성가신 존재, 즉 함께 논의하며 일하기 위해 '노력해야 할' 사람들이 아니라 '대처해야 하는' 사람들로 바라본다.

그 결과 CEO들은 이사회와 보여주기식 관계를 선호한다. 숫자를 보여주고, 앞으로 할 일을 말하고, 손쉬운 합의와 승인을 이끌어 내기를 바란다. 단기적으로, 이것이 더 쉬울지 모른다. 하지만 더 나은 선택은 아니다. 많은 연구에 따르면, 이사회와 깊고 지속적인 관계를 맺은 CEO들이 개인적으로 더 성공할 뿐만 아니라 기업의 성과도 개선시킨다.

이사회를 재구성할 기회

신임 CEO인 당신은 전임 CEO를 대체했거나, 기업 합병이나 인수 후 인계를 받았을 것이다. 어느 경우든 당신은 이사회를 새로 구성할 기회를 갖고 있다. 당신은 이사 교체는 물론 그들을 대하는 방식도 바꿀 수 있다. 실무적으로나 규정상 이사를 대폭 교체하기는 힘들다. 하지만 때로 중요한 이사를 한두 사람만 교체해도 상당한 변화를 줄 수 있다. 우버의 신임 CEO가 회사 설립자로부터 리더 직책을 인계받았을 때 몇몇 이사들을 교체한 것은 전혀 놀랄 일이 아니다. 미국 증권거래위원회SEC는 일론 머스크Elon Musk가 논란을 불러일으킨 행동으로 질책을 받자 테슬라에 이사회를 바꿀 것을 요구했다. 퍼시픽 가스 앤 일렉트릭은

캘리포니아 산불 사태로 인한 기업 위기에 대응하기 위해 이사회를 재구성했다. 위워크는 주식상장에 실패하고 회사 설립자가 사임한 뒤 이사회를 다시 구성했다.

기업을 합병하거나 인수할 때 이사회를 바꾸기가 훨씬 더 쉽다. 신임 CEO는 합병 또는 인수된 회사의 이사회에서 몇 사람을 유보시킬 것인지 협상하기 때문이다.

재구성은 새로운 이사를 영입할 시기이면서 동시에 이사회와 일하는 관계를 다시 설정할 기회이기도 하다. 아메리칸 항공의 더그 파커는 그의 전임자와 완전히 다르게 이사회와 개방적이고 투명한 관계를 설정했다. 큐리그 그린 마운틴의 밥 컴포트 Bob Comport 는 닥터페퍼 Dr Pepper 를 인수한 뒤 이사회와 매우 개방적이고 참여적인 관계를 구축했다.

이사회를 재구성할 시기와 기회를 그냥 흘려보내지 말아야 한다. 맥킨지에서 일할 때 한 파트너가 종종 새로운 의뢰인을 만나는 장소에 나를 데리고 갔다. 그는 신임 CEO들과 만나서 항상 이렇게 물었다. "당신의 이사회에 대해 말씀해주십시오." 그는 CEO들에게 이사회의 중요성과 생산적인 관계를 만들 필요성을 일깨워주었다. 또한 의뢰인인 CEO가 스스로를 어떻게 생각하는지, 자신의 경영스타일에 얼마나 자신감을 갖고 있는지, 자문을 받고 수용하려는 개방적인 태도인지를 평가했다. 이사회를 대하는 태도와 행동을 알면 CEO에 관한 귀중한 정보를 얻을 수 있다. '그들은 이사회를 재구성할 시기를 포착하여, 자신의 경영철학과 전략을 지원해줄 이사들로 변화를 만들어낼 의지가 있는가?'

이사회를 재구성할 기회를 활용해야 할 또 다른 이유가 있다. 가령 어떤 이사들은 자신의 책무를 충실하게 이행하지 않는다. 여러 성과를 올린 탁월한 경력을 갖고 있다고 해도 어떤 이사는 이사직을 효과적이고 적극적으로 수행하지 않을 수 있다는 것이다. 오래전, 나는 미국 최대 상업은행의 이사를 맡고 있는 사람과 대화를 나눈 적이 있다. 이 은행은 매우 욕심이 많아서 지난 12~18개월 동안 몇 개의 대형 은행과 다른 금융기관을 인수했다. 나는 그에게 이 모든 기업 인수를 검토할 때 이사회 관련 일로 매우 바빴겠다고 말했다. 그가 대답했다. "전혀. 나는 금요일에 이사회 회의 자료를 받고 월요일에 본사가 있는 보스턴으로 날아갔지. 그리고 화요일에 기업 인수를 찬성할지 투표하라는 요청을 받았네." 나는 또 빡빡한 일정 속에서 어떻게 풍부한 전문지식에 근거한 조언이나 자문을 제공했는지 물었다. 그는 상업은행의 CEO가 따로 요청하지 않았다고 말했다. 결국 나는 CEO의 결정에 그냥 도장이나 찍어주면서 왜 이사직을 계속하느냐고 물었다. 그가 말했다. "누구나 선망하는 저명한 이사회

거든. 이사직을 요청받았을 때 기뻤지."

이사직을 요청받고 참석하는 것만으로 기뻐하는 이사회 구성원들을 경계하라. 그들은 탄탄한 조사에 근거한 조언이나 자문을 제공하지도, 기업의 성공을 위해 헌신하지도 않는다. 이사들의 그런 모습을 파악하여 기회가 오면 교체해야 한다.

마찬가지로, 이사들이 특권이나 돈을 목적으로 이사직을 수행하는지 알아야 한다. 이 말이 놀랍게 들릴 수도 있다. 사람들은 이사들이 이미 성공해 높은 보수를 받았으니, 이제는 보수보다 공헌에 초점을 맞춘다고 가정하기 때문이다. 확실히 대부분의 이사회에 타당한 말이지만 전부 그런 것은 아니다. 이사들은 제공되는 봉급과 주식을 중요한 보상으로 여길 수 있다.

이사들이 자신의 전문지식에 대가를 받는 것은 잘못된 일이 아니다. 하지만 금전적 이득이 이사로 일하는 중요한 동기가 되면 문제가 생길 수 있다. 나는 상당한 규모의 거래를 성사시키기 위해 협상 중이던 유명 소비재 기업을 알고 있다. CEO는 그 거래를 기정사실로 여겼기 때문에 나에게 기업 통합 방식을 평가해 달라고 요청했다. 그 후 CEO에게 한 통의 전화를 받았다. 그는 이사회가 이 거래의 추가적인 검토를 거절한 사실을 알려주었다. 세 명의 이사가 합병이 성사되면 이사직을 잃을 것이라 생각하고 CEO가 협상 초기에 이사회 유지를 보장하기 위해 최선을 다하지 않았다며 이의를 제기했던 것이다. 다시 캐묻자 CEO는 몇몇 이사들이 '보상을 요구하는 것 같다'고 인정했다.

도전적인 이사회를 선택하라

당연히 당신은 자신만 생각하고 다른 사람들과 협력하지 않는 속 좁은 이사들을 원하지 않을 것이다. 또한 이사회의 명성을 드높이지만 더 이상 시간과 에너지를 투자하길 원치 않는 경험 많은 이사도 피하고 싶을 것이다.

이사를 교체할 기회가 있으면 반사적이거나 너무 성급하게 결정하지 말고 의식적이고 계획적으로 조사해 선택해야 한다. 흔히 CEO들은 '안전하고' 표준적인 유형의 이사를 선택하는 경향이 있다. 하지만 위험을 감수하고 표준적인 틀을 벗어나 다양한 관점을 가진 후보자를 선택해야 한다. 경륜이 있고, 노련하며, 호기심이 많고, 아이디어나 조언과 함께 CEO에게 이의를 제기할 수 있는 후보자들이 필요하다. 그러나 리더들은 자신의 의견을 분명하게 말하는 사람들을 조심스러워하고 경계한다. 이런 생각은 문제가 있다. 리더들은 현명하고 때로는 도전적인 조언을 제시하는 사람들보다 수동적인 이사회를 더 경계해야 한다.

이사회와 더 생산적으로 소통하는 법

'누구를 이사로 임명할 것인가'가 아니라 '그들과 어떻게 함께 일할 것인가'가 더 중요하다. 기업은 회의 횟수, 장소, 절차 등 이사회의 소통방식을 관리하는 규정을 갖고 있다. 하지만 CEO들은 이런 규정을 다시 살펴보고 이사회의 효율성을 높이는 방향으로 바꾸어야 한다. 이단아처럼 보일지 모르지만 매우 유익하다.

이사회의 역동성을 개선하거나 다시 설정하는 방법은 다음과 같다.

- **선임 이사와의 관계에 신경을 써라**: CEO들은 대부분 선임 이사와 깊은 관계를 맺을 필요성을 깨닫는다. 이때 선임 이사를 '추진자'로 생각하는 것은 실수일 수 있다. 이사회에서 가장 큰 목소리로 말하는 사람이 가장 효과적인 의견을 가진 것은 아니다. CEO들은 자주 그리고 과격하게 말하는 사람이 아니라 토론과 의사결정을 '조율'할 수 있는 선임 이사가 필요하다. 더 중요한 것은 CEO와 이사회가 시너지 효과를 발휘하도록 조율할 수 있는 선임 이사다. 이 '조율자'는 CEO에게 목소리가 가장 크고 도전적인 사람을 알려

줄 수 있다. CEO가 부재할 때 이사들은 그들의 우려와 기대를 공유할 가능성이 크다. 조율을 담당하는 선임 이사는 CEO가 이런 시각을 파악하고 늦지 않게 대처함으로써 몇 달 동안 부글부글 끓다가 폭발하지 않도록 해야 한다. 또한 가장 강한 목소리를 내는 이사를 '내부로' 끌어들여라. 이는 외부에서 항상 경영진의 시각에 의문을 제기하고 도전하듯 보이는 것보다 이사회의 역동성에 더 큰 도움이 된다.

• **이사회에 자료보다 통찰을 더 많이 제공하라**: 어떤 CEO는 투명성을 보여주기 위해 이사회에 엄청난 자료를 제공한다. 나는 500페이지 이상의 회의 자료를 본 적이 있다. 역설적이게도 이런 '친절한' 자료 공유는 정작 중요한 것을 흐린다. 자료가 너무 많으면 이사들이 핵심 정보를 파악하기 어렵다. 이사회 회의는 폭넓은 주제 토론이 아니라 세부 자료에 관한 질의응답 시간이 되고 만다.
기업의 현재 위치와 앞으로 나아갈 지점에 대한 전체적인 인식에 집중하는 것이 훨씬 더 생산적이다. 이것은 직원의 포괄적인 분석과 CEO가 요약한 결론을 통해 가능하다. 물론 직원들은 이 과제에 더 많은 시간을 투자해야 하고, 전략에 대한 고위 경영진의 질문과 비판도 제기될 수 있다.

하지만 이것은 회의에서 사실과 수치에 파묻혀 자료 게임을 하는 것보다 CEO와 기업에 훨씬 더 유익하다.

- **과도하게 형식적인 회의 일정과 구조를 지양하라**: 이사회는 전통적인 회의 형식에 매몰되기 쉽다. 일반적으로 이사회 회의는 이틀간 열린다. 첫날은 짧은 위원회 회의가 있고, 둘째 날에는 만찬과 공식 이사회가 열린다. 회의 개최 전에는 전달된 많은 자료를 다시 반복하는 파워포인트 프레젠테이션으로 시간을 다 보낸다. 앞서 언급했듯이 이런 발표는 '보여주기식'으로 변질되기 쉽다. 이사들은 냉정하게 질문하고 심층적으로 검토하기보다는 경청한 다음 가볍게 의견을 제시한다. 둘째 날 전체 이사회는 위원회에서 논의한 내용을 주로 반복해서 언급하고, 동의 절차와 CEO의 간단한 개회사, 폐회사가 이루어진다.

이런 패턴이 익숙하다면 더 풍성하고 분석적인 토론으로 바꾸기 위해 무엇을 할 수 있을지 자문해야 한다.

리더는 전통적인 회의 방식의 대안으로 덜 형식적이고 보다 현실적인 방법을 고려할 수 있다. 대부분 이사회는 많은 지원 인력과 함께 기업의 실제 업무 장소와 단절된 대형 회의실에서 회의를 연다. 이보다 더 나은 대안은 이사들이 기업과 직원들의 업무 모습을 볼 수 있도록 회의를 주요 업무 센터, 유통 시설, 비전통적인 시장에서 개최하는 것이다. 나는 일찍부터 아버지에게 이 교훈의 가치를 배웠다. 텍사스 인스트루먼트Texas Instruments 이사로 활동하던 아버지는 이사회 회의에서 돌아와서 회사 밖의 생산시설, 해외 시장, 고객과 최종 제품 사용자를 방문하며 많은 것을 배웠다고 말했다. 이것은 힘들고 시간이 걸리는 일이지만 이사인 아버지와, 함께 일하는 경영진에게 성취감을 안겨주었다.

커다란 회의실에서 벗어나는 일은 모두에게 유익하다. 시찰 여행을 계획하고, 지역 시장에서 회의를 열고, 고위 임원이 아니라 직원과 고객들, 다른 이해관계자를 만나 시간을 보내라. 리더로서 CEO는 과거와 단절하고 새롭고 더 생산적인 전통을 확립할 수 있다는 자신감을 가져야 한다.

나는 가족이 운영하는 JM 후버JM Huber의 이사로 활동하고 있다. 이사들은 주주인 후버 가족과 시간을 보낸다. 매년 그들의 가족 모임에 참석하고, 1년 내내 사업의 도전 과제와 성과에 대해 이야기를 나눈다. 또한 개별적으로 만나면서 그들의 관점과 관심사를 이해한다. 우리는 생산시설도 방문한다. 제조 현장과 그곳 시장의 현장 관리자들과 만나 시간을 보내면 사업을 더 잘 이해할 수 있다. 우리는 생산시설을 둘러보면서 고위 임원의 보고 대신 현장 관리자와 질의 및 응답 시간을 갖는다.

물론 이 회사는 가족 기업이고, 이런 회의 방식은 주주와 애널리스트가 있는 상장 기업과 완전히 다르다. 하지만 상장 기업은 이런 비상장 기업의 경험을 시도하고 모방하고 배울 수 있다. CEO와 이사회의 전통적인 관계를 깨는 것은 이단적인 행동이 아니다. 충격적일 수 있지만 꼭 필요하고 중요한 일이다.

이사들이 반대하는가?

어떤 이사들은 예전부터 이용해왔던 전통적인 기준에서 벗어나는 것을 인정하지 않는다. 하지만 이런 반대는 이사회의 발전 과정에서 지금의 이사회가 어떤 위치에 있는지 보여주는 지표가 될 수 있다. 저항은 이사회가 과거에 매몰되어 현재와 미래의 요구에 적응할 의지가 없다는 뜻이다. 이것은 CEO에게 유용한 지식이다. 또한 변화에 대한 거부는 대개 CEO에게서 비롯된다. 특히 신임 CEO가 상황을 바꾸고 도전하려는 개방적인 태도를 갖고 있는지 여부에 따라 앞서 논의된 새로운 조치들이 시행되지 않을 수 있다. 어떤 CEO들은 이런 변화를 만들기 위해 시간, 노력, 또는 돈을 투자하지 않으려고 한다.

일부 이사들은 전통적인 이사회 회의에서 극진한 대우, 위신, 통상적인 업무처리 방법을 중요하게 여긴다. 신중하게 계획된 회의 일정, 많은 지원을 제공하는 직원, 매력적인 만찬은 모두 훌륭한 비금전적 혜택이다.

하지만 당신이 CEO라면 이렇게 자문해야 한다. 이사회의 회의 형식과 특권이 기업에 얼마나 도움이 되는가? 시간, 수고, 계획 수립, 준비 비용은 얼마나 소요되는가? 전통적인 요소를 바꾸는 실험을 했을 때 무엇을 얻을 수 있는가?

또 다른 놀라운 진실이 있다. 훌륭한 이사들은 많은 사치를 원하거나 요구하지 않는다. 그들이 정말 원하는 것은 자신의 의견이 소중하게 다루어지고, CEO와 기업과 협력하고 있다는 느낌이다. 그리고 자신이 기여한 기업의 상황과 성과에 자부심을 갖는 것이다. CEO는 이사들이 기업의 실제적인 업무에 집중하도록 노력해야 한다.

10

사회적 책임 :
이윤 추구와
사회적 책임 간의
균형을 맞추라

오늘날의 리더들은 기업 환경과 사회, 정치적 환경이 복잡해지면서 기업의 경제적 요구 이상을 만족시켜야 한다. 또한 재무와 기업 운영 측면의 성과뿐만 아니라 좋은 기업 시민으로서 사회적 요구를 충족해야 한다. 다양한 이해관계 집단, 즉 환경운동 단체, 직원 단체, 퇴직자 단체, 지역사회운동 단체, 정부 규제 기관 등의 요구에 부응하기 위해 시간과 자원도 투자해야 한다. 그렇다. 주주들의 이익만 충족하는 것은 더 이상 용납되지 않는다. 기업들이 이러한 이슈들(환경, 보건, 안전)을 무시하면 공적인 영역에서 부정적인 결과를 유발하는 일촉즉발의 상황에 직면할 수 있다.

근래 들어 이사회와 CEO들은 점점 늘어가는 이해관계자들의 불만과 우려에 주의를 기울이고 있다. 소셜미디어와 지역사회운동은 환경문제에 관한 의식을 일깨우고 개발도상국에서 수입한 물품의 면밀한 조사를 요구한다. 또한 인종차별 반대뿐만 아니라 불우한 사람들, 소득 불평등, '미투운동'에 대한 관심을 촉구하고 있다. 따라서 리더들은 주주의 요구와 이해관계자의 요구 사이에서 균형을 맞추어야 한다. CEO들은 이런 이해관계자 문제에 대응해야 한다는 엄청난 압박감을 안고 있다. 그들은 기업이 이런 문제를 깊이 이해하고 배려하며 신경을 쓰고 있다는 모습을 보여주는 공적인 롤 모델이 되어야 한다.

신임 CEO는 리더의 자리에 오르기까지 이해관계자들을 만족시키기 위해 얼마나 많은 압박을 느끼는지, 그 때문에 자신의 능력이 얼마나 손상되는지 깨닫지 못한다. CEO들은 주주가 그들의 일차적인 우선순위가 되어야 한다는 시장의 요구를 이해한다. 또한 때로 대립적이지만 중요한 이해관계자들의 관심사와 균형을 맞추어야 한다는 것을 알고 있다. 하지만 시장의 요구는 이해관계자들의 요구가 엄청나게 많고 다양하다는 점 때문에 위협을 받는다. 어떤 CEO는 주주의 요구를 무시하고 이해관계자들의 요구에 더 많은 관심을 기울일 수 있다. 이는 이사회와 투자자의 기업 운영 및 재무적 기대에 부합해야 한다는 본질적인 요구를 고려할 때 큰 실책이 된다. 혹은 어떤 CEO는 이해관계자들을 무시하고 모든 관심을 주주에게만 쏟을 수 있다. 리더들은 사회 전체와 지역사회의 관심사, 이사회의 요구를 동시에 고려해야 하기에 이 또한 잘못이다. CEO가 이런 균형을 잘 잡지 못하면 많은 외부 사회운동 집단과 미디어의 면밀한 조사대상이 되고, 이해관계자들은 이를 매우 불쾌하게 생각한다.

여기에 역설이 있다. 시간과 자원의 한계가 있는 CEO들은 서로 경쟁하는 이 두 가지 요구 사이에서 어떻게 적절한 균형점을 찾을 수 있을까?

말 따로, 행동 따로

오늘날의 리더들은 소득 불평등에 깊은 관심을 갖는다. 그들은 기후 변화 문제에 민감하고, 안전하고 다양하며 세심한 업무 환경을 보장하기 위해 노력한다. 요즘은 어떤 리더도 이렇게 말하지 않는다. "나는 탁월한 성과로 애널리스트들과 월스트리트 사람들을 만족시키기 위해 이해관계자 이슈를 무시할 겁니다." 우리 사회에서는 기업들이 중대한 이슈에 더 많은 주의를 기울여야 한다는 요구가 매일 조금씩 늘고 있다. CEO로 구성된 협회인 비즈니스 라운드테이블Business Roundtable은 2019년 지역사회,

환경, 사회적 이슈에 기업의 더 큰 관심을 촉구하고, 아울러 주주는 중요하지만 폭넓은 관점에서 보면 한 부분에 불과하다는 성명을 발표했다.

몇몇 기업의 이사들은 그들의 CEO가 성명서에 서명했지만 실제로는 이런 내용을 전달하고 있다고 말했다. "서명은 '해야 할 적절한 행위'이지만, 그들은 '우리는 이런 방식으로 기업을 운영합니다. 앞으로도 우리는 계속 주주들을 위해 일할 것입니다'라는 메시지를 이사회에 확인해준 것입니다." 즉, CEO들의 서명은 어떤 면에서는 이사회를 달래기 위한 행동이었다. 주주의 만족을 대신할 것은 전혀 없으며, 주주에게 바람직한 성과를 달성하는 한 주주와 이해관계자의 요구 사이에 '동등한' 균형은 항상 불가능하다는 점을 밝힌 것이다.

이사들은 최근 들어 CEO가 이사회 회의를 시작할 때 자신과 고위 경영진이 수행했던 선한 일들을 강조하는 일이 많다고 했다. 자선행사에서부터 환경정화 활동, 다양성을 고려한 채용 및 교육까지 여러 이야기를 늘어놓는다는 것이다. 이사들은 세상을 더 좋은 곳으로 만들려는 CEO의 헌신에 진심으로 감탄하지만 대부분 이런 생각을 한다고 밝혔다. "하지만 다음 분기 실적을 달성하기 위해 무엇을 하고 있습니까?"

이 균형은 정말 달성하기 힘들다. 리더들은 기업이 이해관계자들을 고려하게 만드는 힘들을 과소평가해서는 안 된다. 거대 자산관리 기업 블랙록^{Blackrock}은 수많은 기업에서 보유한 소수 지분을 통해 영향력을 행사한다. 2018년에 블랙록의 리더 래리 핑크^{Larry Fink}가 투자 기업들의 CEO에게 보낸 서한이 파장을 불러일으켰다. 편지에서 그는 기업들이 더 이상 주주에게만 관심을 둘 수 없으며 지역사회의 모든 이해관계자도 신경을 써야 한다고 말했다. 그 이후 투자관리 회사 뱅가드^{Vanguard}와 스테이트 스트리트^{State Street}도 비슷한 성명을 발표했다. 블랙록과 핑크는 기후 변화를 투자 검토 기준에 추가하여 이전보다 이해관계자들의 관심사에 훨씬 더 초점을 맞추었다. 많은 CEO가 블랙록의 이런 입장에 대단하다고 반응했다. 하지만 그들은 여전히 애널리스트들과 다른 관련자에게서 약속한 분기 실적을 어떻게 달성할 것이냐는 질문을 받았다. 여기에는 심지어 서한을 작성한 기업들의 애널리스트들도 포함돼 있었다. 한 CEO는 나에게 이렇게 한탄했다. "실적을 달성해야 하는 것은 블랙록이 아니라 CEO입니다."

이런 역설은 CEO들에게 단순히 좌절감만 안겨주지 않는다. CEO의 임기도 위협한다. 과거 어떤 해보다 2018년에 CEO들이 더 많이 해고되었다. 그들의 자리는 위태로우며, 균형을 잡지 못하면 해고를 당한다. 예를 들어, 기후 영향이나 소득 불평등,

직장의 다양성과 같은 프로그램에 열정적으로 너무 많은 시간을 투자하느라 글로벌 비즈니스를 구축하는 일은 소홀히 한다면 문제가 생긴다.

학계 역시 확대된 이해관계 집단을 관리하는 새로운 접근법을 강조한다. 아주 유능한 리베카 헨더슨Rebecca Henderson 교수는 HBS에서 앞장서서 이런 균형을 강조하기 위해 노력하고 있다. 헨더슨은 학생들에게 이런 이슈를 제기하는 '자본주의 다시 상상하기'라는 과목을 개설했으며, 《자본주의 대전환Reimagining Capitalism in a World on Fire》이라는 새로운 책을 공저했다. 이 책은 이해관계자에 대한 기업의 책임을 둘러싼 논쟁을 소개한다. 더 구체적으로 말하면, '주주'의 관점과 '이해관계자'의 관점 사이의 폭넓은 논쟁을 다루고 있다. 주주의 관점은 유명한 경제학자 밀턴 프리드먼Milton Friedman이 자세하게 언급했다. 그는 기업이 주주 외에 다른 사람을 만족시킨다면 그것은 자신의 책임을 저버리는 것이라고 주장했다. 반면 이해관계자의 관점은 기업은 더 큰 시스템에 속한 실체이므로 다양한 지역사회의 가치에 부합하는 방식으로 운영해야 한다는 입장이다. 따라서 이런 가치를 해치는 방식으로 기업을 경영하는 CEO들은 '퇴출'되어야 한다고 본다. 실제로 많은 진보적인 정치가들과 사회활동가들은 점차 이러한 이해관계자 관점을 주장하고 있다.

따라서 리더들은 어중간한 위치에 놓여 있다. CEO들은 현재의 기업 보상체계에 비추어볼 때 다른 무엇보다도 성과에 집중하라는 동기를 부여받는다. 그런가 하면 점점 더 많은 보상위원회가 이해관계자의 대의, 직원 만족 등에 기여도를 평가하는 '질적' 성과 지표를 포함시키고 있다. 하지만 아직까지 보상을 결정하는 중요한 요인은 아니다.

이해관계자 관점의 옹호자들은 CEO의 사회적 공헌을 중요한 보상 요인으로 삼아야 한다고 주장한다. 하지만 가까운 장래에 이것이 일반적인 현실이 될 가능성은 없다. 임원 보상체계는 CEO의 보상을 결정하는 기준으로 다른 유사 기업과의 비교에 의존하는데, 대기업의 인사부서와 자문 회사들이 이를 따르고 있다. 그러므로 이런 변화가 신속하게 일어날 가능성은 낮다.

역설적 상황을 헤쳐 나가는 일곱 가지 조언

역설은 의미상 다루기 쉽지 않다. 한 사람이 겉보기에 서로 모순되는 개념을 동시에 고려한다는 역설 개념은 두통과 걱정을 불러일으킨다. 이때 리더는 하나를 선택하고 다른 하나는 무시하고 싶은 유혹을 느낀다. 중요한 결정을 내릴 때 CEO들은 이렇게 말하고 싶어 한다. "균형은 진절머리가 난다. 이해관계자들은 충분히 고려했어. 이번엔 난 주주들만 신경 쓸 거야!" 하지만 이런 양자택일은 오늘날의 리더십 환경에서 불가능하다.

리더는 역설의 양 측면에 모두 주의해야 한다. 다음의 조언은 이런 양면적 접근을 용이하게 해준다.

1. **좌절감을 받아들여라**: 이것은 특별히 유용한 조언이 아닌 것처럼 들릴지도 모른다. 하지만 CEO들은 엄청난 평정심을 갖고 주주와 이해관계자 사이의 줄다리기를 받아들이는 게 유익하다. 주주와 이해관계자의 역설은 해결해야 할 문제가 아니다. 이것은 리더 역할에 주어진 불가피한 조건이다. 문제 해결 지향적인 CEO들에게 이것은 어려운 일이다. 주어진 조건을 받아들이는 것 이외에 다른 선택지가 없기 때문이다. 리더들은 어떤 환경에서는 이해관계자를 희생하고 주주에게 집중해야 하고, 또 어떤 환경에서는 주주 대신 이해관계자에게 집중해야 한다. 따라서 이중성을 받아들여야 한다. 이런 경쟁적인 요구는 사라지지 않으며, 가장 큰 실책은 특정한 하나의 이해관계 집단을 무시하는 것이다. 이 문제에 본질적으로 내재된 좌절감을 받아들이면 이런 역설을 다루는 데 도움이 된다.

2. **중대한 이슈에 무관용 원칙을 가져라:** 과거 CEO들은 사회운동 집단의 항의, 노동자의 파업, 다른 이해관계자들의 소란을 무시하거나 달랠 수 있었다. 이런 문제가 그들의 궁극적인 관심사인 주주에게 영향을 미치지 않는다는 점을 알고 있었기 때문이다. 벤딕스^{Bendix}의 CEO로서 1970년 말 동료 직원 메리 커닝햄^{Mary Cunningham}과 불륜을 저지른 윌리엄 에이지^{William Agee}를 기억할지 모르겠다. 에이지는 커닝햄을 회사의 고위직으로 빠르게 승진시켰다. 그러나 불륜관계가 드러났음에도 기업의 실적에 큰 영향을 미치지 않았고 에이지는 살아남았다. 물론 요즘이라면 이런 사건은 엄청난 문제였을 것이다. 맥도날드 이사회가 CEO 스티브 이스터브룩^{Steve Easterbrook}이 다른 직원과 합의된 관계를 가졌다는 이유로 해고한 사실을 떠올려보라. 이스터브룩은 기업이 탁월한 실적을 올리는 데 기여했음에도 예전이면 개인적인 일탈로 간주했을 일 때문에 해고되었다. 맥도날드 이사회는 이러한 사소한 일탈이 불매운동, 부정적인 여론, 직원 사기 추락 등 사업에 중대한 영향을 미치는 것을 원하지 않았다.

무관용 원칙은 당신과 직원들이 이해관계자들의 부정적 반응을 유발하는 행위나 정책을 위반하는 일을 허용하지 않는다는 뜻이다. CEO들은 항상 관찰 대상이 된다. 또한 지금은 그들의 행동이 소셜미디어로 즉각 전파, 확대되는 시대이기 때문에 언제나 '도덕적'이어야 한다. 마찬가지로 사소한 일들도 은폐할 수 없다. 직원들이 그 일을 블로그에 올리고 다른 소셜미디어가 폭로할 것이 거의 확실하기 때문이다. 모든 이해관계 집단은 힘과 영향력을 갖고 있다. 이런 집단들이 반대하는 행동을 용인하면 그들은 곧바로 영향력을 행사할 것이다.

3. **소셜미디어를 예의 주시하라**: 당신은 소셜미디어를 마음대로 무시할 수 없다. 당신의 기업에 대해 온라인에서 벌어지는 대화에 주의를 기울이지 않으면 바이러스처럼 확산되어 무서운 속도로 들이닥칠 것이다. 모든 이해관계 집단과 주주들은 트위터, 인스타그램, 슬랙, 페이스북 등을 사용한다. 기업에 대한 어떤 의견은 무해하지만 어떤 의견은 그렇지 않다. 논란이 벌어질 수 있고, 부정적인 결론은 재앙이 될 수 있다.

따라서 소셜미디어에 나타난 부정적인 내용이 보내는 조기 경고 신호에 주의를 기울여야 한다. 온라인 포럼을 모니터링하면서 관련 게시물을 온라인 및 직접적인 행동으로 대응할 준비를 해야 한다. 애널리스트들 역시 소셜미디어의 동향을 점검하고 있다. 만약 그들이 안다면 당신도 알고 있어야 한다.

4. **고발자를 예상하고 대응 프로세스를 만들어라:** 고발자는 허위 지출보고서에 불만을 표하는 직원, 기업의 환경 방침에 반대하는 인권 단체, 품질 문제를 폭로하는 소비자가 될 수 있다. 고발자가 누구든 이런 불만을 공정, 신속, 객관적으로 다루기 위해 감정을 적절히 조절하는 프로세스가 필요하다. 이런 프로세스는 효과적인 조치를 위해서도 중요하다. 즉흥적인 대응은 통하지 않는다. 흔히 이해관계자의 불만을 간과하기 쉽고, 그들이 핵심 이슈에 대해 당신이 아무런 조치도 하지 않았다고 비난하는 것은 정당하다. 이런 프로세스는 모든 이해관계자 이슈에 훌륭한 결과를 보장하진 않지만, 불만 사항을 적절하게 다루는 방법을 제공한다.

2019년 마텔Mattel은 익명의 내부고발자로부터 자사가 실적 중 일부를 과소 신고했다는 편지를 받았다. 이런 내용이 공개되면 주가가 떨어지겠지만 심각한 수준은 아닐 것 같았다. 마텔은 내부 조사에 착수했고, 결국 고발자가 옳다는 결론을 내렸다. 실적을 약 2억 달러나 축소해서 보고했던 것이다. 그 일로 최고재무책임자가 사임했다. 마텔이 더 나은 프로세스를 갖고 있었다면 고발자의 편지가 도착했을 때 더 빠르고 효과적으로 행동했을 것이다.

5. **측정 가능한 분야에는 수치 자료를 제시하라:** 애널리스트와 주주를 상대할 때 CEO들은 항상 자료를 언급하고 싶어 한다. 그들은 자기주장의 정당성을 설득하기 위해 양적 증가나 감소를 언급한다. 이해관계자들에게도 똑같은 방법을 이용할 수 있다. 물론 이해관계자 이슈와 관련하여 사업 소득을 계량화하는 것이 항상 쉽지는 않다. 좋은 기업 시민으로서 기업의 발전을 어떻게 계량적으로 평가할 수 있을까? 하지만 가능한 분야에서는 수치 자료를 만들어야 한다. 예컨대 당신의 기업이 탄소배출량을 몇 퍼센트 줄였다, 직원들의 최저 임금과 최고 임금의 격차를 몇 퍼센트 줄였다, 직원들의 인적 다양성이 몇 퍼센트 증가했다는 식이다. 이런 숫자들은 중요하다. 이해관계자들에게 당신의 노력을 전달할 수 있는 구체적인 방법이기 때문이다. 특정 분야에서 자신의 발전을 수치로 보여줄 방법이 없다면 구체적인 활동을 강조하라. 가령 포럼에 참석했다든지, 기부금을 냈다든지, 자선행사를 후원했다든지 등을 언급할 수 있다. 이

런 활동 목록은 구체적인 수치 자료만큼 설득력이 있진 않
지만 이것만으로도 충분할 수 있다.

6. **권한을 위임하라:** 이전 장에서 나는 CEO들이 특정 업무를
위임할 수 없다고 말했다. 예컨대 기업의 정책에 화가 난
유력 상원의원을 만나는 일은 CEO의 몫이다. 하지만 지역
봉사 프로그램을 만들거나 환경 단체의 우려에 대응하는
일의 경우, 위임은 탁월한 아이디어다. 이런 일에 관리자와
직원들을 참여시키면 일석이조다. 지역봉사도 효과적으로
이루어지고 직원들의 사기진작에도 좋다. 이런 유형의 이
슈와 관련된 모든 일을 위임할 수는 없다. 특히 논란이 있
는 이슈나 대중매체가 집중적으로 보도할 경우는 더욱 그
렇다. 하지만 적절한 업무를 선별한다면 충분히 위임할 수
있다.

7. **당신의 개인적인 가치관보다 더 높은 기준을 세워라:** CEO들은
이해관계자들을 만족시키는 일을 과소평가하기 쉽다. 그들
은 이해관계자들의 우려를 해결하기 위해 선의의 노력을
하고 있다고 느낄지도 모른다. 임금 격차를 줄이고, 다양한
직원을 채용하고, 자선 단체에 후원금을 내고, 지역사회 프

로그램에 자원을 제공하는 식으로 말이다. 하지만 대체로 이런 노력은 충분하지 않다. 당신이 공정하다고 생각하는 수준을 뛰어넘어야 한다. 이해관계자들의 성과 기준은 당신이 생각하는 것보다 더 높다.

교육하라, 소통하라, 질문하라

위의 일곱 가지 조언을 실천하는 것 이외에도, 리더들은 이해관계자들에게 중요한 이슈를 알리고 직원들을 교육하기 위해 노력해야 한다. 여기에는 다문화, 환경, 노동, 지역사회 등 다양한 이슈의 최신 내용과 발전 과정, 사건을 다룬 자료를 읽고, 관련 분야 전문가와 토론회를 개최하는 일도 포함된다. 특정 분야의 새로운 요구, 문제점 또는 경쟁 기업의 정책을 알면 기습 공격을 피할 수 있다. 마찬가지로 리더들은 다양하게 소통해야 한다. CEO들은 기업 밖과의 소통에서 경계선을 넘지 못하는 경우가 너무나 많다. 그들은 '통상적인 이해관계자들', 즉 주요 고객, 다른 CEO들, 무역 기업의 리더들과 관계를 맺는다. 하지만 교수, 블로거, 대중매체 평론가, 사회운동 단체 등과 정기적으로 대화하지는 않는다. 이런 폭넓은 소통은 CEO들이 직면한 이슈들을 더 큰 맥락에서 이해하고 우선순위를 설정하도록 도와준다. 그들은 큰 그림을 보고 기업의 사명에 중요한 과제들을 훨씬 더 잘 파악할 수 있다. 마지막으로 CEO들은 임원들에게 관심 있는 사회운동과 프로그램에 참여하도록 격려해야 한다. 단순히 다른 사람들의 관심사를 인정해주는 것도 좋다. 예를 들어, 노숙자 문제 해결을 위한 새로운 지역사회 프로그램에 참여하는 동료 직원을 칭찬해서 응원할 수 있다. 또한 특정 자선활동이나 사회활동을 기업 차원에서 지원해준다. 이런 참여는 자연스럽게 주주에게로 기우는 기업에 균형을 잡아주는 역할을 한다. 돈을 버는 것 외에 기업이 공익을 위해 무엇을 하는지 질문을 받는다면 이런 참여는 좋은 대답이 된다.

CEO들은 또한 이런 분야의 성과에서 정기적으로 자기 평가를 수행해야 한다. 맥킨지 글로벌 인스티튜트 의장 제임스 매니카James Manyika는 변화하는 리더십의 본질에 대한 탁월한 질문 목록을 만들었다. 그중 일부는 CEO가 이해관계자와 관련해 활용할 수 있다. 그 네 가지 질문은 다음과 같다.

1. 우리는 주주자본주의를 얼마나 넘어섰는가? 다양한 이해관계자들에 대한 책임을 어떻게 감당하고 있는가?
2. 특히 일의 미래를 고려할 때 직원들에 대한 우리의 책임은

무엇인가?

3. 기업과 관련된 그리고 기업을 초월한 사회적 문제와 지속 가능성 문제에 대한 우리의 책임은 무엇인가?

4. 플랫폼, 생태계, 공급망 및 가치사슬에 참여하는 사람들과 이런 것들이 사회에 미치는 영향에 대한 우리의 책임은 무엇인가?

좋은 이미지 만들기

사람들은 사실보다 이미지를 더 오래 기억한다. CEO들은 통계적 관점에서 자신의 사회활동을 전달할 수 있고, 또 해야 하지만 그것만으로는 충분하지 않다. 사람들은 기업에 대한 이미지를 갖고 있는데, 이 이미지가 부정적이면 어떤 수치 자료도 그들의 마음을 바꿀 수 없다.

이미지 형성은 리더가 지속적으로 수행해야 할 활동이다. 부정적인 인상은 사실을 아무리 제시해도 쉽게 바꿀 수 없다. 부정적인 인상을 바꾸려면 다른 더 좋은 인상을 만들어야 한다. 화려한 평판을 가진 기업이라도 부정적인 인상에 취약할 수 있으며, 리더들은 이런 인상에 계속 대응해야 한다. 여러 해 동안 존슨앤

존슨^{Johnson&Johnson}은 매우 윤리적이고 성공적인 기업으로 보였고, 이 회사의 신념을 밝힌 성명서는 모범적인 표준으로 평가되었다. 존슨앤존슨이 1980년대 타이레놀 위기(다량의 타이레놀 복용으로 인한 중독사고)에 대처하는 모습은 그들이 주주보다 고객을 우선한다는 기업 이미지를 강화했다.

하지만 최근 들어 존슨앤존슨은 다른 대기업들보다 더 많은 소송에 휘말렸고, 대중에게 부정적인 이미지를 남겼다. 이 기업의 이사 중 누군가는 많은 소송이 불법적인 변호사들이 기획한 것으로 그들에게 이익이 될 뿐이며, 결국 경솔한 집단 소송이 촉발될 것임을 적절하게 지적할 것이다. 그럼에도 존스앤존슨의 리더들은 이런 사실을 대중에게 밝힐 수 없었다. 성가시고 불법적인 변호사들이 큰돈을 벌려고 저지른 일이라는 그들의 주장이 방어적인 모습으로 보일 수 있기 때문이다. 여기서 사실은 통하지 않는다. 대신 기업은 더 나은 인상을 만들려고 노력해야 한다. 그 방법 중 하나는 존슨앤존슨의 CEO가 모든 이해관계자의 요구를 해결하도록 노력해야 한다는 비즈니스 라운드테이블 운동의 강력한 옹호자가 되는 것이다. 아울러 최근의 부정적인 인상을 바꾸기 위해 이런 유형의 활동에 더 많이 참여해야 한다.

부정적인 이미지를 바꾸기 위해 놀라운 일을 수행한 기업으로 월마트가 있다. 오랜 세월 월마트는 불충분한 임금과 복지로 직원들을 착취한다는 비난을 받았다. 하지만 최근 이 기업은 다른 이미지를 만들기 위해 구체적으로 노력했다. 그들은 임금을 인상하고 더 나은 직장 보건서비스를 제공했다. 공급자 커뮤니티와 더 강력한 관계를 발전시키고 이사회 교체를 통해 내부 인식에 맞설 수 있는 외부자를 많이 영입했다. 이 기업은 여전히 엄청난 성공과 수익을 남기면서도 다양한 이해관계자 집단에서 훨씬 더 좋은 이미지를 갖게 되었다.

세상이 바뀌고 있다

리더들은 세상이 바뀌고 있다는 사실을 알고 있다. 하지만 때로 기업 밖의 변화가 기업의 정책과 프로그램, 문화적 측면에 어떤 영향을 미치고 있는지 잘 모르는 경우가 많다. 그들의 잘못된 인식이 현실을 따라잡지 못하기 때문이다. 그들은 소셜미디어를 심각하게 받아들이지 않으며 사람들이 기업에 관해 하는 말을 항상 모니터링하지는 않는다. 또는 최고의 인재를 고용하고, 직원 사기를 유지하고, 새로운 사회적·정치적 도전 과제의 요구에 대응하기 위해 기업이 변화해야 한다는 점을 인정하지 않는다.

이유가 무엇이든 리더는 상황을 내가 바라는 대로가 아니라 있는 그대로 봐야 한다. 내가 이사로 일했던 한 기업의 CEO는 핵심 고위직을 채용하려고 노력하고 있었다. 그가 처음 고용한 여성은 일이 잘 풀리지 않았다. 두 번째 여성도 기대에 부응하지 못하고 사임했다. 기업은 직원 채용 과정에서 나쁜 선택을 했을 가능성이 컸으며, 채용 방법을 개선할 필요가 있었다.

내가 이 이슈를 CEO와 이사진에게 제기했을 때 우리는 이 문제가 채용 프로세스보다는 널리 퍼져 있는 남성 중심적 문화 탓이라고 결론을 내렸다. 고용된 여성 임원들은 자신의 직책에서 불편함을 느꼈고 고위 경영진과 강한 유대감을 전혀 느끼지 못했다. 우리는 남성 중심적 문화가 문제임을 보여주는 작은 신호들을 감지했으나 그 당시 CEO는 그런 신호를 놓쳤다. 그동안 이 회사에서 일하는 여성들은 불편함을 감수했을 것이다. 미투 운동과 고위 임원진들의 다양성 추구 그리고 훌륭한 재능을 가진 여성들을 무시했다는 인식이 확산되면서 다행히도 이런 상황은 더 이상 용인되지 않는다.

성공적인 CEO들은 이런 문제를 분명히 직시하며, 세상의 변화에 분노하거나 무시하는 태도를 보이지 않는다. 어떤 변화는 탐탁지 않게 여길 수도 있지만 그것이 전문가로서 그들의 의사결정에 영향을 미치지는 않는다.

또한 CEO들이 기업에 수익을 내고 성공을 거두었다고 해서 이해관계자와 관련된 실책에 책임을 지지 않아도 된다는 의미는 아니다. 맥도날드와 마텔의 예를 생각해보라. 그들 이사회는 얼마 뒤 새로운 사회규범에 주의하지 않은 리더들을 문책했다.

진정성 있는 대의와 함께 나아가기

기업은 모든 사회운동을 지원할 수 없으며, 또한 모든 이해관계자에게 충분히 그리고 지속적으로 응답할 수도 없다. 기업의 시간과 자원은 한계가 있다. CEO들은 우선순위와 한계를 정해야한다. 그리고 이 문제에 대해 이사회에 도움을 요청할 수 있다. 이사회는 이런 측면과 직접적인 관련이 있다. 기업을 잘못 운영하면 이사회는 그로 인한 비난을 감수해야 한다. 마찬가지로, 기업이 수질 오염으로 지역사회에서 소송을 당하면 이사회와 CEO가 함께 책임을 분담한다.

CEO들은 기업의 목적과 제품에 관련된 사회운동을 유의해야 한다. 방위 관련 기업은 인터넷 보안, 프라이버시와 같은 워싱턴 D. C.의 주요 이슈에 자연히 관심을 가질 것이다. 코닝은 뉴욕 주의 코닝이라는 작고 비교적 고립된 지역사회에 위치하고 있다. 이 기업은 STEM(과학, 기술, 공학, 수학 융합 교육—옮긴이) 과목을 가르치는 지역 교육 기관의 역량을 보완하기 위해 수학과 과학 전문학교를 짓도록 도와주었다. 코닝은 그들이 핵심적인 역할을 하는 지역에서 교육의 질에 초점을 맞추었고, 따라서 기업과 지역사회의 관심이 일치했다. 코닝은 다른 폭넓은 이해관계자 문제를 이끄는 글로벌 리더이며, 지역사회는 물론 세계적 차원의 이해관계자 문제 해결이 중요하다는 점을 알고 있다.

또 하나 알아야 할 것이 있다. CEO들은 대부분 이런 이중적 요구에 대응하고 다양한 이해관계자들을 깊이 배려하는 사람으로 인식되길 원한다는 점이다. 사실 많은 CEO가 다양한 사회문제 참여에 관해서 애널리스트와 다른 사람들이 퍼붓는 비난에 분노한다. 내가 함께 일한 CEO들은 결코 무정하지 않았다. 그들은 대체로 기업에 영향을 미치는 이슈에 관심이 많았다. 식품기업의 CEO는 중앙아프리카의 식량 감소에 관심을 보였고, 에너지 기업의 수장은 대체 연료를 찾는 데 헌신했다. 그들은 누구의 압력 때문이 아니라 자발적으로 그렇게 하고 있었다.

물론 핵심은 너무 과잉 참여하지 않도록 적절한 균형점을 찾는 것이다. CEO들이 균형점을 찾는다면 주주와 이해관계자 사이에서 좌절감을 극복하고 문제를 성공적으로 헤쳐 나갈 수 있다.

HIDDEN TRUTHS

11

다양성 관리 :
다양성의 가치와
현실을 받아들여라

이 장은 고위 경영진의 다양성에 우선순위를 두고 바람직한 변화를 실행하는 리더십 과제에 초점을 맞춘다. 이것은 다양성과 포용성의 중요한 요소이며, 동시에 더 큰 범위의 다양성과 포용성 문제의 한 부분이다.

HBS 교수로 있는 동안 내가 자문, 교육하고 함께 일한 CEO들은 다양성이 기업에 소중한 가치를 갖는다는 점을 인정한다고 '말한다'. 리더의 도전 과제는 자신의 말을 진정으로 믿고 신념대로 행동하는 것이다. 우리는 계속 이렇게 질문하고 평가해야 한다. "리더 및 CEO들은 말과 행동으로 포용성에 대한 진정한 신념을 보여주는가?"

이와 같은 지속적인 도전 과제는 고위직을 채용할 때 가장 잘 나타난다. 어떤 CEO가 다양한 목소리를 추가하여 경영진을 강화하고 싶어 한다고 가정하자. 채용 과정에서 전통적인 고위 경영진의 대표성을 확대할 다양한 후보자들이 나타난다. 그런가 하면 적절한 자격을 갖춘 다른 후보자들 역시 나타난다. 이들은 고위직에 쉽게 적응할 수 있지만 기존 경영진의 다양성을 확대하지 못할 가능성이 있다. 경영진의 다양성을 확보하겠다는 CEO의 약속과, 고위직에 걸맞은 경험자를 채용할 경우의 이점 사이에서 줄다리기가 시작된다. CEO는 어떤 후보자를 채용할까? 이것이 이 문제의 핵심이다. 다양성의 여정이 계속되려면 신념을 행동으로 옮겨야 한다.

우려되는 점은 리더들이 다양성의 여정을 수용과 변화의 문화를 창출할 더 폭넓은 노력의 일부로 보지 않고, 일련의 거래적 교환관계로 본다는 점이다. CEO들은 흔히 경제적 이익에 대한 요구와, 사회에 용인되는 전략과 경쟁으로 성공해야 한다는 과제 사이에서 절충점을 찾는다. 또한 이 모든 것을 저위험, 고수익 방식으로 실현하길 원하면서도 고위직의 배경과 다양성을 확대하길 원한다.

개인적으로 대부분의 CEO들은 다양성의 요구에 더 빨리 대응하지 못하는 자신의 무능력이 속상하다고 털어놓는다. 그들은 또한 더 빠른 변화를 원하는 이해관계자들이 자신이 직면한 어려움을 이해해주길 바란다. 이런 좌절이 가장 명확하게 나타나는 이유는 '다양한 인재 쟁탈전' 때문이다. 경영진의 다양성을 확대하면서도 동시에 유능한 임원을 채용하려는 경쟁이 치열할 경우, 많은 CEO는 이미 실적을 입증한 인재를 강력하게 원한다. 신규 채용은 매우 인기 있는 스타 운동선수와 계약하는 것과 같다. 그들을 찾고 끌어들이는 것은 리더들에게 중요한 과제다. 이런 모든 상황이 고위 경영진의 다양성을 확대하려는 도전 과제를 어렵게 만든다.

또 다른 숨은 진실은 다양성에 대한 사람들의 생각이나 정의가 동일하지 않다는 점이다. 어떤 CEO가 생각하는 다양성의 의미는 다른 리더 또는 이사회나 운동 단체의 생각과 상당히 다를 수 있다. 따라서 CEO들은 자신의 목표가 무엇인지, 아울러 이사회, 직원, 다른 이해관계자들을 위해 무엇을 달성하려는지 명확히 설명할 필요가 있다.

다양성을 생각할 때 우리는 흔히 좁은 의미로 인종과 성의 관점에서 생각한다. 하지만 다양성은 사회·경제적 양육 배경, 개인의 가치, 철학, 학교, 종교적 신념 등 많은 요소가 포함될 수 있다. 리더들은 필요한 다양성을 언급하면서 기대치와 의제를 설정할 때 명확한 개념 정의와 의사 전달이 매우 중요하다.

접근 방법의 유연성과 창의적 사고 역시 일부 리더들이 느끼는 '제한적인 자유'를 극복하는 데 필수적이다. CEO들은 후보자의 폭을 크게 확대하려는 의식적인 노력을 통해, 기업의 규범에서 벗어나는 인재를 늘릴 수 있다. 한 가지 예로, 뉴잉글랜드 최대 건설 회사인 보스턴의 서펙 컨스트럭션Suffolk Construction의 설립자이자 리더 존 피시John Fish를 들 수 있다. 존은 '신규 채용을 통해 게임을 바꾸기'로 결정했다고 나에게 말했다. 존은 사람들의 사고 과정을 변화시키는 것보다 건설 사업의 기초를 가르치고 그들의 다양한 배경을 활용하는 것이 더 쉽다고 믿는다. 이런 이유로 서펙 컨스트럭션은 건설 경험이 있는 경력자보다 매우 다양한 배경을 가진 젊은 인문계열 전공자를 채용한다. 그리고 건설의 기초를 가르치고 그들의 다양한 사고를 활용하려고 노력한다.

다양성은 겉보기와 달리 실제로는 CEO의 신념과 행동이 미묘하게 결합된 주제다. 안타깝게도 우리는 빠른 해결책을 요구하는 시대에 살고 있으며, CEO들은 지속적인 해결책보다는 시끄러운 목소리를 달래기 위해 즉시 조치를 해야 한다는 압박을 받는다. CEO가 이렇게 말하려면 용기가 필요하다. "기업에서 의미 있는 다양성을 달성하려면 힘든 여정을 거쳐야 합니다. 이 여정은 인내와 오랜 노력이 필요합니다."

반사적인 행동을 경계하라

리더는 반사적인 행동의 필요성과, 문화적 다양성을 진정으로 수용하여 정착하는 문제는 신속하고 반사적인 접근 방법으로 쉽게 달성할 수 없다는 인식 사이에서 균형을 잡아야 한다. 유감스럽게도 일부 CEO들은 다양성 목표에 반사적으로 반응한다. 하지만 그들은 이 문제에 냉소적이거나 무관심하지는 않다. 그들은 특정한 반응들이 행동에 대한 압력을 완화해준다는 것을 알고 있다. 이것이 많은 리더가 다양성, 사회적 책임, 포용성 등을 담당하는 임원을 임명하는 이유인지도 모른다. 이러한 전담 직책은 흔히 변화의 결정적인 촉매제, 노력의 출발점일 뿐 종착점은 아니다. CEO들은 다른 사람들이 이러한 임명을 여정의 중요한 일부로 여기는 것을 경계해야 한다. 실제로 이것은 의미 있는 변화를 이루기 위한 훨씬 더 장기적인 여정의 첫걸음일 뿐이다. 또한 CEO가 최고다양성책임자^{CDO}에게 이 문제를 '떠넘기는 것'으로 보일 수 있다. 하지만 이것은 어떤 한 임원에게 위임할 수 없는 과제다. 다양성 과제를 감당하려면 깊은 내적 성찰과 민첩한 마음가짐이 필요하다. 이것은 다양성 활동의 출발점인 지속적인 모니터링과 실적평가를 넘어선다는 뜻이다.

오늘날 이사회는 이사회의 공석을 채우려고 소수 집단 출신의 후보자를 찾는다. 헤드헌팅 기업 스펜서 스튜어트^{Spencer Stuart}의 최근 조사에 따르면, 이사회의 새로운 공석 중 많은 자리가 점차 소수 집단의 배경을 가진 사람들로 채워지고 있다. 리더는 전형적인 후보자, 즉 '적절한' 학력과 '적용 가능한' 업무 경력이 있고 다양한 배경을 가진 사람을 찾으려는 반사적인 행동을 삼가야 한다. 이사회가 후보자를 전혀 찾을 수 없다고 불평하는 것은 당연하다. 그들은 사고 범위가 협소하기 때문이다.

우리가 해야 할 일은 시각을 넓히는 것이다. 흔히 리더들은 능력이 뛰어나고 위험이 낮은 후보자를 목표로 삼는 헤드헌팅 기업에 의존하는 탓에 선택할 수 있는 후보 그룹이 제한된다. 역설적이게도 많은 헤드헌팅 기업 역시 인재 조사를 의뢰하는 기업들과 마찬가지로 임원들의 다양성이 부족하다. 그들 역시 다양성이 있으면서도 기업의 가치를 더할 수 있는 폭넓은 범위의 후보자를 찾는 대신 반사적으로 인재를 찾고 있다.

하지만 모든 산업에는 아직 활용하지 못한 네트워크가 존재한다. 점차 이 네트워크들을 발전시켜야 하며, 이는 새로운 임원과 이사 후보자를 공급하는 강력한 파이프라인이 될 수 있다. 지금 필요한 한 사람을 찾는 대신 더욱 각성된 임원진이 이런 비공식적 네트워크를 구축할 것이며, 장기적으로는 다양한 인재를 찾을 수 있는 더 폭넓은 원천을 확보할 것이다.

다양성을 추구하는 여섯 가지 전략

CEO들이 다양성을 기업 전체 차원에서 전략적으로 접근한다면 더 쉽게 반사적인 대응을 피할 수 있다. 당신이 기업의 수장이라면 아래와 같은 여섯 가지 전략을 기업 정책으로 고려해보라.

1. **다양성에 대한 확신을 가져라**: 다양성에 대한 불신자가 되지 말라는 뜻이다. 다양성 문제는 그냥 사라지지 않는다. 기업에 제공할 모든 가치와 경영진의 미래를 생각할 때 다양성을 지속적으로, 진정성 있게 받아들여야 한다. 이사회, 임원진, 직원, 토론, 프로그램 등 여러 방식으로 다양성을 추구해야 한다. 어떤 집단의 요구를 수용하기 위해서가 아니라 새로운 사고, 활발한 토론, 혁신적인 아이디어를 북돋우는 일환으로 다양성을 추구하라.

2. **코호트(집단)를 만들어라**: '코호트cohort'는 로마 군대에서 규모가 큰 군단을 구성하는 부대 단위를 뜻하는 용어에서 비롯되었다. 이것은 다양성을 추구하는 한 사람을 영입하는 것이 아니라, 다양하고 강한 유대감을 지닌 집단을 만드는 것이다. 흔히 기업들은 다양성을 '한 번에 한 명씩 고용하

는' 관점으로 바라본다. 하지만 이것은 더 넓고 깊게 바라 봐야 할 어떤 문제에 단편적으로 접근하는 방식이다. CEO 들은 다양성의 딜레마를 한탄한다. 그들은 다양한 관점을 지닌 인재를 채용하길 원하지만, 후보자들은 해당 기업의 다양성이 떨어진다는 것을 알고 그곳에서 일하길 꺼린다. 한 사람만 고용해서는 이런 인식이 바뀌지 않는다. 우리는 일할 직장을 고려할 때 자신과 같은 사람들로 구성된 집단 에 합류하기를 원한다. '나와 같은 사람들'로 구성된 집단 이 될 때 후보자들은 빨리 동화되어 업무를 성공적으로 수 행하고, 아울러 자신과 비슷한 사람들이 팀이나 기업에 들 어올 거라고 확신한다.

따라서 다양한 경영진을 갖추는 방법을 찾기 위해 노력해 야 한다. 이것은 더 길고 계획적인 프로세스다. 오늘의 성 공이 미래 성공의 토대가 되듯이 조직의 다양성은 점진적 이고 의도적인 노력을 통해 이루어진다.

3. **개인적인 네트워크를 이용하라:** 임원급 인재 헤드헌팅 기업 을 부정적으로 말하려는 의도는 아니다. 하지만 리더들이 개인적인 네트워크를 활용하면 다양한 고위직 후보자는 물 론 확실한 성과를 내는 후보자를 찾을 가능성이 더 높다.

고위급 리더들은 대체로 다른 커뮤니티나 기업의 구성원과 많은 관계를 맺고 있다. 따라서 그들은 헤드헌팅 기업보다 더 다양한 후보자 집단에 접근할 수 있다.

당신이 내가 아는 대부분의 CEO와 비슷하다면 폭넓은 동료, 경영대 교수, 학교 동문, 컨설팅 기업, 비영리 단체 임원, 지역사회운동 단체 등과 탄탄한 관계를 맺고 있을 것이다. 그들과 소통하면 기업에 적합하면서도 다양한 배경을 지닌 사람들과 접촉하는 데 도움이 될 것이다.

4. **파이프라인을 만들어라**: 집단을 만들고 개인적인 네트워크를 활용하는 것은 다양한 배경을 지닌 적합한 후보자와 연결되는 파이프라인의 좋은 출발점이다. 하지만 여기에 머물러서는 안 된다. 이미 알고 있고 계속 주시하는 사람들과 더 자주 관계를 맺는 방법을 찾아보라. 지속적인 봉사활동은 모든 직책에 지원할 수 있는 강력한 후보자들을 많이 만날 기회를 제공한다. 이런 노력의 일환으로 잠재적인 미래의 후보자들을 기업의 정보를 제공하는 자문위원회에 참여하도록 요청할 수 있다. 아울러 다양한 집단(여성 기업가협회, 소수 집단 출신의 중소기업 소유자 등)의 유능한 엘리트들 앞에서 연설할 기회를 요청할 수도 있다. 또한 전략사업단

위strategic business unit의 이사회가 당신이 잘 아는 후보자 파이 프라인에 속한 사람들에게 관련 정보와 기회를 제공할 수 도 있다.

5. **중요한 직책에 임명하라**: 후보자를 기업 운영이 아닌 주로 소집 권한만 있는 직책에 임명하는 것은 경영진의 다양화 노력이 제한적임을 보여주는 신호가 될 수 있다. 하지만 다양한 배경과 시각을 가진 강력한 후보자들을 찾아내 그들을 중요한 직책에 임명하면 큰 영향력을 미칠 수 있다. 그들이 기업을 운영하는 고위직, 주요 자문위원회의 중진, 이사, 위원장 등의 직책에서 성공을 거두면 자연스럽게 다른 사람들을 기업으로 끌어들일 것이다. 그렇게 되면 궁극적으로 기업에 다양한 관점과 배경을 지닌 후보자들을 계속 공급하는 유기적 시스템을 만들 수 있다.

6. **CEO는 채용 과정을 위임하지 마라**: 반복을 양해하기 바란다. 이 점을 다시 강조하지 않을 수 없다. CEO들은 이 프로세스를 위해 구체적으로 노력해야 한다. 리더가 직접 후보자들에게 연락을 취하고 채용 과정을 도와주면, 그들과 다른 모든 사람에게 리더의 개인적인 노력을 입증하게 된다. 비

선임 리더 직책을 채용하는 경우 최고인사책임자, 다양성 및 포용성 책임자를 채용 과정에 참여시키는 것이 좋다. 하지만 CEO가 여기에 참여하면 이 채용이 CEO는 물론 기업 전체에 중요한 문제라는 점을 전달할 수 있다.

요점은 CEO와 고위 경영진이 다양성을 우선순위에 두어야 하며, 이것이 임원 숫자 게임 이상의 문제라는 점을 깨닫는 것이다. 다양성은 단순히 특정 소수 집단의 비율을 적정 수준으로 유지하는 문제가 아니다. 또한 세상이 주목하는 소수자 배려 채용을 통해 사람들을 깜짝 놀라게 하거나, 새로운 포용 계획을 홍보하는 문제도 아니다. 오늘날 인재 쟁탈전이 격화되면서 CEO의 과제는 다양한 임원진을 유지하는 일에 그치지 않는다. 리더는 다양한 배경을 가진 사람들을 끌어들이는 문화를 만들고, 그들에게 동기를 지속적으로 부여하고, 그중 가장 뛰어난 인재를 최고위직으로 승진시켜야 한다.

다양성은 사회적·인종적 관점에서 볼 때 필수적인 요소이기도 하지만, 기업 리더의 관점에서 보면 훨씬 더 큰 성공을 거두는 데 도움이 된다. 많은 CEO가 이런 진실을 알고 있지만 실행할 때 좌절감을 느낄 수 있다. 다양성을 확보하려면 상당한 시간과 에너지를 계속 투자해야 한다. 여러 상황에 따른 문제와 균형을 힘들게 유지하면서도 고위 경영진의 수준과 다양성을 높이는 일은 매우 복잡하며 진척이 더디다. 이런 도전 과제는 모든 기업의 성공에 핵심적인 문제이기 때문에 위임할 수 없다. 뛰어난 리더들은 지역사회와 기업의 성공을 위해 다양성을 우선순위에 두는 일에 시간을 투자하고 집중할 것이다.

12

퇴임 준비 :
떠날 때를 알라

이 문제는 프로스포츠에 비유하는 것이 적절하다. CEO들은 종종 스포츠팀 감독들처럼 떠날 때를 모르는 경우가 있다. 미식축구팀 시카고 베어스의 마이크 디트카^{Mike Ditka} 감독은 1985년 슈퍼볼에서 우승한 뒤 명사 대접을 받았다. 하지만 그 시즌 이후 그는 팀의 기량을 유지하지 못했고, 경기와 관련된 팀의 요구사항이 바뀌자 곧 그의 리더십에 의문이 제기되었다. 그는 한물간 존재가 되었고 10년 만에 감독직에서 해고되었다. 그의 업적은 퇴색했다. 같은 도시의 필 잭슨^{Phil Jackson}은 시카고 불스 감독으로 일하면서 여섯 번 우승했다. 그는 마지막 우승 뒤 바로 감독직을 사임했다(그의 사임 의사는 그를 해고하려는 총괄 매니저 때문에 더 확고해졌다). 잭슨의 업적은 그대로 남았다.

많은 기업 리더들은 잭슨보다는 디트카와 비슷하다. 그들은 성공을 즐기고 엄청난 찬사를 받으면서 성공을 가져다준 여건이 지속되거나 반복될 것이라고 믿기 시작한다. 그들은 성공 때문에 변화하는 현실을 제대로 보지 못한다. 또한 자신이 더 이상 기업을 이끌 적임자가 아니라는 사실을 깨닫지 못한다. 이에 대한 가장 최근의 사례는 GE의 제프리 이멜트일 것이다. 2001년 잭 웰치의 후임자로 임명된 그는 오랫동안 성공 가도를 달렸지만 그 뒤 급격히 추락했다. 중요한 전략적 포트폴리오 문제가 터졌고, 아울러 시장지배적인 분야(발전설비 사업과 유전서비스 사업)의 공격적인 인수합병 활동, 대규모 환경문제, 금융서비스 분야로의 다각화 전략이 연달아 실패했다. 2008년 모기지 파생상품 위기의 여파가 다른 모든 사건과 결합되면서 2017년 그의 공식적인 사임을 촉진했다. 그의 업적과 평판은 크게 실추되었다. 16년 동안 CEO 자리에 있는 것은 운명을 건 모험이다. 급변하고 도전적인 경영 시대에는 조금만 방심하면 CEO의 자리에 너무 오래 머물게 된다.

적긴 하지만 일부 CEO들은 정반대의 잘못을 저지른다. 이를테면 너무 빨리 CEO를 그만두는 것이다. 다시 말하지만 인기 있는 스포츠팀 감독처럼 그들은 엄청난 각광을 받기 때문에 CEO 직책을 더 크거나 명성이 높은 기업으로 가는 징검다리로 여긴다. 그들은 대부분 자신과 기업에 피해를 준다. 그리고 '남의 떡이 더 커 보인다'라는 속담이 옳지 않다는 것을 알게 된다. 이 문제는 나중에 다루긴 하겠지만, 나는 성공한 CEO들이 자리에 너무 오래 머무는 문제에 초점을 맞추었다.

리더들이 떠나야 할 적기를 알면 기업에 유익하다. 스포츠 감독의 비유에서 보았듯이 리더들 역시 수혜자가 된다. 그들은 자신의 업적과 평판을 그대로 유지한 채 떠난다.

똑똑하고 현명한 리더들은 타이밍이 매우 중요하다는 점을 알고 있다. 하지만 안타깝게도 가장 영민한 사람들도 자신이 보고 싶은 것만 볼 수 있다. 이런 근시안과, 리더들이 자신과 기업에 가장 적절한 사임 시기를 선택하는 데 필요한 일을 이해하려면 다음과 같은 숨은 진실을 알아야 한다.

"시스템은 CEO들이 생각하는 것보다 훨씬 더 비판적이다."

이사회가 말하는 CEO들

나는 많은 이사회 회의에 참석할 기회가 있었다. HBS와 그 밖의 자리에서 CEO들이나 이사들과 만나 그들의 관계에 관한 흥미로운 이야기를 듣기도 했다. 많은 CEO가 놀랄지 모르겠지만 이사회의 임원 회의나 바깥 복도에서, 공항으로 가는 자동차 안에서 이사들은 CEO에 대해 자주 언급한다. 대체로 CEO의 성공에 대한 찬사보다는 그의 행동에 의문을 제기하는 내용이 많다. 어느 정도까지 이런 비판은 인간의 본성에서 나온다. 사람들은 옳은 일을 언급하기보다는 잘못을 지적하려는 동기가 더 큰 경향이 있다.

하지만 이는 이사회의 성격이 반영된 결과일 수도 있다. 그들이 위임받은 과제는 CEO가 적절한 리더인지, 리더가 업무를 잘 수행하는지 거의 쉬지 않고 질문하는 것이다. 따라서 그들의 반사적 반응은 찬사보다는 비판일 수 있다. 나는 한 기업의 이사로 활동한 적이 있는데, 이 기업의 CEO는 높은 성과를 보였다. 하지만 이 경우에도 그 CEO가 행동주의 투자자들과 전임자로부터 인계받은 도전 과제를 잘 극복할 수 있는지, 그의 성공을 위해 추가로 필요한 지원이 무엇인지, 최종적으로는 그가 그 직책에 얼마나 오래 머물 것인지, 또는 머물러야 하는지에 대해 항상 논의했다.

나는 기업 경영에 뛰어나고 놀라운 성과를 달성한 CEO를 알고 있다. 하지만 시장 상황이 어려워지고 경쟁자들이 더 대담하게 행동하자, 이사회는 불안해하며 근본적인 사업 전략을 명확하게 수정하고 실행할 것을 요구했다. 이 CEO는 기업 운영에 엄청나게 집중하고 있어 전략 수정이 달갑지 않았다. 게다가 자신이 이룬 성과를 고려할 때 이사회의 요청에 대응할 필요성을 느끼지 못했다. 이사회는 이런 태도를 좋지 않게 받아들이고 그를 교체했다. CEO는 이사회가 그의 지난 성공을 감안하여 기존 전략을 조정하고 적응할 추가 시간을 주는 특혜를 베풀 거라 생각했다. 또한 그가 전략 수정을 달갑지 않게 생각한 일을 문책하지 않으리라 여겼다. 하지만 이사회는 현재보다는 미래를 중요하게 보았다.

이사회만 이런 것이 아니다. 스포츠 비유를 확대하면 이사회는 팀의 소유주들로서 고용과 해고에 최종 권한을 갖고 있다. 그들은 일정 수준의 인내심을 갖고 위험 및 보상을 적절히 관리한다. 애널리스트들은 스포츠 매체와 비슷하다. 그들은 감독이나 CEO를 훨씬 더 비판적인 시각으로 바라보고, 그들의 모든 행동에 의문을 제기할 수 있으며, 실제로 그렇게 한다. 고위 임원들은 경기를 뛰는 선수와 비슷하다. 그들은 확고한 견해를 갖고 있으며 그것을 기꺼이 표현한다. 하지만 구체적인 책임 소재는 언급하지 않는다. 팀 내에서 자신의 위치가 위태로워질까 두렵기 때문이다. 컨설턴트로서 나는 많은 고위 임원과, 리더의 비서들을 인터뷰했다. 그들은 먼저 긍정적인 점을 말하지만 이어서 '하지만'이라는 용어를 종종 사용했다. "예, 그는 재무 분야에 뛰어납니다. 하지만 장기 전략은 글쎄요……."

설령 최고의 CEO일지라도 그의 목에는 항상 날카로운 칼이 놓여 있다. 어떤 CEO들은 이런 사실을 리더 직책의 숙명으로 받아들인다. 하지만 어떤 CEO들은 자신의 실적 또는 직책을 뒷받침하는 상황과 여건 때문에 안전하다고 생각한다.

CEO 또는 리더들은 건강한 자아를 갖고 있다. 그들은 최고 위직으로 승진하고 힘든 결정을 내려온 자신을 신뢰한다. 하지만 바로 그 때문에 사람들이 그들에 대해 말하는 실제 내용에 주의를 기울이지 않는다. 내가 아는 몇몇 CEO들은 이사회가 대부분의 시간을 자신이 성취한 훌륭한 성과를 언급하며 보낸다고 믿는다. 그러나 실제로 이사회는 CEO가 잃어버린 기회와 드러난 약점에 초점을 맞춘다.

어떤 CEO들은 이런 현실을 부인한다. 나는 CEO들을 인터뷰하면서 그들이 생각하는 것보다 시스템이 그들에게 더 비판적이라는 사실을 언급했다. 그들은 머리를 끄덕이면서 그런 사실을 아는 것이 중요하다고 말했다. 그리고 이렇게 덧붙였다. "감사하게도 저는 그렇지 않습니다."

어떤 CEO들은 리더 직책의 권한과 영향력의 피해자가 되기도 한다. 그들은 영향력 있는 리더가 아닌 자신을 상상하기 어렵다. 많은 리더가 우호적인 주변 여건을 소중하게 여긴다. 하루가 그들을 중심으로 계획되고, 사람들은 그들의 노력에 찬사와 신뢰를 보낸다. 권력이 보상과 결합되면 매우 유혹적이다.

CEO들은 대부분 천성이 낙천적이다. 지금 상황이 그다지 좋지 않지만 곧 호전된다고 믿는다. 마치 후버 대통령이 대공황 초기에 "번영이 곧 눈앞에 다가왔습니다."라고 말한 것처럼 말이다. 그들은 한 가지 제품 출시, 한 번의 기업 인수나 시장 확장을 통해 자신의 운명이 역전될 것이라고 믿는다. 많은 CEO가 구원이 곧 다가온다고 생각한다. 하지만 그런 일이 일어나지 않을 수도 있다.

자만심 역시 지나치게 긴 임기의 원인이다. 많은 CEO가 자신만이 기업을 호전시킬 수 있다고 확신한다. 그들은 과거에 이룬 놀라운 반전이 다시 가능할 것이라고 믿는다. 희망과 마찬가지로 자부심도 좋은 성향이지만, 너무 지나치거나 비현실적이어서는 안 된다. 자부심이 자만심이 되면 안 된다.

셰브론의 CEO 존 왓슨의 사례를 기억해보라. 그의 겸손은 자만심의 훌륭한 해독제였다. 그는 CEO의 역할을 훌륭하게 수행한 점을 칭찬받자 이렇게 말했다. "예, 나는 일을 잘해냈습니다. 하지만 솔직히, 유가가 높으면 대단한 것처럼 보이지만, 유가가 낮으면 나쁘게 보일 것입니다. 나는 이 점을 잘 알고 있습니다. 그러나 많은 동료 CEO들은 우호적인 외부 환경이나 경영진의 재능 덕분에 자신이 훌륭한 리더로 칭찬을 받는다는 점을 깨닫지 못합니다. 그들은 성과가 대부분 자기 덕분이라고 생각합니다."

이런 이유로 많은 CEO가 자신이 처한 곤경을 암시하는 경고를 감지하지 못한다. 그들은 자신의 해고와 관련된 논의가 시작되면 비로소 놀란다. 그들은 상황이 바뀌었고 그들의 임기가 논란의 대상이 된다는 점을 알지 못한다. 이사회가 실제로 CEO 해임에 관한 논의에 착수해도 리더들은 그다지 놀라지 않는다. CEO를 해고하려면 법률과 사규에 따른 조치와 홍보 활동이 필요하다고 생각하기 때문이다. 그들은 대개 실제보다 더 많은 시간이 남아 있다고 믿는다. 그들은 대부분의 이사에게 전폭적이고 확실한 지지를 받고 있으며 그동안 일을 잘해왔다고 확신한다. 눈부신 과거 실적이 그들을 보호해줄 것이며 기업의 하향 추세는 곧 호전된다고 생각한다. 그들은 이 모든 것을 깊이 확신하는 탓에 이사회가 CEO의 해임 절차를 밟기 시작하면 충격을 받는다.

CEO의 사임 시기와 유형

CEO들은 실적, 재임 기간, 특별한 기업 상황에 따라 자연스러운 사임 단계를 밟는다. 이런 단계의 몇 가지 측면은 예상할 수 있지만 어떤 측면은 기업 간 거래의 결과이기 때문에 대비할 수 없다. 각 단계는 리더들에게 각기 다른 사임 문제를 유발한다. 예컨대, 당신이 떠오르는 신임 CEO라면 당신의 사임 상황은 분투하는 기업의 베테랑 리더와 상당히 다르다.

사임 과정의 다섯 단계와 그것이 CEO에게 미치는 영향은 무엇인지 살펴보자.

1. **새로움과 상승**: 이 시기는 CEO들에게 허니문 기간이다. 그들은 보통 광범위한 탐색 또는 적어도 기업 내부의 엄청난 검토 이후에 고용된다. 그들은 전임자에게 인계받은 기업 상황에 가장 적합한 인재처럼 보인다. 전권을 위임받지는 않지만 대개 전략을 만들고 실행할 수 있는 상당 수준의 자유가 보장된다. 이 시기에 그들의 미래는 밝고 임기는 길 것처럼 보인다.

2. **안정과 갱신**: 이 단계는 시간 순서로 보면 이전 단계 이후에

발생한다. 많은 경우 무언가 잘못되었거나 제대로 되는 일이 없다. CEO 임명 이후 그들은 대체로 매우 잘나가고 모든 일이 뜻대로 풀린다. 그러나 잠시 동안만 그렇다. 그 뒤 기업은 너무 오랫동안 전략을 고수하고 안정기에 접어든다. 지속적인 상승 궤도가 수평으로 바뀐다. 기업은 변화와 촉매제, 그리고 화살표를 위로 움직일 수 있는 방법이 필요하다. CEO는 사임을 예상한다. 아마도 공식적으로는 아니지만 사임 시기가 멀지 않았다.

3. **제한적인 미래:** 기업은 지속적인 개선을 위해 노력하지만 그렇게 신속하게 또는 충분히 이루어지지 않는다. CEO는 기업을 새롭게 바꾸지 못한다. 그들은 아직 이사회의 신뢰를 잃지 않았지만 더 이상 장기적인 해결책이 될 수 없다는 사실을 곧 알게 된다. 이런 리더는 한 해 정도 유예기간을 보낼 수 있으나 그 기간은 곧 끝난다.

4. **대결 준비:** 기업은 대규모 합병 또는 인수가 이루어질 수 있고, 그 결과 두 명의 CEO 중 한 명을 선택해야 한다. 한 명의 CEO가 승리하면 다른 CEO는 물러난다. 이사회는 어느 CEO를 통합된 기업의 리더로 임명할지 결정한다. 이런

결정은 거래 초기의 핵심적인 협상 대상이며 서로 간에 합의한다. 대체로 알려진 '승자'가 있다. US 항공과 아메리칸 항공이 합병할 때 합병 합의서에 US 항공의 더그 파커가 CEO로 지정되었고, 아메리칸 항공의 톰 호턴^{Tom Horton}은 단기간 이사회 의장으로 지정되었다(그가 떠날 것이라는 예상도 있었다). 아메리칸 항공이 두 기업 중 규모가 더 컸지만 이런 일이 일어났다. 이러한 CEO 내정이 협상 대상이 아니었다면 그 거래는 아마 무산되었을 것이다.

5. **"마지막 마일을 걷기"**: 이 단계의 명칭이 암시하듯이 CEO의 사임이 임박한 시기다. 대체로 CEO들이 이 단계로 진입하는 이유는 기업의 성과가 저조하거나, 스캔들이 터져 부정적인 여론이 형성되거나, 평판을 추락시키는 여러 가지 사건 때문이다. 유명한 737 맥스 항공기에서 문제가 발생했을 때 보잉의 CEO 데니스 뮬런버그^{Dennis Muilenburg}가 예상과 달리 오래 버티고 있다는 사실은 공공연한 비밀이었다. 그는 자신의 해고 결정에 놀란 것처럼 보였지만 다른 사람들은 대부분 당연하게 받아들였다. HP 컴팩^{HP Compaq}을 운영하던 칼리 피오리나^{Carly Fiorina}는 컴팩을 인수한 뒤 통합을 진행하는 방식 때문에 엄청난 비난을 받았다. 그가 해임되

었을 때 놀라는 사람은 거의 없었다. 임기의 마지막에 봉착한 CEO들은 '불가피성'을 받아들여야 한다.

이 다섯 단계 이외에 리더들은 기업의 요구와, 자기 능력이 그 요구에 잘 부합하는지를 알아야 한다. 일부 기업들은 변화에 유능한 최고경영자가 필요하다. 이들은 기업 문화의 변화를 촉진하거나 전통적인 조직 구조를 완전히 파괴하고 수평적인 팀 중심으로 바꾸는 데 능숙하다. 이런 CEO들은 보통 재임 기간이 짧다. 장거리 주자보다는 단거리 선수와 비슷하다. 그들은 제한된 시간 안에 이미 정해진 도전적인 목표를 달성한다.

일반화할 수 있는 또 다른 CEO의 역할은 기업 규모를 조정하는 일이다. 기업은 혁신적인 개념을 실천하는 데 탁월한 모험적인 기업가나 설립자로부터 시작하여 성장기를 거친다. 하지만 이 기업은 계속 성장하거나 소멸하는 시점에 다다른다. 이런 경우 설립자 또는 창업자보다는 기업을 확장할 수 있는 CEO가 필요하다.

따라서 CEO는 자신이 지금 어느 단계에 처해 있는지 잘 알아야 한다. 이렇게 자문해보라. 당신은 어느 발전 단계에 있으며 자신의 상황과 기업의 상황이 잘 맞는가? 기업의 발전 단계와 리더로서 당신의 발전 단계를 고려할 때 당신이 CEO를 맡는 것이 여전히 적절한가? 당신은 기업을 경영하는 동안 정체된 기업을 다시 호전시키기 위해 기꺼이 변화를 만들어낼 수 있는가? 당신이 찾아서 키운 적합한 후임자들이 있는가? 지금 당신은 후임자들의 발전에 걸림돌인가?

많은 CEO가 이런 질문을 던지지 않거나 대답하지 못하기 때문에 결국 나쁜 시기에 사임하게 된다.

너무 빨리 떠나거나, 너무 늦게 떠나거나

물론 CEO들이 너무 일찍 떠나는 것도 문제가 된다. 조기 사임보다 너무 오래 머무는 경우가 훨씬 많긴 하지만, 우리는 기본적으로 직장 이동이 빈번한 시대를 살고 있다. 어떤 리더들은 주어진 CEO 직책을 최고의 성취라기보다는 징검다리로 여긴다. 스타트업이나 모험적인 기업에서 특히 그렇다. 젊은 CEO들은 리더 직책을 받아들이면서도 더 크고 좋은 직책에 눈독을 들인다. 기업에 계속 머물면서 성장한다는 개념은 예전만큼 일반적이지 않다. 하지만 다른 곳의 잔디가 항상 푸른 것은 아니다. CEO들은 조기 사임이 현재 고용주들은 물론 자신의 경력에도 어떤 손익이 발생하는지 숙고해야 한다.

더 큰 문제는 CEO 교체 과정이 느리게 진행되는 것이다. 때로 변화의 필요성이 매우 중대하거나 기업이 심각한 곤경에 처한 경우 이사회는 신속하게 CEO를 교체한다. 하지만 대부분의 이사회는 느리고 신중하게 움직인다. 대체로 그들은 한동안 성과가 낮은 리더와 함께 지낼 수 있다. 기업 내부에 후보자가 없을 경우 교체 과정이 느리게 진행된다. 현직 CEO를 교체하는 과정은 외부에서 후보자를 찾아야 하거나, 내부 후보자가 아직 많은 조사와 준비가 필요한 경우 더 힘들다.

적절한 사임 시기를 찾는 법

최적의 사임 시기를 찾는 일은 모든 이의 최고 관심사다. 기업은 CEO가 너무 오래 머물지 않기를 원한다. 너무 오래 머무는 CEO들은 기업에 필요한 전략이나 변화를 실행하기 어려울 수 있다. 그들이 보유한 능력은 기업에 더 이상 적합하지 않다. 차기 CEO를 원하는 최고의 인재들은 현재의 리더가 당분간 사임하지 않을 것으로 생각하고 기업을 떠날 수도 있다.

하지만 너무 오래 머물거나 너무 일찍 떠나는 것은 CEO 누구보다도 자신에게 해롭다. 적게는 그들의 업적이 퇴색하고, 최악의 경우 불명예 사임을 할 수 있다.

다음은 리더들이 적절한 사임 시기를 찾기 위해 고려해야 할 지침이다.

- **당신이 생각하는 것만큼 상황이 좋지 않다는 점을 인식하라.** 자기 비판적인 관점을 갖고 자신의 성과와 실패를 자문해보라. 초기에 얼마나 많은 성공을 거두었든 상관없이 성공과 찬사를 계속 누리는 리더는 거의 없다는 점을 알아야 한다. 자신의 성과를 객관적으로 분석하고, 방어적이거나 부정하는 태도를 삼가라.

- **주변에서 일어나는 도전적인 문제의 신호를 받아들여라.** 너무 오래 머무르는 CEO들은 흔히 재임 중 발생하는 부정적인 사건을 무시하거나 최소화한다. 그래서 그런 사건으로 해임되면 깜짝 놀란다. 도전적인 문제에 대처해야 한다. 성공적으로 대응한다면 훌륭한 일이다. 실패한다 해도 적어도 자신이 해임되는 이유를 알게 되고, 당신이 완전히 추락하기 전에 빠져나올 수 있다.

- **박수칠 때 떠나라.** 이 오래된 연예계 격언은 자기 분야에서 유명인사가 된 CEO들에게 적용할 수 있다. 당신의 성과가 실패보다 클 때 당당하게 떠나는 것이 더 낫다. 실패의 무게가 성공의 무게보다 더 무거울 때 떠나는 CEO가 되지 말아야 한다.

- **사임 시기가 자신의 업적에 어떤 영향을 미칠지 생각해보라.** CEO들은 대체로 장기보다는 단기에 집중한다. 장기적인 관점을 갖추면 적절한 사임 시기를 생각할 수 있다. 리더가 항상 지금, 여기에 초점을 맞추면, 오늘의 결정이 CEO 재임 기간의 평가에 어떤 영향을 미칠지 고려하지 못한다. 장기적 관점으로 바라보면 상황이 나빠지기 시작할 때 계속 머무를지 한 번 더 고민할 수 있다.

- **이사회, 애널리스트, 주주 등에게 피드백을 구하라.** 인정하지 않을지도 모르지만 CEO들은 대부분 이런 권고를 싫어한다. 그들은 다른 사람들이 자신의 성과를 분석하는 것을 원하지 않는다. CEO가 이렇게 말하는 경우는 드물다. "물론입니다. 당신이 우리 경영진을 인터뷰해줘서 기쁩니다. 나중에 그들이 무슨 말을 했는지 알려주세요." 그들은 오로지

성과로 말해야 한다고 생각한다. CEO가 자신의 목표를 달성해서 주가가 오른다면 보상을 받아야 하며, 그 외에는 아무것도 필요하지 않다고 여긴다.

• **피드백을 제공해줄 멘토를 찾아라.** 임원들의 리더십 역량을 개발해주는 임원 코치와 달리, 멘토들은 개인에게 집중한다. 멘토는 적절한 사임 시기를 CEO에게 말해줄 가능성이 가장 큰 사람이다. 이를테면, CEO가 한 해 더 머무른다면 이미 이룬 업적을 망칠 것이라고 말해줄 수 있다. CEO는 다른 사람들보다 자신의 멘토가 하는 말을 더 신뢰한다. 그들은 멘토가 CEO를 돕는 것 외에 다른 의도가 없음을 알고 있다.

CEO들은 적극적으로 멘토를 구해야 한다. 멘토는 전직 사장, 이사, 교수, 산업계 리더일 수 있다. CEO가 그들을 신뢰하는 한 멘토들은 어려운 피드백을 흔쾌히 제공할 것이다.

완벽한 타이밍에 사임한 두 CEO

나는 완벽한 시기에 사임한 CEO를 많이 알고 있다. 이런 능력은 논리적 사고와 본능적 직감에서 나온다. 논리적 분석을 통해 그들은 수익이 체감하는 시점에 도달했다고 판단한다. 그들은 이전에 이상적인 CEO였을지 모르지만, 기업과 환경이 바뀌면서 향후 똑같은 성공을 누리지 못할 것이다. 그들은 본능적으로 변화가 필요하다고 느낀다. 마음의 목소리가 기업에 새로운 리더의 아이디어와 스타일이 필요하다고 말한다.

적절한 시기에 정확히 사임한 두 명의 CEO는 래리 컬프와 허버트 졸리다. 컬프는 〈포춘Fortune〉 선정 500대 과학기술 기업 중 하나인 다나허의 CEO였다. 그는 2001년부터 2014년까지 이 회사를 이끌며 오랫동안 큰 성공을 거두었다. 그는 기민한 기업 인수와 역동적인 기업 문화 창출을 통해 다나허가 놀라운 성장 목표를 달성하는 데 기여했다. 하지만 임기 말 무렵, 컬프는 앞으로는 성과를 지속하기 어렵다는 점을 본능적으로 알았다. 가장 중요한 이유로, 컬프는 자신이 만든 문화를 우려했다. 그는 자신의 철학이 회사에 너무 많이 반영되어 기업의 유기적 발전을 가로막을까 봐 걱정했다. CEO로 계속 남아 있는 한 발전하는 기업이 아니라 자신이 기업의 신념과 행동을 좌우하게 될 것이다. 컬프는 회사를 떠나 4년 동안 HBS에서 학생들을 가르쳤다. 그 뒤 GE의 CEO라는 도전을 받아들였다.

허버트 졸리는 다른 소매점들이 온라인 경쟁 심화로 고전할 때 전자제품 소매 체인점 베스트 바이Best Buy의 CEO에 취임했다. 경쟁사인 대기업 서킷 시티Circuit City도 다른 소규모 체인점처럼 파산했다. 졸리는 가격경쟁력을 확보하고 온라인과 오프라인에서 고객 경험을 개선했으며 세계 최고의 기술 기업과 제휴했다. 또한 고객의 근본적인 욕구를 더 잘 해결하는 데 초점을 맞춘 성장 전략과 수많은 혁신을 실행함으로써 베스트 바이의 상황을 호전시켜 재기에 성공했다.

하지만 졸리는 사람들의 예상보다 이른 2019년에 CEO를 사임했다. 세 가지 이유가 있었다. 그는 CEO가 될 때 설정한 목표를 상당 부분 달성했다고 생각했다. 또한 매우 강력한 경영진이 구축되어 기업을 열정적으로 발전시킬 준비가 되었다고 느꼈다. 마지막으로 성장 전략이 순조롭게 실행되기 시작했지만 자신의 생각보다 더 오랜 시간이 걸릴 수 있다고 판단했다.

나는 컬프와 졸리가 엄청난 성공을 거둔 뒤 훌륭한 기업을 떠나기가 쉽지 않았겠지만 그들 자신과 기업에 올바른 결정이었다고 확신한다.

HIDDEN TRUTHS

13

은퇴 계획 :
리더 이후의 삶을
계획하라

나는 CEO가 된 적이 한 번도 없다. 하지만 여러 CEO와 리더들이 사임할 때 그들을 도울 기회가 있었다. 나는 이 책을 쓰면서 그들과 인터뷰를 진행했다. 그러면서 알게 된 놀라운 진실 하나가 있다. 바로 적절한 사임 시기를 모르는 CEO들은 정작 기업을 떠날 때 리더 이후의 삶에 제대로 된 계획이 없다는 것이다. 이것은 CEO로서 사임할 당시의 기업뿐만 아니라 퇴직 후 그들의 삶에도 부정적인 영향을 미친다.

처음부터 은퇴를 만족스럽게 생각하는 CEO는 거의 없다. CEO에서 전직 CEO로 추락하면 자기 존중감이 사라진다. 텅 빈 일정표에 다소 충격을 받고 이메일도 줄고, 중요한 만남도 점점 줄어든다. 많은 CEO가 이것이 불가피한 일임을 알고 있다.

하지만 가장 놀라운 점은 이런 일이 엄청나게 빨리 일어난다는 것이다. 한 CEO가 나에게 말했다. "일정표에 갑자기 미팅 약속이 사라지고 이메일이 줄어드는 것은 어쩔 수 없는 일이죠. 난 갑작스러운 변화에 준비되어 있지 않은 것뿐입니다. 세상이 갑자기 닫히고 혼자가 된 것 같습니다."

핵심은 CEO 이후의 적절한 목표가 무엇인지 정하는 것이다. 이것을 알아야 그 과정을 시작하고 자신이 바라는 다음 위치 또는 활동을 달성할 시기를 예상할 수 있다.

당신이 원하는 것을 결정할 때 처음에는 그 범위를 좁히지 말고 폭넓게 설정해야 한다. 대부분의 성공적인 CEO들은 먼저 다음 시기에 대해 생각한다. 이때가 당신의 열망을 찾기에 적절한 시기다.

첫째, 지금이 많은 사람의 삶에 영향을 미치는 또 다른 리더 역할로 옮겨갈 때인가? 비영리 단체, 정치계, 공직은 흔히 더 큰 영향을 미치길 바라는 CEO들의 목적지이다.

둘째, 지금이 모교에 보답하고 학생들과 관계를 맺을 시기인가? 이 경우 학생을 가르치거나 대학과 행정부에 자문 역할을 하는 것이 타당할지도 모른다.

셋째, 지금이 다른 사람에게 지혜와 조언을 제공할 때인가? 그렇다면 이사회에 참여하여 다른 자문 역할을 맡는 것이 당신의 소명일 수 있다.

넷째, 투자자가 되어 CEO 또는 직원이 아니라 소유주로서 사업을 일으키거나 호전시키는 것을 도와주고 싶은가? 그렇다면 사모펀드나 투자 회사가 당신의 관심사가 될 수 있다.

CEO들이 최종적으로 가는 곳은 어디인가?

사임 후 가장 일반적인 목적지를 살펴보자.

- **학계**: 나는 대부분의 사람들보다 이 목적지를 더 잘 알고 있다. 나는 컨설팅 업계를 떠나 HBS에서 일했고, 많은 동료 교수진이 전직 CEO였기 때문이다. 사람에 따라서 이것은 커다란 변화다. 어떤 CEO들은 타고난 유능한 교사이다. 그들은 차세대 리더들에게 가르침을 베풀고 영감을 불러일으키며 훈련할 기회를 원한다.

  하지만 교육이 모두에게 적합한 것은 아니다. 나는 일부 CEO들이 하버드대에 왔다가 기업 경영과 강의실이 엄청나게 다르다는 것을 알고 충격을 받는 모습을 보았다. 전직 CEO로서 이들은 비행기를 타고 여러 지역으로 날아가 수

많은 직원과 주주들에게 신경을 쓰고, 다양한 임원과 조언자들이 관여하는 기업 운영 및 전략을 결정하고, 서로 상충하는 많은 일정을 조율하던 날들을 떠나보내야 한다. 교수로서 그들은 강의 계획을 준비하고 학생들과 관계를 맺는 일에 집중해야 한다.

당신은 많은 비서와 함께 일하는 화려한 사무실을 떠나 딸린 보조원이 하나도 없는 작은 사무실로 간다. 당신 혼자서 강의 계획서를 준비하고 파워포인트 슬라이드를 만들어야 한다. 더 나쁜 점은, 당신이 학문적 위치가 '법정 화폐'이고 박사학위를 가진 사람들이 고위계층인 나라에 진입한 것이다. 유명한 전직 CEO는 자신이 서열의 밑바닥에 있는 것 같다고 토로했다. 그는 특별히 힘든 하루를 보낸 뒤 내 사무실에 들러 문을 닫고 말했다. "당신에게만 말하는 거지만…… 있잖아, 나도 한때는 대단한 사람이었어!" 실천가로서 당신의 탁월함은 정당하게 인정받겠지만, 학계에서 '정말 가치 있는 것'은 동료 평가가 이루어지는 연구 과제를 수행하여 학회에서 높은 평가를 받는 것이다.

이것은 자기를 높이는 직책이 아니다. 어떤 전직 CEO는 기업을 경영하듯이 학생을 가르친다. 그들은 자신이 수업의 중심이라고 생각하는 '대죄'를 저지른다. 그들은 스토리

텔링과 조언을 제공하는 잘못된 교수 방식의 덫에 빠진다. 교육의 중심은 학생이지 당신이 아니다. 어떤 전직 CEO 교수는 학생에게 초점을 맞추어 그들이 배우고 성장하는 것을 돕는 대신 자신에게 집중한다. 대학원생들은 경험과 토론을 통해 배우길 원한다. 그들은 CEO의 화려한 경력이 아니라 학습에 도움이 되는 투쟁 이야기를 듣고 싶어 한다. 나는 이런 교훈을 힘들게 배웠다. 컨설팅 회사를 떠나 HBS 에서 가르치기 시작했을 때, 처음에는 맥킨지에서 경험한 내용을 계속 언급했다. 그것이 교훈적이고, 나에 대한 신뢰성을 더 높여준다고 생각했기 때문이다. 그리고 진심으로 이 이야기가 학생들에게 깊은 인상을 줄 거라고 믿었다. 맙소사, 내 생각은 완전히 빗나갔다. HBS 학생들은 수업 마지막 날 1학년 담당 교수들을 대상으로 로스트 파티(roast party, 어떤 사람의 인생에서 특별한 일을 축하하기 위해 식사를 하며 재미있는 일화를 나누는 행사—옮긴이)를 개최하는 전통이 있었다. 로스트 파티는 재밌었지만 나의 '맥킨지 스토리텔링과 유명인사를 친구인 양 부르는 행동'을 패러디할 때는 잔혹할 정도였다. 나는 그날 '학생이 중심'이라는 사실을 철저하게 깨달았다. 감사하게도 그 이후로 나는 교수 방법을 바꾸었다. 안타까운 점은 HBS의 선임 교수 중에도 이 교훈을 배우지 못한 사람들이 있다는 것이다. 그들이 학생들에게 미치는 영향력은 줄어들었고, 성공은 제한적이었다.

- **전문적인 자문:** 어떤 리더들은 원로 정치인이나, 주요 이슈에 대한 고견을 요청받는 사람들처럼 살기를 기대한다. 그들은 기명 논평과 블로그를 쓰는 자신을, 담론을 제시하고 방송에 출연해 지혜를 제공하는 사람처럼 여긴다. 기술의 발달로 모든 사람이 블로그를 쓰고 소셜미디어에 댓글을 달 수 있지만, 이것은 어떤 쟁점에서 영향력이 큰 사람들의 의견과 같지 않다. CEO들은 〈월스트리트 저널〉이 다른 사람의 말을 인용하는 데 더 이상 관심이 없다는 것을 안다. CEO들이 직책에서 물러나면 그들의 온라인 추종자들도 줄어든다. 많은 CEO가 강사 단체에 등록하지만 특별히 유명하지 않는 한 그들의 수요나 강사 수수료가 낮다는 것을 알고 놀란다. 어떤 CEO들은 유명한 포럼이나 또 다른 강연 공간을 가진 덕분에 중요한 사회문제에서 핵심 인사로 인정받지만, 대부분의 리더는 주목받는 전문가가 되기 어렵다.

내가 아는 CEO 중에 리더 직책을 사임한 뒤 책을 쓸 계획을 가진 사람도 있었다. 그들이 CEO였을 때는 출판업자나 에이전트들이 전화를 걸어 거의 간청하다시피 이야기를 써 달라고 요청했다. 그러나 그들은 직책을 떠나면 더 이상 매력적인 저자가 아니다. 설령 책을 출판해도 그다지 영향력을 발휘하지 못한다. 그들이 쓴 책은 대체로 전기 형식의 회고 내용을 담고 있고, 그들이 배운 통찰과 교훈은 기대에 못 미치기 때문이다.

- **이사회**: 대부분의 전직 CEO들은 자신이 일했던 기업의 이사회에서 활동하지 않는다. 이직 또는 근무를 결정할 유예 기간은 최대 6개월밖에 제공되지 않는다. 이사회는 신임 CEO가 전직 CEO의 그림자 아래서 기업을 경영하는 일을 못마땅해 한다는 사실을 잘 알고 있다. 이사회는 전직 CEO에게 그가 선택한 후임자가 '자유롭게' 기업을 운영해야 한다는 점을 주지시켜야 한다. 아울러 후임자가 조치를 취하거나 기존의 접근 방법을 바꿀 때 전임자의 눈치를 살피지 않아도 된다는 점을 분명히 해야 한다.

  CEO들이 회사를 떠난 뒤 다른 기업 이사회가 그들에게 눈독을 들이는 것은 전혀 이상하지 않다. 그러나 이것은 불만스러운 경험이 될 수 있다. CEO들은 기업 경영의 입장에서 생각하고 행동하는 데 익숙하지만, 이사회는 경영자가 아니다. 그들은 경영진이 당면한 도전 과제를 알지만 직접 관여할 수는 없다. 이사회의 권한과 영향력은 세 가지 원천에서 나온다. 사려 깊은 심층 질문, (사전에 준비하여 충분히 검토한) 자본 및 예산 계획 승인, CEO를 해임하고 임명할 수 있는 권한이 그것이다. 다른 신임 이사들과 마찬가지로 전직 CEO들도 경영자가 아니라 자문자로만 활동해야 한다. 따라서 이사회로 이직하는 CEO들은 이 역할에 적응해야 하며, 학계로 이직하는 일과 비슷하다는 점을 인식해야 한다. 이제 그들은 더 이상 중심이 아니다. 그들이 이사회 구성원이 되면 주인공은 그들이 대변하는 주주와 이해관계자들이다.

또 다른 문제는 많은 기업의 이사회 업무가 그다지 흥미롭지 않다는 점이다. 한 전직 CEO는 흥미진진하고 저명한 이사회인 줄로 알고 참여한 뒤 나에게 이렇게 털어놓았다. "아, 이 일은 정말 지겨워."

때로 CEO들은 곤경에 처한 이사회에 영입되기도 한다. 그들을 이사회의 기대에 부합하지 못한 CEO를 코치하여 발전시킬 수 있는 현명한 자문가로 보기 때문이다. 혹은 기업이 투자자와 갈등관계에 빠지면 이사회는 결단력이 있어

보이는 전직 CEO를 이사로 영입한다. 갈등 상황이 악화되면 갑자기 전직 CEO들은 적극적으로 개입하기 어려운 문제의 중심에 서게 된다. 또한 그들의 개인적인 신상과 평판도 위협에 직면한다. 그들은 신중한 조언과 감독의 역할을 기대했던 이사회에서 갑자기 과도하게 시간을 보낸다. 최근 몇 가지 사례로, 우버, 보잉, 벨리언트Valeant, 존슨앤존슨, 폴크스바겐, 웰스파고, 페이스북과 같은 이사회로부터 도와달라는 요청을 받은 CEO들을 생각해보라.

• **사모펀드 투자**: 어떤 CEO들은 자신의 경영 및 전략적 역량을 투자 활동에 쏟아부어 더 큰 수익을 창출하려는 꿈을 안고 회사를 떠난다. 그들은 사모펀드 회사에서 자신의 전문지식을 활용하려고 한다. 그러나 실제로 대부분의 사모펀드 파트너들은 또 다른 파트너가 필요하지 않다. 투자자가 너무 많고 거래가 충분하지 않은 환경에서 특히 그렇다. 예컨대, 코로나 바이러스19의 위기로 경제가 붕괴된 이후 2019~2020년에 엄청난 자산 가치 상승세가 초래한 환경처럼 말이다. 또한 인정하기 힘든 진실은 CEO 중 훌륭한 투자자는 별로 없다는 점이다. 사모펀드 파트너는 보통 성장 가능성이 크거나 수익을 얻기 위해 개입이 필요한 전략적

자산에 레버리지와 전문 경영지식을 적용할 수 있는 거래를 찾는 데 매우 능숙하다. 이것은 오랜 세월 동안 많은 거래와 실패로 습득된 능력이다. CEO들은 경영적 관점에서 생각하는 데 능숙할 뿐 금융공학자가 아니다. 일부 CEO들은 유능한 거래의 해결사가 되지만 많은 경우는 그렇지 못하다. 사모펀드 파트너들은 거래 기회를 제공하는 새로운 파트너를 원한다. 하지만 사모펀드 참여자가 새로운 거래 기회를 계속 얻을 수 있는 네트워크와 제휴 관계를 보유한 CEO는 거의 없다.

• **소규모 또는 다른 분야의 기업 경영**: 일부 CEO들은 비영리 분야로 이직한다. 그들은 다른 사람을 위한 봉사활동에 자신의 지식과 능력을 이용할 수 있다고 확신하기 때문이다. 그러나 비영리 단체를 이끄는 일은 영리 기업을 이끄는 일과는 다르다. 비영리 단체의 직원들은 다른 사람이 앞장서서 이끄는 것을 원하지 않는다. 그들은 대의에 열정을 품고 있으며 협력적인 분위기를 소중하게 여긴다. 그들은 위계적 의사결정에 거의 관심이 없다. CEO가 열정을 가진 사명 중심적인 조직의 훌륭한 리더가 될 수 없다는 말은 아니다. 다만 이전의 기업에서 하던 대로 비영리 조직을 '이끌 수'

없다는 점을 이해해야 한다.

- **컨설팅:** 어떤 CEO들은 사임한 뒤 컨설턴트가 되겠다고 결심한다. 여기서 문제는 CEO들은 사람들에게 해야 할 일을 지시하는 데 익숙하지만, 컨설턴트는 어떻게 해야 하는지를 조언할 뿐이라는 점이다. 이것은 엄청나게 다르다. 조언이 미약하고 강력하지 못한 역할이라고 느끼는 CEO에게는 매우 불만스러울 수 있다.

- **모험적인 기업가:** 스타트업 설립은 일부 전직 CEO에게 좋은 아이디어처럼 보인다. 하지만 이 또한 많은 적응이 필요하다. 당신이 지시에 따르는 대규모 팀에 익숙하다면 소규모 직원과 제한된 자원을 갖고 일하는 것이 어려울 수 있다. 스타트업을 설립한 전직 CEO 중 한 사람이 나에게 말했다. "나는 한때 실리콘밸리에 크고 멋진 전망이 있는 사무실을 갖고 있었습니다. 하지만 지금은 내 나이의 절반밖에 안 되는 다른 사람들과 함께 넓게 트인 사무실에 앉아 있습니다. 게다가 자본조달 미팅을 위해 직접 파워포인트를 준비해요. 내가 이런 일까지 신경 써야 한다니 약간 당황스럽더군요."

나는 CEO들이 이런 옵션을 선택하는 것을 막으려는 게 아니다. 특정한 개인의 기준에 맞는다면 얼마든지 선택할 수 있다. 하지만 나는 이직의 험난한 점을 충분히 경고해주지 않는 무책임한 사람이 되고 싶지 않다. 원활한 이직과 매우 만족스러운 인생 2막을 여는 계획을 수립하는 법을 알아야 한다. 그 전에 먼저 리더들이 사임하기 오래전부터 계획을 마련해야 하는 이유를 살펴보자.

CEO와 이사회 모두를 위한 사임 계획

은퇴 후 삶에 대한 계획을 세우는 것은 감당할 일이 많은 CEO에게 쉬운 일이 아니다. 하지만 이런 계획은 원활한 이직, 즉 CEO 자신과 기업 모두에 더 나은 상황을 만드는 데 매우 중요하다. 결승점이 명확하면 그곳을 향해 자신 있게 목적의식을 갖고 걸어갈 수 있다. 자신이 무엇을 원하는지 알고 사임하기 전에 확보해야 한다. 당신의 목표가 명확하고 기한이 정해져 있으면 CEO 직책을 더 잘 수행할 수 있다. 미지의 영역으로 이직하는 문제로 초조해하지 않으면 여유가 생긴다. 또한 이사회에 합리적인 일정표를 제시하면 이사회를 안심시킬 수 있다.

하지만 어떤 CEO들은 세세한 업무 일정에 얽매여 다음 일을 생각할 여유가 없다. 또 다른 CEO들은 충분한 에너지와 열정을 갖고 마지막 날까지 일하는 것을 합리화한다. 어떤 CEO들은 이사회에 사임 시기와 은퇴 후 계획을 명확하게 밝히고 싶어 하지 않는다. 세부적인 은퇴 계획을 밝히면 그대로 해야 하기 때문이다.

하지만 설령 CEO가 은퇴 후 계획을 세우지 않아도 이사회가 이 문제를 숙고하고 있다는 점을 알아야 한다. CEO들이 일정한 연령이나 재임 기간에 이르면 특히 그렇다. 강조했듯이 이사회는 항상 승계 계획을 준비하려고 한다.

리더들은 자신의 사임 계획에 새로운 CEO 직책이 포함되지 않을 수 있다는 현실을 받아들여야 한다. 물론 많은 예외가 있다. 어떤 CEO들은 비교적 단기간에 기업의 상황을 반전시키기 위해 리더로 영입한 전문가다. 그들은 인기가 많아 조만간에 다른 기업의 CEO로 갈 수 있다. 경력이 한창인 사람들은 더 큰 명성과 책임이 따르는 CEO 직책의 사다리를 오를 수도 있다. 하지만 많은 CEO의 은퇴 계획에 또 다른 최고위 직책은 포함되지 않는다. 그 직책에서 오랫동안 성공을 누린 뒤 매우 고된 똑같은 직책을 다시 맡길 원하는 사람은 거의 없다. 성공적인 CEO들은 자신이 아무리 똑똑하고 유능해도 성공의 상당 부분은 적절한 팀원, 상황, 자산 그리고 큰 행운 덕분임을 안다. 모든 것이 자신에게 안성맞춤으로 준비될 가능성이 적은 또 다른 CEO 직책을 맡아 그동안 쌓은 업적을 위태롭게 할 이유가 있을까?

많은 CEO는 기업을 이끌 수 있는 한 번의 큰 기회를 얻는다. 운이 좋다면 그것을 최대한 활용하여 8년에서 10년, 또는 그보다 더 오랫동안 CEO 직책을 유지한다. 특정 시점이 되면 그들은 정점에 이르고, 설령 상황이 나빠지지는 않는다 해도 정점에 다시 오를 가능성은 매우 낮다. 모든 사람이 그들의 재임 기간이 끝나간다는 것을 알게 된다. 아무 계획 없이 사임을 맞이하는 것보다 은퇴 계획을 세우고 맞이하는 것이 훨씬 더 낫다.

새로운 삶의 목표를 찾는 방법

모든 CEO에게 적합한 사임 후 계획은 없다. 존에게 적합한 계획이 메리에게는 완전히 잘못된 것일 수 있다. 매일 골프 치기가 이상적인 사임 후 계획이라고 믿는 CEO가 가벼워 보여도, 어떤 사람에게는 완벽한 계획일 수 있다. 하지만 대부분의 CEO는 도전을 소중하게 여기며, 지적 활동을 즐기고, 매우 적극적으로 참여하고, 중요한 문제에 관심을 가진 사람들이다. 그들에게 골프

장은 이런 욕구를 충족할 수 있는 장소가 아니다.

CEO들이 아래에 제안된 계획을 실천한다면 사임 후 매우 만족스러운 삶을 살 수 있을 것이다.

- **열정을 품고 그것을 따라가라:** 당신이 항상 하고 싶던 일이나 더 많이 헌신하고 싶은 소원이 있는가? 그것을 앞으로 할 일을 안내하는 지표로 삼아라. 나는 기후 변화라는 도전 과제에 항상 열정적이었던 전직 CEO를 알고 있다. 그는 CEO에서 은퇴한 후 이 문제의식을 높이는 데 자신의 시간, 돈, 전략적인 전문지식, 경영 능력을 쏟아부었다. 또 어떤 사람은 자동차 수집에 열정을 갖고 있었다. 그는 미국 전역을 돌아다니며 자동차 경주대회에 참석하고 빈티지 차량을 사고파는 일을 했다. 플라이 낚시 중독자도 있었다. 그는 전 세계를 돌아다니며 새로운 시내와 강을 찾아서 기술을 연습했다.

  무엇에 열정을 갖고 있는지는 별로 중요하지 않다. 이전의 사업 능력과 관련 있거나, 비영리 활동, 또는 취미일 수도 있다. 당신은 새로운 기업을 시작하거나, 기존 기업에 참여하거나, 스스로 무언가를 해볼 수도 있다. 그러나 열정은 전직 CEO에게 참여와 도전 과제를 제공한다. 힘든 직책에서 물러나는 모든 리더 및 CEO에게 필요한 것은 바로 열정이다.

- **당신의 지식과 인맥을 나누어라:** '사람'은 이 제안에서 가장 중요한 부분이다. CEO들은 대체로 다양한 전문가들, 즉 기업 리더, 컨설턴트, 교수 등과 오랫동안 쌓아온 훌륭한 네트워크를 갖고 있다. 이런 네트워크를 이용하는 것은 당신의 소중한 가치를 유지하고 사회에 되돌려주는 한 가지 방법이다. 인맥을 공유하는 것은 다양한 형태로 이루어질 수 있다. 당신은 이제 막 직장 경력을 시작한 젊은 사람들의 멘토가 될 수 있다. 누군가를 가르치거나 컨설팅을 할 수도 있다. 공익 재능 기부도 할 수 있다. 협회나 다른 단체에 가입하여 작은 기업부터 사회운동 단체에 이르기까지 모든 사람을 도울 수도 있다. 이것은 다른 사람들에게 무엇을 해야 할지 강의하거나 CEO 시절 경험한 끝없는 경쟁을 들려주는 일이 아니다. 당신은 자기 이야기나 의견을 늘어놓는 옛날 사람이 되고 싶지 않을 것이다. 당신이 축적한 자원을 관대하게 나누고, 당신의 도움이 필요한 사람들을 도와주라. 아이디어를 제공하고 인맥을 소개하는 일은 전직 CEO들에게 큰 만족감을 준다. 그들은 자신의 풍부한 지식과 인

맥을 이런 자원이 절실한 사람들에게 나눠줄 기회가 있다. 리더들은 건강한 자아를 갖고 있지만, 이런 나눔을 통해 더 나은 자아의식을 키울 수 있다.

- **계획을 실행할 시기와 방법을 철저히 준비하라**: CEO들은 사임한 후 '언제' 일을 시작할지에 대해 다양한 조언을 듣는다. 내가 깊이 존경하는 한 CEO는 나에게 매우 의문스러운 조언을 건넸다. 그는 내게 컨설팅 업계를 떠난 뒤 1년 정도 기다리면서 다음에 무엇을 할지 결정하라고 조언했다. 결정을 내리기 전에 많은 가능성을 듣고 숙고할 필요가 있다고 했다. 이것은 상당한 시간을 투자해야 한다는 점에서 그다지 좋지 않은 조언이다. 이런 일은 시간 여유를 갖고 점진적으로 접근하는 것이 가장 좋다. 나는 리더들에게 임기 말이 되면 다른 사람들과 대화를 나누고 그들이 하고 있거나 주장하는 일을 시험 삼아 해보라고 조언한다. 일주일 동안 '항상 그 생각을 품고서' 어떤 느낌인지, 만족감이 드는지, 그 일을 잘하면 다른 사람들이 어떻게 평가할지 자문해보라. 그런 뒤 다시 대화를 나누고 또 자문해보라. 당신이 자유시간이 많아질 때까지 기다린다면 '텅 빈 일정'의 공포가 점점 당신을 압박한다. 사람들이 '다음 할 일'에 대해 물을

때 분명히 대답하지 못하면 마음이 불편해질 것이다. CEO를 사임하기 전에 이런 과정을 시작해야 한다.

맥킨지의 전 관리 담당 파트너 론 대니얼^{Ron Daniel}에게서 들은 훌륭한 조언을 나누고 싶다. 나는 은퇴하기 약 1년 전에 그와 점심을 함께했다. 그는 이직을 고려 중인 맥킨지의 고위 파트너와 CEO, 그리고 다른 리더들을 상담해준 경험이 많았다. 나 역시 그에게 은퇴 후 삶을 언제 계획하면 좋은지 물었다. 그의 첫 대답은 '늦었다'는 말이었다. 그는 이렇게 말했다. "은퇴 후 삶에 대한 계획은 하나의 과정으로 시간, 훈련, 인내, 반성적 노력이 필요해요. 이상적으로는 제대로 준비하려면 2년이 걸립니다." 또한 "집 밖에 사무실을 얻는 게 좋아요."라고 조언했다. 내가 이 핵심적인 조언에 의구심을 나타내자 그는 구체적으로 이렇게 말했다. "당신이 중요한 일에 의미 있는 성과를 내기 원한다면 집에서는 할 수 없어요." 그는 설령 동료들이 나와 직접 일하지 않아도 주변에서 함께 어울려야 한다고 강조했다. 그는 일과 관련된 대화를 나누고, 새로운 아이디어와 접근 방법에 관해 다른 사람들과 계속 대화하려는 노력이 매우 중요하다고 했다. 그는 은퇴 후 '플로리다 사무실'에서 일하고 있는 많은 의뢰인들을 알고 있다고 말했다. 그들의 사무실은 두 번째 집이었다. 리더들은 대부분 골프를 치거나 요트를 타거나 파트타임으로 투자를 하다가 급격히 위축되었다.

그는 지식기반 기관이나 학습 중심의 환경에 참여하라고 주장했다. 이것은 늘 새로운 정보나 아이디어와 접촉하라는 뜻이다. 맥킨지와 같은 컨설팅 기업, 법률 회사, 싱크 탱크 및 다른 기관들은 이런 지식을 계속 교환하며 유익을 얻는다. 그들은 새로운 트렌드, 신흥 시장, 최첨단 혁신에 대해 알고 있다. 이런 인식은 사람들이 삶의 의미를 느끼도록 도와준다. '현재를 따라잡도록' 도와주는 장소를 찾으면, 그가 매우 설득력 있게 표현한 대로 "시들어 사라지지" 않는다.

- **돈을 좇지 마라**: 은퇴 전 큰돈을 벌지 않았다면 은퇴 후 '성공할' 가능성은 적다. 어떤 CEO들은 끝까지 돈을 추구한다. 그들은 한 번의 강연에 큰돈을 요구하는 강사 단체에 등록하거나 최고의 대우를 해주는 대기업 이사회의 구성원이 되려고 노력한다. 돈을 좇는 CEO들은 경제적으로 보상을 받는 경우가 드물며, 자존감과 영향력을 대부분 잃게 될 위험이 있다. 돈이 아니라 열정을 따라가라.

- **당신의 유산은 다른 사람에게 맡겨라**: CEO들은 종종 유산 문제로 걱정한다. 하지만 이 문제는 그들의 통제권 밖에 있다. 당신은 자신의 역사를 다시 쓰는 데 시간을 할애할 수 없다. 방어적인 태도로 기명 칼럼을 쓰거나 블로그를 만들어 과거 CEO로서 내린 자신의 결정을 어설프게 변명할 필요가 없다. 당신이 결정했던 일에 대해 사람들과 논쟁하지 마라. 이미 끝난 일이다. 어떤 이탈리아의 의뢰인은 이탈리아인 특유의 방식으로 이렇게 요약했다. "은퇴 차량에 타면 후방 거울을 뜯어버려라. 당신 뒤에 있는 것은 이제 아무것도 아니기 때문이다."

은퇴 이후의 좋은 삶과 나쁜 삶

대니얼은 유명한 기업의 CEO로서 8년의 임기 동안 큰 성공을 거두었다. 그는 유능한 리더였지만, 기업의 성공에 합당한 수준보다 더 많이 기여했다고 주장하는 자기중심적인 사람이었다. 기업에 문제가 발생하기 시작하자 그는 아무런 계획 없이 돌연 CEO를 사임했다. 그것은 새로운 문제로 자신의 업적을 더럽히지 않으려는 것처럼 보였다. 사임 후 첫 1년 동안 대니얼은 자신의 경영철학에 관한 책을 썼다. 그 책은 기대보다 잘 팔리지 않았고, 사정을 잘 아는 사람들에게는 그가 성과를 부풀려 쓴 것이 확실히 보였다. 많은 사람이 그가 자신의 업적을 보존하기 위해 책을 썼다고 생각했다. 또한 대니얼은 몇몇 자선 단체에도 참여했지만, 모두가 그를 '취미 삼아 참여하는 사람'일 뿐 진지한 후원자로 보지 않았다. 그럼에도 대니얼은 그 단체들에 원하지 않는 조언을 제공했다. 물론 그들은 거의 따르지 않았다. 대니얼은 대기업 이사회 구성원이 되려고 로비를 벌여 이사로 임명되었다. 인과관계는 아니었지만 그가 합류한 직후 회사는 내리막길을 걷기 시작했다. 대니얼은 기업의 전략과 정책을 계속 비판하면서 CEO와 다른 이사들의 분노를 샀고, 기업은 추락하여 결국 경쟁사에 매각되었다.

마사가 CEO를 사임한 후 걸어간 여정은 대니얼과 상당히 달랐다. 첫째, 그는 사임하기 18개월 전부터 사임 이후를 계획했다. 그는 자신의 뜻을 일찍부터 이사회에 알렸고 이사회의 승계 계획을 적극적이고 신중하게 도와주었다. 마사가 떠날 때 기업은 번창했고 이사회와 신임 CEO는 그가 기업에 기여한 모든 긍정적인 일을 높이 평가하고 감사를 표했다. 그의 가족과 가까운 친구의 장남이 젊은 첨단 기술 기업가로 실리콘밸리에서 일하고 있었다. 그 기업가는 훌륭한 제품을 만드는 스타트업을 경영하고 있었지만 전문적인 사업지식이 부족했다. 그는 정기적으로 마사에게 전화를 걸어 사업에 대해 조언을 구했다. 마사가 곧 은퇴할 것이라고 말하자 그는 자기 회사의 컨설턴트가 되어 달라고 요청했다. 마사는 기쁜 마음으로 이 요청을 받아들였다. 새로운 스타트업계의 문화와 기업에 항상 매력을 느끼고 있었기 때문이다. 그래서 스타트업의 요청과 오래전부터 계획해온 서부 지역에서의 삶을 위해 실리콘밸리로 이주했다. 그곳에서 마사는 시간을 쪼개 이전에 이사로 봉사했던 비영리 단체에서도 일했다. 이사회의 업무 이외에도 비영리 단체의 임원들에게 멘토로 봉사하고, 그 분야의 다른 단체와 협력관계를 구축했다. 아울러 그 단체의 사명에 부합하는 기업들과 협력관계를 새로 만드는 성장 전략을 실행하도록 도왔다.

대니얼과 마사의 매우 대조적인 삶은 계획, 열정, 활동 분야를 미리 신중하게 생각한 뒤 CEO를 사임하는 일이 얼마나 중요한지 잘 보여준다.

14

관리자에서 리더로 :
진정성을 추구하라

CEO들은 자신을 진정성 있는 리더라고 믿는다. 당연한 일이다. 자신을 리더라고 여기는 사람이 스스로를 지도자인 척하는 가짜, 연기자, 대리자로 생각하겠는가?

리더들은 자신의 신념과 이상에 충실하려고 노력한다. 그러나 CEO라는 직책은 그들이 궁극적으로 어떻게 조직을 이끌고 관리할지 선택하는 방식에 강력한 영향을 미친다. 그들은 리더 직책을 맡고 일상적인 리더십의 현실에 직면한 뒤에야 '자신에게 충실'하려는 이상이 시험대에 오르게 된다. 대체로 새로운 리더들은 자신의 성과 목표와 달성 방법에 높은 기대감을 갖고 일을 시작한다. 나는 지금까지 CEO로서 책무를 수행하고 유지할 때 수반되는 많은 도전 과제를 자세히 언급했다. 리더가 성과를 달성하기 위해 선택하는 '방법' 역시 똑같이 만만치 않다. CEO들은 자신의 리더십 스타일로 조직을 이끌고, 공정하고 협력적인 방식으로 다른 사람들을 참여시키고, 신중한 토론 이후 중요한 결정을 내리고, 궁극적으로 집단적인 노력을 통해 훌륭한 결과를 내겠다는 비전을 갖고 취임한다. 그러나 이런 기대는 곧 냉혹한 현실에 부딪힌다.

실제로 신임 CEO들은 직책을 맡은 뒤 흔히 달성하기 어려운 고상한 리더십 스타일의 열망을 실현하려고 열심히 노력한다. 하지만 곧 진정성을 갖기보다 '리더의 역할을 연기'하게 될 수도 있다. 이렇게 그들은 진정성 있는 리더가 되지 못한다.

그들은 CEO 직책의 현실과 전략, 운영, 관리, 이해관계자, 여러 도전 과제 때문에 어쩔 수 없이 자신에게 충실하려는 개인적인 바람을 포기하게 된다. 리더들은 자신이 진정성이 있다고 믿을지 모르지만 행동은 그와 다르다. 그들의 바람과 반대로, CEO라는 직책에 따라 자신의 스타일과 본질이 좌우된다.

진정성 있는 리더십

HBS 교수이자 메드트로닉^{Medtronic}의 전 CEO 빌 조지^{Bill George}는

진정성 있는 리더를 자신의 신념에 충실한 사람으로 정의한다. 그들은 일관된 가치관, 그리고 머리뿐만 아니라 마음으로 조직을 이끈다. 이 개념에 대해 다양한 글을 발표한 조지는 진정성 있는 리더십에 관한 다섯 가지 내용을 제시한다.

1. 목적과 열정
2. 가치와 행동
3. 관계성과 연결성
4. 자기 절제와 일관성
5. 마음과 연민

조지의 개념들은 HBS 주요 과목의 교육 내용이며, 이 수업에서 그와 토머스 J. 들롱^{Thomas J. Delong} 교수, 스콧 스눅^{Scott Snook} 교수는 학생과 임원들에게 진정성 있는 리더십 스타일을 찾고 유지하는 방법을 가르쳤다. '진정성 있는 리더십 개발^{Authentic Leadership Development, ALD}' 수업은 인기가 엄청나다. 학생들은 자신의 진정성을 발견하고, 기업 리더십은 물론 인생의 도전 과제를 고려하면서 이런 진정성을 유지하는 방법을 찾는다.

ALD의 핵심 내용은 진정성과 비진정성이 무엇인지 구분할 수 있는 유용한 시각을 제공하는 것이다. CEO로서 당신은 직원들과 대화를 나눌 때 그들이 개방적이고 솔직한 태도를 보이는지 자문함으로써 자신의 진정성을 판단할 수 있다. 다음 내용을 비판적으로 평가해보라. 그들은 당신에게 나쁜 뉴스를 말하기를 꺼리는가? 변명을 하거나 민감한 주제를 회피하려고 하는가? 아니면 당신을 압박하고, 당신이 달가워하지 않는 주제를 밀어붙이는가? 사람들이 당신 앞에서 이런 식으로 일관되게 행동한다면, 보통 당신의 행동을 모방한 것이다. 당신이 개방성과 투명성을 진짜로 원하고 요구한다면 그들도 그렇게 반응한다.

또한 진정성은 직원과 임원이 당신과 소통하는 방식을 평가해보면 알 수 있다. 그들이 거래중심적이 아니라 관계중심적으로 소통하는지 살펴보라. 직원들이 대화할 때 업무 내용에만 한정하는가? 그렇다면 그들은 배송 날짜, 퍼센트, 금액, 완료 비율 등 숫자와 사실에만 초점을 맞추고 결과 이면에 있는 폭넓은 상황적 내용은 제외할 것이다. 반면 관계중심적 대화에는 구체적인 내용뿐만 아니라 맥락과 그 이면의 폭넓은 배경도 포함된다. 또한 서로 개인적인 의견을 질문하기도 한다. 진정한 관계중심적 대화는 개인과 가족 문제를 다루며 유머와 따뜻함으로 생기가 감돈다.

진정성 있는 CEO들은 쌍방향 대화를 즐긴다. 많은 CEO는 직원과 만난 뒤 "우리는 정말 좋은 대화를 나누었습니다."라고 말한다. 하지만 녹음한 테이프를 다시 들어보면 CEO가 대화를 지배했다는 것이 드러난다. 많은 임원은 이렇게 말한다. "CEO들은 회의할 때 혼자만 말합니다." "회의는 대화로 가장한 강의입니다." CEO들은 흔히 이런 대화의 성격을 정확하게 판단하지 못한다. 그들은 이런 소통을 의사결정·거래적 시각으로 바라보는 것에 너무 익숙해 진정성·관계적 시각으로 바라보지 못한다. 그들의 시각이 바뀌면 대화 방식도 바뀔 것이다. 진정성 있는 리더들은 대화를 가장한 독백보다는 진짜 대화를 한다. 그들은 실제로 사례 연구에 기초한 질문과 대화를 통해 신념과 사고방식을 바꿀 수 있다. 그들은 전략과 의사결정의 '이유'를 명확히 보여주는 행동을 제안할 때, 이런 큰 개념들을 개인들과 그들의 책임에 연결한다.

실제로 리더들은 아무 말을 하지 않고도 모든 것을 통해 소통할 수 있다. 그들이 앉는 방식, 소통하는 시간, 표정은 모두 진정성 있는 대화의 일부다.

HBS에서는 의사소통과 의사소통 스타일의 중요성에 초점을 둔 핵심적인 수업이 있다. 이 수업에서는 두 명의 임원이 같은 기업에서 공동 CEO로 일상적인 업무를 수행하는 모습을 영상으로 보여준다. 이때 영상을 보기 전, 먼저 학생들에게 훌륭한 리더의 기준을 제시해보라고 요청한다. 이러한 기준을 파악한 뒤, 학생들에게 영상을 비판적으로 시청하고 두 CEO를 평가하게 한다.

사례 연구를 마칠 무렵, 학생들은 공동 CEO의 소통 방식에 기초하여 다양한 비판적인 평가를 내린다. 그들은 이런 활동을 통해 제삼자의 시각으로 소통을 바라볼 수 있다. 이것은 리더가 회의실, 복도나 식당에서 어떻게 소통해야 하는지에 통찰을 제공한다. 그 결과 학생들은 리더의 자질과 본질에 대해 다양한 결론을 끌어낸다. 그들은 수업을 마칠 때 다른 사람들도 똑같은 방식으로 자신을 본다는 점을 알고 깜짝 놀란다.

이 사례는 두 가지 중요한 학습 내용을 추가로 보여준다. 학생들에게 두 CEO 중 어떤 사람을 단독 CEO로 임명해야 하는지 투표시킨 뒤(투표 결과는 항상 두 사람이 비슷하다), 그들이 앞서 밝힌 훌륭한 리더의 기준을 보여준다. 그들은 두 CEO를 평가할 때 그들의 공식적인 평가 기준을 사용하지 않았다는 점을 알게 된다. 오히려 그들은 공동 CEO의 더 소프트하고, 더 '진정성 있는' 요소에 초점을 맞추어 평가했다. 두 번째로 그들은 공동 CEO의 활동 내용이나 실제적인 결정이 아니라, 자신이 관찰한 '진정성 있는' 행동이 최종 판단을 좌우했다는 것을 깨닫는다.

요점은 이것이다. 리더가 실제 실행하는 행동뿐만 아니라, 매일 행동을 결정하고 조직을 이끄는 방식이 리더에 대한 다른 사람들의 인식에 영향을 준다는 것이다. 이런 인식은 행동 전체에 기초한다. 많은 이들이 사람을 관리하는 방식 중 '더 소프트하고' 더 진정성 있는 요소가 리더로서 실패와 성공을 좌우하는 특징이라고 주장한다. 그 근거로 당신이 개인의 헌신을 끌어내지 못하고, 당신이 계획한 행동이 신뢰감을 주지 못하고, 당신을 따르게 하지 못한다면 당신은 진정한 리더가 아니기 때문이다.

이처럼 보다 관계적인 요소와 개인적인 특성이 당신만의 진정성을 만들어내며, 따라서 당연히 진정성의 형태는 다양하다. CEO들이 자신의 정체성에 맞게 행동하면 그들의 개성이 빛을 발하고, 그에 따라 다양한 리더십 스타일이 진정성을 갖게 된다. 어떤 CEO는 복음적 열정을 갖고 조직을 이끌고, 어떤 CEO는 파괴와 단절로, 어떤 CEO는 조용한 자신감으로 조직을 이끈다. 따라서 하나의 특정한 리더십 스타일 또는 방식이 성공적인 리더십을 보장하는 유일한 길이라고 생각하지 말아야 한다.

앞장에서 나는 겸손이 리더에게 매우 중요한 특성이라고 강조했다. 맥킨지의 전 관리 담당 파트너 론 대니얼이 말해준 또다른 조언이 생각난다. 대니얼은 신입 직원 교육 시간에 '맥킨지에서 성공하는 법'을 묻는 많은 질문을 받았다. 그는 처음에는 난색을 보이다가 리더와 성공에 대한 일반적인 관점을 제시했다. "성공으로 가는 가장 확실한 길을 택하십시오. 그 길은 겸손으로 포장되어 있고, 많은 사람이 걷지 않은 길입니다."

대니얼은 신입 직원들에게 진정성과 겸손은 함께 가야 한다고 일깨워주었다. 당신이 자신의 모습을 편안하게 여긴다면 자신을 자랑하거나 남보다 우위에 설 필요를 느끼지 않을 것이다. 당신은 자연스럽게 겸손한 태도로 다른 사람을 끌어당길 것이다. 이는 모든 성공적인 리더의 필수적인 특성이다. 이 조언에서 말한 '가장 확실한 길'에는 전문가가 돼야 하면서도 리더십의 윤리적 또는 직업적 경계선을 절대 넘지 않아야 한다는 것도 포함된다. 이것은 또 다른 중요한 조언이다.

당신은 진정성 있는 리더인가?

리더가 항상 자신의 진정성을 평가하기는 쉽지 않다. CEO들은 자신의 행동 방식을 합리화하든 아니면 부인하든, 대부분 자신에게 진정성이 있다고 믿는다. 따라서 "오늘 내가 진정성이 있는가?"라고 묻는 것만으로는 충분하지 않다.

하지만 자신의 일상적인 행동을 평가해보면 사람들이 리더에 대해 어떻게 느끼는지 감을 잡을 수 있다. 일상적 업무가 자연스럽고 편안하게 느껴지는가, 아니면 부자연스럽고 불편하게 느껴지는가? 예를 들어보자. 티나는 천성적으로 다정한 CEO이며 다양한 사람들에게 아이디어와 정보를 요청하는 것을 좋아한다. 그는 기업의 가치와 부합하는 행동을 모범적으로 보여주는 일을 중요하게 여긴다. 티나는 사무실에서 온종일 일상적인 업무와 행정 관련 전화를 받으며 보낼 때 뭔가 잘못된 것 같고 불편한 기분이 든다. 자신의 타고난 사교성을 유지할 수 없고, 주변 환경에 제약당하는 것 같다. 그는 여기저기 돌아다니며 다양한 사람들과 소통하고, 질문하고, 대답을 경청할 때 진정한 자신이 된 것같이 느낀다.

또 다른 평가 방법이 있다. 당신이 관계를 맺는 사람들에게 어떤 영향을 미치는지 자문해보는 것이다. 진정성이 없는 리더들은 이런 질문이 불필요하거나 별로 가치가 없다고 여긴다. 그들은 일방적인 대화에 초점을 맞추고 자신의 메시지가 상대방에게 얼마나 잘 전달됐는지를 더 궁금해하기 때문이다. 반면 진정성 있는 리더는 자신이 사람들에게 어떤 영향을 미치는지에 관심을 갖는다. 그들은 스스로 이렇게 묻는다. "사람들은 나를 어떻게 느끼고 있을까?" 그들은 말을 하는 동안 자신이 상대방의 치켜뜬 눈썹, 엷은 미소, 끄떡이는 고개, 말을 더 잘 들으려고 몸을 숙이는 갑작스러운 자세 변화를 의식하고 있는지 자문한다. 진정성 있는 리더들은 뛰어난 경청자다. 그들은 경청할 때

모든 감각을 이용하여 자신이 다른 사람들에게 미치는 영향을 인식하고 '느낀다.'

세 번째 평가 방법이 있다. 사람들이 당신의 리더십에 대해 개인으로서가 아니라 하나의 집단으로 반응하는지를 판단하는 것이다. 진정성은 사람들을 하나로 뭉치게 만든다. 초기 메시지나 과제를 받아들인 개인들은 공동의 목적을 위해 헌신하는 하나의 팀인가? 당신은 사람들을 하나로 모으고 함께 전진하는 방식으로 팀과 소통하고 도전하고 관계를 맺는가? 진정성 있는 리더의 가장 큰 역량은 개인들이 하나의 팀으로서 공동 목적을 추구하도록 동기를 부여하는 능력이다.

진정성 없는 리더가 빠지기 쉬운 함정들

직책을 맡은 사람이 이미 정해진 과제만 수행하면 진정성이 전달되지 않는다. 신임 CEO들이 표준적인 업무 과정을 고수하고 예측 가능할 때 과제를 명확히 규정 및 실행할 수 있다고 믿는다면, 그들은 진정성 있는 CEO로 인정받기 힘들다. 직원들은 CEO가 직원, 기업, 더 폭넓은 지역사회의 지속적인 요구에 참여하고 반응하고 에너지를 얻는 모습을 보길 원한다. 또한 CEO

의 일상적인 업무뿐만 아니라 임기응변도 원한다. 그들은 실제적인 자극에 실시간으로 반응하는 리더가 필요하다. 유연하고 즉각 반응하는 경영 방식이 진정성을 전달한다. 일상적 업무와 반복적인 활동에 의존하면 진정성이 전달되지 않는다.

어떤 CEO는 자신을 뛰어난 연기자로 생각하기 때문에 진정성을 전달하지 못한다. 그들은 결단력 있는 리더의 역할을 연기하면 성공적인 CEO가 되는 데 도움이 된다고 생각한다. 설령 진정성이 없다 해도 자신의 CEO 페르소나가 다른 사람에게 통할 것이라고 확신한다. 나의 동료 스콧 스눅은 사람들이 리더의 진정성을 느낄 수 있는 신기한 천부적인 능력이 있다고 말한다. 그는 사람들이 새로운 리더와 소통할 때마다 하는 행동을 오래전 잡지 광고에서 사용된 '긁어서 냄새 맡기'에 비유한다. 사람들은 리더가 보여주는 편안함과 유대감의 정도를 신속하게 판단하기 위해 리더를 '긁어서 냄새를 맡는다.'

어떤 리더들은 일차적으로 개인적 확신 또는 자기만족을 위해 CEO를 열망한다. 사람들은 드러내지는 않지만 리더 직책에 따른 스포트라이트와 찬사를 중요하게 여긴다. CEO들은 건강한 자아를 갖고 있지만 진정성 있는 리더들은 자신만을 위해 리더 직책을 원하지는 않는다. 그들은 직원들의 성공을 진심으로 돕고 싶어 하며, 이 목표를 이루면 자신도 성공할 것임을 알고 있다. 그들은 무언가를 건설하고 자기가 맡기 전보다 기업을 더 좋게 만들고 싶어 한다. 진정성이 없고 찬사만을 바라는 CEO들은 아무도 그들을 따르지 않기 때문에 더 이상 리더가 아니라는 사실을 곧 깨닫게 된다.

진정성 없는 리더들의 또 다른 함정은 그들이 긍정적인 피드백만을 원한다는 신호를 보내는 것이다. 앞서 언급했듯이 어떤 리더들은 사람들에게 진실보다 듣고 싶은 것만 말하게 한다. 진정성 없는 리더들은 자신의 관점을 강화하는 피드백을 기대한다고 사람들에게 직접적 또는 간접적으로 알린다.

많은 행사에서 나는 CEO들의 진지한 연설을 들었다. 연설을 마친 뒤 그들은 경영진과 (나와 같은) 조언자들에게 다가가 이렇게 물었다. "연설은 어땠습니까?" 그 순간 그들은 사실상 긍정적인 피드백을 원한다. 충분히 이해할 만한 일이다. 반면, 진정성 있는 리더들은 잠시 기다려야 한다는 것을 잘 알고 있다. 그래야 조언자들과 경영진이 연설을 숙고할 수 있기 때문이다. 진정성 있는 리더들은 시간이 지난 뒤 경영진에게 다시 묻는다. "연설에 대한 반응은 어땠습니까?" 이때 그들은 실제적인 피드백을 원한다. 현명하게도 그들은 연설 직후 자신에게 정직하게 말할 사람은 아무도 없다는 것을 알고 있다. 진정성 있는 CEO들은 행사 이후 한두 시간 또는 하루 이틀 뒤에 신뢰하는 동료와 일대일로 만날 때 가장 귀중한 피드백을 들을 수 있다는 것을 안다.

마지막으로 진정성 없는 리더들이 빠진 공통적인 함정은 구두상의 동의가 설득과 똑같다고 생각하는 것이다. 사람들은 CEO의 말에 반사적으로 동의한다. 그들은 거래와 관련된 대화를 할 때 CEO의 아이디어와 요청에 긍정적으로 반응한다. 하지만 진정성 있는 리더들은 그런 긍정과 동의가 피상적이라는 사실을 안다. 진정한 동의를 얻으려면 관계를 더 깊이 발전시켜야 한다. 널리 알려진 하버드 교수 토머스 J. 들롱은 이러한 관계를 '약속covenant'이라고 지칭한다. 이는 단순한 거래관계가 아닌 서로에 대한 개인적인 헌신에 기초한다.

진정성 있게 소통하는 방법

앞서 언급했듯이 진정성은 내적 자아를 신뢰하고 자기 정체성에 대한 의식을 키우며, '역할을 연기하는 것'이 아니라 진정한 신념과 인격을 드러내는 것을 의미한다. 이런 말은 조언하기는 쉽지만 실천하기는 어렵다. 가장 어려운 진정성 문제는 보통 의사소통과 관련된다.

다음은 진정성 있게 소통하는 방법에 관한 제안들이다.

- **겸손한 태도를 갖추어라:** 누차 겸손을 강조하다 보니 지겹게 느낄 수도 있다. 하지만 겸손은 성공적인 CEO의 비밀병기다. 리더는 때로 준비되지 못한 채 어려운 대화를 나눈다. CEO는 보통 대담하고 확신 있게 말하지만, 실제로는 자신이 모르는 부분이 있거나 새롭고 도전적인 내용 때문에 불편하다는 점을 인정하지 않는다. 진정성에 기초한 접근 방법은 자신의 불편함을 인정하는 것이다. 현재 논의되는 주제를 충분히 알지 못할 수 있다는 사실을 인정하라. 그리고 사람들의 반응을 관찰해보라. 그들은 당신이 인간적이며 마음을 열어 도움을 구하고, 다른 사람을 배려한다고 여길 것이다. 사람들은 당신을 돕기 위해 다가온다. 조금만 겸손한 태도를 보이면 된다. 이것은 '많은 사람이 걷지 않은 길'임을 기억하기 바란다.
  공감과 겸손은 연기가 아닌 진심이어야 한다. 당신은 CEO에게 기대하는 성격적 특성을 버리고, 친구나 연인에게 하듯이 진심을 담아 상황에 대응하기 위해 노력해야 한다.

- **말을 줄이고 더 많이 들어라:** 이런 방식으로 소통하기 위해서

꼭 진정성을 갖고 말할 필요는 없다. 사실 CEO가 대화를 지배하면 진정성 없이 거들먹거리는 사람으로 비친다. 더 많이 살피고, 경청하고, 말을 줄이면 더 많은 것을 배울 수 있다. 그리고 다른 사람의 생각을 알고자 하는 진지한 바람을 전달할 수 있다. 개방적인 질문과 세심하게 조율된 침묵은 CEO에게 큰 도움이 된다.

- **다른 사람들의 의사소통을 평가하라**: 진정성 있는 리더로서 당신의 영향력을 보여주는 하나의 지표는 다른 사람들이 당신의 소통 방식을 따라 하는지 여부다. 다른 사람들도 진정성 있게 말하는지 평가해보라. 그들이 당신의 진정성 있는 의사소통 스타일을 그대로 따라 하는가? 이상적으로는, 일렬로 쓰러지는 도미노와 같은 모습을 보이는 것이다. 즉, 사람들이 연이어 진정성 있는 방식으로 대화하게 된다. 다른 사람들이 진정성 있게 소통하도록 권한을 부여한다면 당신은 제대로 하고 있는 것이다.

- **개인 맞춤식으로 소통하라**: 청중은 어떤 폭넓은 집단이 아니라 그들 개개인에 맞는 방식으로 소통하기를 원한다. 이때 그들은 당신이 자신의 특정한 문제를 다루어주길 기대한

다. 설령 큰 집단일지라도 그들을 마치 개인처럼 대하며 소통하길 원한다. 이를 위해 정치유세와 같은 연설을 피하고 최대한 자주 그리고 많이 개인 맞춤식 대화를 나눌 방법을 찾아야 한다.

- **공식적인 연설은 사전에 연습하라**: 공식적인 발언이나 연설을 할 때 사전 연습을 하지 않는 것은 위험하다. 리더들은 대부분 리허설을 싫어한다. 물론 리허설에는 시간이 필요하다. 어떤 CEO들은 너무나 많은 발표와 공식적인 대화를 하기 때문에 리허설이 필요 없거나 원고를 그냥 읽으면 된다고 생각한다. 하지만 리허설은 진정성 있는 소통을 수월하게 한다. 리허설을 할 때 특정 청중에게 의미 있게 전달하려는 내용과 방법에 초점을 맞추어라. 청중을 잘 알고 솔직한 피드백을 제공해줄 사람 앞에서 당신이 주장하려는 핵심 내용을 연습해보라. 그 사람은 당신의 관점을 어떻게 생각하는가? 당신의 관점을 어떻게 받아들이는가? 당신의 요점은 청중에게 적절한 내용인가? 다시 말하지만, 리허설은 원고를 암기하기 위한 것이 아니다. 당신이 전달하려는 메시지와 주제에 익숙해지고 청중이 잘 들을 수 있는 방식으로 준비하려는 것이다.

정직은 언제나 통한다

진정성과 관련해 숨은 진실이 또 있다. 사람들은 무슨 말을 듣든 간에, 정직하고 솔직한 말에 긍정적으로 반응한다는 것이다.

리더가 진실하지 않고 언행이 일치하지 않는다고 생각하는 문화에서 정직은 높이 평가된다. 넷플릭스 CEO 리드 헤이스팅스Reed Hastings가 기업을 DVD 대여 사업과 온라인 스트리밍 사업으로 분리하기로 결정했을 때, 투자자와 소비자는 부정적인 반응을 보였다. 헤이스팅스는 자신의 결정을 번복했다. 그러자 누군가가 사업상의 실책을 사과할 때 어떤 기분이었는지 물었다. 그는 결혼 상담을 받은 뒤 사생활과 직장생활에서 정직의 가치를 배웠다고 대답했다. 사람들은 정직하게 말하면 듣기 싫은 내용이라도 정직을 높이 평가한다는 것이다.

HIDDEN TRUTHS

종결 :
지속적으로
리더십을 탐구하라

앞서 14개 장에서 다룬 열네 가지의 숨은 진실은 사라지지 않을 것이다. 사실 이것들은 지금보다 미래에 훨씬 더 중요한 의미가 있다. 점점 더 복잡하고 가변적이며, 글로벌하고 디지털화되는 세상에서 우리는 과거 그 어느 때보다 이런 진실이 더 필요하다. 진정성, 이사회의 기업 경영 및 윤리적 감독과의 협력, 경영 리더십 과제에 대한 다양한 관점의 진실들을 알아야 한다. 매 순간의 결정이 중요한 급변하는 환경에서 CEO들은 새로운 리더십의 예기치 못한 요구 조건에 당황하지 않고 성과를 내야 한다.

오늘날 많은 신임 CEO들은 CEO 직책이 감당해야 할 과제에 깜짝 놀란다. 앞으로 그들은 더 심한 충격을 받을 수 있다. 그들은 가용 자본의 부족은 물론 너무 빡빡한 일정, 필요한 전문기술, 제한적인 인재 문제를 해결하기 위해 힘들게 씨름해야 한다. 따라서 리더들은 점점 어려워지는 CEO 직책을 미리 준비해야 한다. 여기에는 눈에 보이는 도전 과제뿐만 아니라 이면에 있는 도전 과제도 포함된다.

늘어나는 요구에 준비하라

앞서 우리는 이해관계자 의식조사를 시행했다. 지금도 이해관계자들의 요구 사이에서 균형을 맞추는 일이 상당히 어렵지만, 앞으로 관련 문제가 더욱 첨예화되면서 훨씬 더 힘들어질 것이다. 기후 변화를 예로 들어보자. 틀림없이 이 문제는 향후 몇 개월 또는 몇 년 이내에 기업에 엄청난 압박 요인이 될 것이다. 외부의 특수 이익집단과 기업 시민corporate citizen(지역사회와 환경에 대한 기업의 책임 있는 역할을 강조하기 위해 기업에 인격을 부여한 개념-옮긴이)들은 탄소 배출량을 줄이는 것은 물론 기후 변화의 원인을 해결하기 위해 기업이 더 적극적으로 참여하길 요구할 것이다. 또한 디지털 격차가 줄고 정보와 시장이 제약 없이 국경선을 넘나들면서 기업의 세계화가 심화될 것이다. 자본 시장이

휠씬 더 국제화되어 상하이, 블라디보스토크, 부에노스아이레스의 주주들이 댈러스, 애틀랜타, 클리블랜드의 주주들처럼 미국 기업에 투자하게 될 것이다. 관심을 가져달라고 큰소리로 요구하는 다양한 주주들을 상대하면서 시간과 자원을 관리하는 법을 아는 것은 리더에게 중요한 도전 과제가 된다.

마찬가지로, CEO들은 변화 관리에 대한 압박이 증가할 것에 대비해야 한다. "변화 관리에 성공하는 가장 좋은 방법은 먼저 경영진을 교체하는 것"이라는 잭 웰치의 제안은 점점 더 타당해질 것이다. 신흥 시장이 등장하고, 소비자가 진화하고, 과학기술이 발전함에 따라 기업은 새롭고 더 많은 재능을 가진 임원들을 통해 이런 변화에 대응해야 한다. CEO들은 다양한 인재 확보를 위한 글로벌 전쟁에서 이기기 위해 과거보다 한층 더 빠르게 변화해야 할 것이다. 앞서 나는 느린 변화의 매력을 언급했다. 이런 유혹은 앞으로 격동의 시대에도 여전히 존재할 것이다. 하지만 소셜미디어가 새로운 정보를 전 세계에 순식간에 전달하고, 과학기술이 기업 투명성을 휠씬 더 높이고 있기 때문에 속도는 절대적으로 필요하다. CEO들은 몇 주가 아니라 몇 시간 또는 며칠 이내에 모든 유형의 질문, 문제, 기회에 대응해야 한다. 특히 신속하게 경영진을 교체해야 한다.

또 다른 숨은 진실, 즉 CEO의 고독도 사라지지 않을 것이다.

경쟁은 날로 격화되고 CEO들은 이해관계자들뿐만 아니라 이 사회의 도전적인 요구 사항에 직면하고 있다. 또한 소셜미디어 덕분에 투명성이 유례없이 높아짐에 따라 많은 리더가 CEO 직책에 더 심각한 어려움을 느낄 것이다. 아울러 자신의 역할이 직면한 현실을 제대로 이해받지 못한다고 느낄 것이다. 그들은 여전히 고립되고, 완전한 진실을 듣고 통찰과 객관적인 조언을 얻을 수 있는 동료나 조언자도 없을 것이다.

앞서 논의한 모든 진실이 여전히 수개월 또는 수년 뒤에도 존재하겠지만, 부분적인 진실만 듣는 CEO들의 이야기에는 특히 중요한 의미가 있다. 앞서 말한 해군 제독의 이야기를 떠올려 보라. 그는 항공모함 함교에 도착하자마자 두 가지를 확실히 알게 되었다. 그는 차가운 커피를 절대 건네받지 않을 것이며, 완전한 진실을 듣지 못할 거라는 사실을 깨달았다. 긴장되고 혼란스러운 시대에 진실을 있는 그대로 말하려면 많은 용기가 필요하다. 직원, 관리자, 고위 임원들은 CEO를 기쁘게 해주고 싶은 자연스러운 욕망을 극복하기가 훨씬 더 힘들고, 좋은 뉴스와 나쁜 뉴스를 모두 전달하기 싫을 것이다.

지금은 물론 미래에도 CEO들은 해군 제독과 비슷한 처지에 놓일 것이며, 완전한 진실을 쉽게 파악할 수 없다는 현실을 받아들이고 그에 대비하는 계획을 세워야 한다.

새로운 현실에 대한 인식

CEO의 역량에 대한 기준이 높아지고 있기 때문에 리더들은 이 기준을 충족하려면 열네 가지 숨은 진실을 알아야 한다. 이런 진실을 알면 세상에서 가장 어려운 직업 중 하나인 CEO를 더 잘 이해할 수 있다. 이것은 리더가 자신의 상황을 현실적으로 평가하고, 당면한 문제에서 가장 중요한 자신의 시간과 능력을 사용하는 최적의 방법을 결정하는 데 도움을 준다.

최근의 사건들은 이런 점을 분명하게 보여준다. 글로벌 팬데믹이 이어지면서 기업 리더, 교수, 보건 전문가, 공무원, 미디어, 투자자, 온갖 유형의 이해관계자들은 갑자기 원격으로 일하는 데 필요한 디지털 도구를 실험하고 능숙하게 다뤄야 했다. CEO들은 원거리 리더십이라는 특별 훈련을 받고 있다. 그들은 디지털 수단 및 화면을 통해 효과적으로 소통하고 동기를 부여하려고 노력한다. 어느 날 나는 HBS의 유명한 계단형 강의실에서 90명의 학생들에게 둘러싸여 있었다. 그리고 바로 그다음 주에 그들을 작은 이미지로 가득 찬 화면을 통해 보고 있었다. 마치 브래디 번치 TV 쇼를 보는 것 같았다. 나는 강의실에서 더 이상 그들의 제스처와 표정에 반응할 수 없었고, 학생들이 서로에게 어떻게 반응하는지, 하나의 집단으로서 얼마나 배우고 있는지 '느낄 수' 없었다. 온라인에서 세계는 2차원으로 축소되어 인간의 상호작용에서 비롯되는 연대 의식, 감정, 이해가 사라진다. 전 세계의 교육자들과 마찬가지로, 나 역시 교수 방법을 평가하기 위해 학생들의 반응을 '읽는' 방법을 바꾸었다.

리더들은 단순히 원격으로 일하는 것보다 훨씬 더 어려운 변화에 직면한다. CEO들은 문제 해결, 팀워크, 혁신, 매우 다양한 이해관계자와 관련 단체를 조율해야 한다. 팬데믹 이후의 환경은 이미 엄청나게 어려운 리더십 역할에 큰 도전과 변화를 새롭게 유발할 것이다.

CEO들이 숨은 진실을 모른다면, 즉 그들의 모든 대화가 완전히 투명하다고 생각하고, 이사회와 진정한 파트너십을 맺는 가치를 모른다면 팬데믹 이후의 현실에 적응하기가 매우 힘들 것이다. 세상이 바뀌었다. CEO 직책에 무엇이 요구되는지 이해하지 못한다면 자신의 잘못된 인식에 갇혀 새로운 기술을 배우지 못하거나 자신의 접근 방법을 바꾸기 어렵다.

이 책에서 나는 오늘날 CEO의 중요한 특성으로서 진정성과 겸손의 가치를 강조했다. 이런 자질은 특히 디지털 환경에서 중요하다. 팬데믹 이전 시기 CEO들은 대부분 직접 만나서 이를 보여줄 수 있었다. 그들은 사무실에서 몇 미터 간격을 두고 마주 앉아 말과 목소리, 표정, 제스처를 보며 보고를 받았고, 이 과정에서 그들의 진정성과 겸손을 보여주었다. 줌 회의를 하면서 겸손과 진정성을 전달하는 것은 훨씬 어렵다. 이를 실현하는 방법을 알려면 시간과 연습이 필요하다. 대면 상태에서는 한결 더 쉽게 이룰 수 있었던 목표를 성취하기 위해 자신의 접근 방법을 바꾸어야 한다. 이것이 새로운 숨은 진실임을 인식하는 CEO들은 큰 유익을 얻을 것이다.

CEO는 진실을 다룰 수 있다

이 책을 읽은 뒤 누가 CEO가 되고 싶을까? 나는 많은 후보자들이 이 도전에 뛰어들 것이라고 믿는다. 하지만 어떤 면에서 이 특별한 직업에 대한 베일을 벗겼다고도 생각한다. 흔히 작가들은 이 직책에 따르는 화려함과 파워를 강조한다. CEO가 된다는 것은 마치 개인용 제트기, 일등급 숙박시설, 지원팀, 유력 인사들과의 교제를 누리는 것처럼 보인다. 물론 이런 것들이 제공되지만 나는 이 직책의 다른 현실에 초점을 맞추었다. 많은 리더가 파악하지 못하거나, CEO 직책을 이해하지 못하는 관찰자들의 비판 대상이 되는 현실을 다루었다.

ESPN 다큐멘터리 〈더 라스트 댄스The Last Dance〉는 프로농구

팀 시카고 불스가 우승한 시합의 이면을 보여준다. 이 다큐멘터리는 팀들이 위대한 업적을 달성하는 방식에 숨은 많은 진실을 보여준다. 때로 그것은 아름답지 않다. 승리의 영광뿐만 아니라 끝없는 개인 훈련, 어려운 팀 역학을 관리하는 문제, 탁월한 기량을 유지하려는 선수들의 고된 노력을 보여준다.

마찬가지로 이 책도 결과보다는 과정에 초점을 맞춘다. 이 책은 많은 사람의 눈에 보이는 CEO의 공식적인 모습이 아니라, 드러나지 않는 개인적인 분투와 요구 조건을 다룬다. 내가 이런 이슈를 다루는 목적은 CEO의 역할을 축소하려는 것이 아니다. 리더가 역할을 성공적으로 수행하기 위해 알아야 하고, 해야 할 일들을 이해하도록 도우려는 것이다.

다가오는 미래는 CEO에게 녹록하지 않다. 투자자들의 인내심은 줄어들고, 경영진의 교체 주기는 짧아질 것이다. 인재는 풍부하지 않고, 더 빠른 속도와 디지털 리더십을 통합할 필요성도 늘어날 것이다.

당신이 CEO를 열망한다면 이 모든 것을 준비해야 한다. 숨은 진실 중 하나는 준비된 CEO가 되는 것이다. 하지만 어떤 면에서 분명한 진실은 매우 도전적인 직책을 원한다면 미리 준비해야 한다는 것이다. 나는 이런 진실을 실행하는 방법에 많은 아이디어를 제시했고, 당신은 선택해야 한다. 모든 CEO는 저마다의 도전 과제에 직면한다. 따라서 제시된 여러 내용을 실험해보라. 어떤 것은 이용하고, 어떤 것은 무시하라. 당신의 상황에 가장 타당한 숨은 진실을 찾아서 그것을 집중적으로 배우라.

마지막으로 가장 중요한 내용이 있다. 나는 이 책이 CEO 역할의 본질에 관한 솔직하고 개방적인 토론을 촉진하길 바란다. 너무 오랫동안 이 주제는 피상적으로 다루어졌다. 사람들은 리더십의 자질과 성공 전략 측면에서 훌륭한 CEO의 필수 요건에 대해 자주 이야기한다. 하지만 그들은 CEO들이 고도의 성과를 내도록 도와주는 지식과 행동, 그리고 이 직책의 핵심적인 본질을 깊이 다루지 않는다.

한때 나는 HBS 전직 리더들에게 50명의 선도적인 CEO를 초청해서 그들의 직책에 관해 솔직하게 토론해보자고 제안했다. 아울러 나는 참석자들에게 미디어나 기록 장비를 사용하면 안 된다고 말했다. "HBS에서 일어난 일은 절대 외부로 나가지 않습니다." 이 아이디어는 리더들이 리더십 여정의 현실을 공유하고, 리더 직책의 도전 과제와 좌절에 대해 허심탄회하고 우호적인 대화를 나누기 위한 것이었다. 그들은 CEO의 공식적인 모습과 일상적인 모습 간의 불일치에 관해 자유롭게 이야기했다. 다보스 포럼은 이런 방식으로 시작했지만 점차 상업적으로 바뀌었다. 그 결과 지금은 내용보다는 외양에 치중하고 있다. 이 아이디어는 CEO들이 자신의 생각을 말하고, 서로에게 배우고, 지도를 받고, 그들의 경험이 예외가 아니라 보편적인 일임을 알 수 있는 반^反 다보스 공간을 만들자는 것이었다.

여러 이유로 이 모임은 아직 시작되지 않았다. 하지만 이 책이 그런 목적을 일부라도 달성하고, 오랫동안 숨겨져 있던 CEO 역할에 대한 진실을 드러내길 바란다.

감사의 글

많은 분이 이 책이 출판될 수 있도록 도움을 주었다. 그들의 도움에 감사드린다.

시간을 내서 이 책의 추천사를 써주고, 아울러 HBS 교수와 GE의 CEO로 재직하는 동안 동료이자 친구가 되어준 래리 컬프에게 감사드린다. 그의 겸손함과 지도자로서의 탁월함, 맡은 일을 훌륭하게 수행하려는 헌신은 진정한 리더십이 무엇인지 분명하게 깨닫게 해준다.

또한 HBS 교수진에게 감사드리고 싶다. 그들은 내가 5년 전 HBS에 합류했을 때 나를 받아주고 더 나은 선도적인 이론가, 교육자가 되도록 가르쳐 주었다. 나는 선도적인 경영 이론을 접하고 비즈니스 리더로서 계속 배우고 발전하기 위해 이 학교에서 일하게 되었다. 매일 나는 이 탁월한 교육자, 학자, 전문가 집단에게서 배우고 도전받는 행운을 누리고 있다. 또한 차세대의 경영이론가들을 교육하는 멋진 기회를 얻었다. 특히 니틴 노히라Nitin Nohira 학장에게 감사드린다. 10년 이상 알고 지내는 동안 그는 나의 멘토, 코치, 친구가 되어주었다.

이 책에 담긴 숨은 진실은 모두 맥킨지의 동료 직원들이 없었다면 빛을 보지 못했을 것이다. 35년의 직장생활 동안 나는 고객에게 탁월한 자문을 제공하는 다양한 분야의 동료 전문가들에게서 배우고, 지도를 받고, 함께 일했다. 맥킨지는 고객 서비스를 위해 헌신하고 첨단 경영 이론을 쉼 없이 학습하는 뛰어난 전문가들로 구성된 독특한 기업이다. 나는 이런 헌신적인 전문가들의 직접적인 수혜자였고, 그곳에서 근무하는 동안 얻은 CEO와 리더에 관한 통찰은 이 책을 쓰게 된 영감의 원천이 되었다.

종종 학생들에게 이런 질문을 받는다. "이전 직장인 맥킨지에서 가장 그리운 점은 무엇입니까?" 물론 직장 동료들도 그립지만 그에 못지않게 내 의뢰인들도 그립다. 나는 상담자와 조언자가 되는 것을 좋아했다. 나의 역량을 연마하게 해준 많은 고객에게 감사드린다. 나는 그들이 목표와 열망을 더 발전시키도록 조언과 상담을 제공했고, 그들은 훌륭한 리더십에 대한 실제적인 지식을 나에게 알려주었다. 내가 조언한 수백 명의 고객 중 어느 한 사람을 선정하기는 어렵지만, 특히 GE의 클로드 '버드' 무어Claude "Bud" Moore가 없었다면 나의 일을 감당하지 못했을 것이다. 5년 동안 버드와 함께 일하면서 '진정한' 고객 상담자가 되는 법을 배웠다. 버드의 겸손, 타인에 대한 헌신, 자신이 좋아하는 기업에 대한 변함없는 집중은 그때나 지금이나 나를 고무시킨다. 아울러 '균형'을 찾고 싶던 나의 인터뷰(또는 대화, 만남 등) 요청에 흔쾌히 응해준 50여 명이 넘는 CEO, 기업 리더, 이사회 등 그분들에게도 감사의 인사를 전하고 싶다.

또한 이 책의 출간에 큰 도움을 준 월리 팀의 필 팰런Bill Fallon, 퍼비 파텔Purvi Patel 그리고 나머지 팀원들의 엄청난 수고에 감사 드리고 싶다. 아울러 탁월한 편집 능력과 종합적인 통찰력을 제공하고 격려를 아끼지 않은 브루스 웩슬러Bruce Wexler에게도 감사 드린다.

옮긴이 **안종희**

서울대학교 지리학과와 환경대학원, 장로회신학대학원을 졸업하고 바른번역 아카데미를 수료한 후 전문번역가로 활동하고 있다. 옮긴 책으로는 《선택설계자들》, 《테크노소셜리즘》, 《성장 이후의 삶》, 《사회적 공감》, 《도시는 왜 불평등한가》, 《분열의 시대, 어떻게 극복할 것인가》, 《여덟 가지 인생 질문》, 《시대가 묻고 성경이 답하다》, 《삶을 위한 신학》 등이 있다.

C레벨의 탄생

초판 발행 · 2022년 9월 5일

지은이 · 데이비드 푸비니
옮긴이 · 안종희
발행인 · 이종원
발행처 · (주)도서출판 길벗
브랜드 · 더퀘스트
주소 · 서울시 마포구 월드컵로 10길 56(서교동)
대표전화 · 02)332 – 0931 | **팩스** · 02)322 – 0586
출판사 등록일 · 1990년 12월 24일
홈페이지 · www.gilbut.co.kr | **이메일** · gilbut@gilbut.co.kr

책임편집 · 송은경(eun3850@gilbut.co.kr), 유예진, 정아영, 오수영 | **제작** · 이준호, 손일순, 이진혁
마케팅 · 정경원, 김진영, 김도현, 장세진, 이승기 | **영업관리** · 김명자 | **독자지원** · 윤정아, 최희창

디자인 · studio forb | **교정교열** · 김주연
CTP 출력 및 인쇄 · 금강인쇄 | **제본** · 금강제본

- 더퀘스트는 길벗출판사의 인문교양 · 비즈니스 단행본 브랜드입니다.
- 이 책은 저작권법에 따라 보호받는 저작물이므로 무단전재와 무단복제를 금합니다. 이 책의 전부 또는 일부를 이용하려면 반드시 사전에 저작권자와 길벗출판사의 서면 동의를 받아야 합니다.
- 잘못 만든 책은 구입한 서점에서 바꿔 드립니다.

©David Fubini
ISBN 979 -11- 407-0120-9 (03320)
(길벗 도서번호 090184)

정가 19,500원

독자의 1초까지 아껴주는 길벗출판사

(주)도서출판 길벗 | IT교육서, IT단행본, 경제경영서, 어학&실용서, 인문교양서, 자녀교육서 www.gilbut.co.kr
길벗스쿨 | 국어학습, 수학학습, 어린이교양, 주니어 어학학습, 학습단행본 www.gilbutschool.co.kr